孤岛的重生

——重建生活世界的社会工作行动

卓彩琴　著

科学出版社

北京

内 容 简 介

　　本书就广东省汉达康福协会对 X 麻风村的 13 年社会工作服务行动展开跟踪式、参与式研究，用深描的方式呈现社会工作者重建麻风病康复者生活世界的行动过程、逻辑与策略。研究发现，社会工作者通过一定策略促进社会交往，从而重建 X 麻风村康复者的生命世界、社区生活世界和外部生活世界三个子系统，这三个系统相互影响，使麻风村从隔离走向融合。

　　本书适合从事社会学、社会工作等教学科研人员及从事社会工作服务的工作者阅读参考。

图书在版编目（CIP）数据

孤岛的重生：重建生活世界的社会工作行动/卓彩琴著. —北京：科学出版社，2017.3

　ISBN 978-7-03-052260-3

　I. ①孤…　II. ①卓…　III. ①社会工作－研究　IV. ①C916.2

中国版本图书馆 CIP 数据核字(2017)第 053428 号

责任编辑：郭勇斌　蔡　芹　欧晓娟/责任校对：李　影
责任印制：张　伟/封面设计：蔡美宇

科　学　出　版　社 出版
北京东黄城根北街 16 号
邮政编码：100717
http://www.sciencep.com

北京中石油彩色印刷有限责任公司 印刷

科学出版社发行　各地新华书店经销

*

2017 年 3 月第　一　版　　开本：720×1000　1/16
2018 年 1 月第二次印刷　　印张：13 3/4
字数：263 000

定价：78.00 元

（如有印装质量问题，我社负责调换）

　　本书是国家社会科学基金"生态系统视域下隔离社群的社会工作服务研究"（12BSH076）项目成果

前　言

2004 年前，我对麻风病及麻风病康复者一无所知。2004 年，我遇到了广东省汉达康福协会（以下称 H 机构），从此开始了对麻风病及麻风病康复者的认识过程。从一无所知到清晰认识，我经历过恐惧、担忧、冲突、调整、接纳、包容、理解、关爱等各种情绪和感受，也产生了想要为这个群体和这个机构做点什么的愿望与冲动，这就是本书写作的原始动力。

20 世纪 40 年代初，治疗麻风病的药物氨苯砜（DDS）的衍化物相继问世，40 年代后期氨苯砜的临床应用及抗结核化学药物的相继出现，使麻风病防治工作进入一个全新时代——化疗时代。化疗的成功将"麻风不治"之说推翻，使人类最终彻底消灭麻风病成为可能。化疗不仅能治好各种类型的麻风病，还能有效控制传染源，成为预防和消灭麻风病的有力措施，这时医学界开始呼吁取消麻风隔离政策。但是，普通民众基于惯性思维，还是非常恐惧麻风病，身边出现麻风病患者会引起集体恐慌，麻风病俨然已经成为一个"谈麻色变"的社会问题，而不仅只是医学问题。

新中国成立后，政府基于人道主义，为减少人们对麻风病患者的歧视与排斥，修建了很多麻风院（村），不仅提供免费的医疗救助，还提供一定的土地和生产资本，让他们能自给自足，对于老弱病残者，卫生部门和民政部门提供必要的生活救助，在计划经济时期，他们的生活水平超过了普通民众的水平。20 世纪 60～70 年代，由于"文化大革命"的影响，我国的麻风病防治工作落后了，对国外麻风病防治的新成果没有及时吸收，直到 1976 年在马海德的推动下，麻风病防治水平才迅速提高，缩小了和世界先进国家的差距，强调"联合化疗"可在家里进行，麻风院（村）恢复到以收容晚残患者为主（李牧等，1994）。1982 年起，我国正式全面推行"联合疗法"（江澄，1999），疗效显著，新增患者不再强制隔离治疗，而是在家治疗，鼓励麻风院（村）康复者回到原来的家里和社区生活、生产，于是中国掀起了一场麻风病康复者"回家运动"。

然而，回家的路并不顺利，麻风病康复者在回归的原动力与原有村民的抵制力中抗争，70%～80% 的康复者回到了原来的家中，剩余的 20%～30% 的康复者，有的回家后因为受到强烈的社会歧视又回到麻风院（村），有的隐姓埋名搬到另外一个山村重新生活，有的甚至自发组织生活在偏远山村形成自发性的麻风村，有的坚定地选择继续留在麻风院（村）。最终没有回家的康复者大都是老弱病残者，他们继续留在麻风村，并将永久留在麻风村。

直到现在，麻风歧视现象依然严重存在，已经治愈的麻风病康复者无法得到公平对待，尤其是麻风村的康复者，他们承受着社会的偏见、歧视，被迫与家人分离，孤独地生活在与世隔绝的麻风村中；他们大多数人手足留下严重的残疾，生活贫困，居住在年久失修的房屋中，生活境遇很差；他们中的很多人因为没有自信，也慢慢地与社会疏离……因此，如何帮助麻风病康复者树立生活信心，恢复正常生活，发挥社会功能，是一个非常重要的社会议题。

H机构是一家成立于1996年的非营利性机构，是全国唯一一家专门服务麻风病康复者和患者的专业性民间组织，服务范围覆盖广西、广东、云南、湖南等12个省（自治区、直辖市），服务的重点人群就是麻风村的康复者。该机构的目标是通过实施经济、生理、心理和社会康复来改善麻风病康复者的身体及生活条件、提高其生活质量、帮助他们重拾尊严，更好地融入社会，从而创造一个没有麻风歧视的世界。

笔者所在高校的社会工作系（简称社工系）是该机构的合作伙伴，从2005年开始学校每年派遣一批学生到H机构实习，执行机构的服务项目。作为实习指导老师，笔者也因此成为H机构的项目督导、朋友，在此过程中，收集了机构大量的项目策划书、项目总结报告、工作报告、机构年报等一手资料，使本书的撰写成为可能。笔者还通过深度访谈、实地观察、参与服务等形式自行搜集了大量研究素材，使本书建立在翔实的资料分析基础上。在众多分散的麻风村中，该机构对X麻风村（又名X医院，即"孤岛"）投入的资源最多、时间最长，成效最明显，他们用长达13年的深度个案服务为笔者提供了一个不可多得的研究范本。笔者对此个案服务进行了深入分析、归纳和总结后，在与研究对象互动的过程中去理解他们的社会工作行动及意义建构。笔者认为用交往行为理论来解读他们的服务行动是一个恰当的理论角度，这一理论的选择也得到了该机构秘书长及社工的充分认可，于是有了本书的研究选题。

本书以X麻风村为典型个案，2000年之前这个麻风村是一个无人问津的隔离型"孤岛"，经过H机构13年的社会工作服务行动后，该村逐渐实现了与外界的初步融合，成为一个较开放的、具有一定生活气息的康复社区。本书通过对社会工作行动的过程研究，探讨以下几个问题。

第一，X麻风村隔离型生活世界是如何形成的，其特征及存在的问题是什么？

第二，社会工作者通过怎样的行动重建了X麻风村的康复者的生命世界、社区生活世界及外部生活世界？

第三，康复者的生命世界、社区生活世界和外部生活世界是如何交互作用促进X麻风村从隔离走向融合的？

第四，社会工作行动中的不足与反思。

第五，交往行为理论与本土实践的对话与反思。

自 2005 年以来，中国学者对社会工作服务行动的研究突飞猛进，但大都是微观的案例分析，并且这些案例分析都比较简单，他们只是对服务对象的问题表现、干预过程和服务效果作简单介绍，缺乏详细的服务程序和服务策略的阐释，也缺乏对社会问题进行系统性、整体性分析，往往把问题过度归结于微观个体、家庭或群体，对于社会环境的改善似乎无能为力。同时，很少有学者对一个案例进行较长时间的跟踪研究，总结出具有本土特点的社会工作行动逻辑与策略。本书期待在这方面能够有所突破。

中国疾病预防控制中心的统计资料显示，中国还有 600 多个麻风村，村里住着 2 万多人，这些被隔离的村子都是 20 世纪 60 年代由政府建立的，村里人的平均年龄已经超过 70 岁，他们在村里住了几十年，过着与世隔绝、贫困而孤独的生活。本书旨在揭示社会工作者如何通过服务行动重建 X 麻风村的生活世界，从而实现 X 麻风村从隔离走向融合的目标，这将对全国其他麻风村的社会服务起到直接指导意义。本书的成果还可应用于老人福利院、残疾人安养院、儿童福利院、戒毒社区、艾滋村、监狱、劳教所、偏远山村等隔离型社区的社会服务。此外，本书的成果还为国家正在推行的社会工作服务、社区服务提供了一种新的理论视角和行动策略。

笔　者

2016 年 6 月

目　录

第1章 绪 论

1.1 麻风病及其隔离

1.1.1 麻风病

麻风病，别名大风、汉生病、恶疾、汉森病、疠风、麻风[①]。它是由麻风杆菌引起的一种慢性、接触性传染病，1989 年施行、2004 年修订的《中华人民共和国传染病防治法》将麻风病列为丙类传染病。

人是麻风杆菌的主要宿主，未经治疗的麻风病患者是唯一传染源，其中以瘤型和界线类麻风病患者传染性最强；人感染麻风杆菌后发病率仅为 5%左右，即 95%左右的人对麻风杆菌具有自然免疫力，即使感染了麻风杆菌也不发病，只有易感者才会发病；麻风杆菌首先主要侵犯人体温度较低的手、面、足等部位的皮肤和周围的神经，然后再慢慢侵入深层组织和器官，临床表现为感觉功能丧失、神经粗大，严重者会四肢变形；麻风杆菌感染所造成的神经损伤通常是不可逆的，患者若不及时治疗会留下终身残疾；麻风杆菌主要通过破溃的皮肤和黏膜排出体外，在乳汁、泪液、阴道分泌物及精液中也存在麻风杆菌，但菌量很少；国际麻风病研究机构证实，麻风杆菌不会通过胎盘传染给胎儿，因此麻风病不会在母婴间传播；麻风病的潜伏期较长，最短数十天，最长达十余年，平均 3～5 年，使用联合化疗治疗麻风病疗效甚为显著，只需一个星期的疗程，就可以杀死体内 99%以上的麻风杆菌；麻风病患者在首次接受联合化疗后，便可将体内绝大多数的麻风杆菌杀灭，患者也就不再具有传染性，因此现在麻风病患者不再需要被隔离，可以在家治疗，能与正常人一样工作和生活（袁萌芽等，2007）。

1.1.2 麻风病的历史

麻风病是一种非常古老的疾病，大概三 3000 多年前就有记载。埃及纸草书（公

[①] 来源于中国疾病知识总库。麻风病的病原菌于 1873 年由挪威学者汉森（Hansen）发现，在 1931 年马尼拉国际麻风病会议上，该病原体被命名为"麻风分枝杆菌"（简称"麻风杆菌"），麻风杆菌在患者体内分布广泛，主要分布于皮肤、黏膜、周围神经、肝脾及淋巴结等网状内皮系统的某些细胞中，在皮肤内主要分布于神经末梢、平滑肌、巨噬细胞及血管壁等处，骨髓、肾上腺、睾丸、眼前半部等也是麻风杆菌容易侵犯和滋生的部位，血液及横纹肌中也能发现少量的麻风杆菌。

元前 2400 年）中的"set"一词，可能就是指麻风，确证在公元前 1350 年已有麻风流行（马海德，1989）。以色列国在公元前 722 年被亚述帝国所灭，亚述的首都为尼尼微城，城里的亚述巴尼拔王宫建于公元前 7 世纪，现代考古学学者在其废墟中挖掘出很多瓦片，上有"楔形"文字，其中有令麻风病患者迁到城外的法律条文（Browne，1970）。《圣经·旧约·利未记》中有对麻风病患者的各种条例，而这种条例或律令在形成之前往往应有麻风病患者存在多时，否则就不会虚构出那些条例了（卢健民，1992）。

《圣经·旧约》中并不存在将麻风病患者处死的记载。但当时（公元前 70 年前后）社会上认为患麻风病是受神的惩罚，是不洁的、有罪的，是"犯罪的模型和代号"（Browne，1970）。《圣经·旧约·利未记》第 13 章"检验大麻风病之例"节这样记载：凡是疑患有麻风的，必须到祭司那里去检查，初次检查不能确诊时，先将病人关锁七天，第七天再检查，如仍不能确诊，再关锁七天，第 14 天再检查，如判断无麻风，就认定他是洁净的，可回家照常生活；如判断有麻风，就宣布此人为"不洁净"，要迁出营房，"独居营外"，病人从隔离点外出时，要撕裂衣服，蓬头散发，蒙着上唇，自己喊叫："我是不洁净的!"（《圣经》，1982）。《圣经·旧约·利未记》第 14 章"患大麻风者成洁之例"节这样记载，麻风痊愈后，病人为求洁净，要先报告祭司；祭司要到隔离点去检查，祭司察看后，如断定已痊愈，就举行如下仪式：取两只活鸟，在盛活水的瓦罐上宰杀一只，将鸟血滴入活水，再以香柏木、牛膝草和朱红线蘸血水，向求洁净之人身上洒七次；另一只活鸟蘸血水后放生；再叫这人剃去毛发，沐浴更衣，返回营地，但仍要在营地自己的帐篷外居住七天。第八天还要举行"赎愆祭"或"赎罪祭"及"燔祭"，求洁净的人要奉献牛、羊、油、细面等；举行赎罪祭时，祭司先宰杀羊羔，把羊血洒在祭坛周围，并抹在求洁净人的右耳垂、右手大拇指和右脚大趾上；之后祭司把油倒一些在左手心里，用右手一个指头蘸些油，向上空弹七次，再把剩余的油抹在求洁净人的前述部位及头上，为他祈祷赎罪；紧跟着举行"燔祭"，即把宰杀的羊羔的全部油脂、肉、内脏等放在祭坛的烈火上焚烧，献给耶和华（《圣经》，1982）。

对于麻风在我国的最早记载尚无明确定论，不少学者认为，春秋后期孔子的弟子冉耕（伯牛）是中国历史上最早记载的麻风病患（王吉民，1941）。在春秋战国时期的著作中有不少提到麻风的，如《庄子》中有"疠与西施"（《齐物论》）和"疠之人夜半生其子……"（《山木篇》）；《孟子》中有"西子蒙不洁，则人皆掩鼻而过之……"；《韩非子·杀臣篇》有"疠怜王"；《战国策》和《史记》中记载有"漆身为疠"的两个故事（岳美中，1956；梁章池，1963）。这说明当时麻风在中国已较普遍，并为人们所熟知。王吉民（1941）指出我国古代达官贵人及名士中的不少麻风病患者被记载于史书，从他们所处时代及有关史实可以推测出当时麻风的流行情况。梁章池（1963）对中国古代的若干麻风史实进行了考辨订正，如对初唐名二卢照邻患麻风病的情况进行了考证。

1.1.3　麻风隔离的历史

1. 中国的传统隔离历史

中国闽粤地区早在 16 世纪就开始有类似的麻风院，根据方志的记载，最早的麻风院是福建闽县的养济院，始于明正德十三年（1518 年）。闽县的养济院原建于明洪武年间，与所有养济院一样以收容老弱废疾为主，到了正德十三年，巡按御史周鹏另建一院于东门以外，"以处恶疾"，住在其中的病患"月有米，岁有衣，禁其入城"（《福建通志》卷 13：41；《福州府志》卷 10：14）。明代地方官多因顾忌麻风的传染而办理收容机构，如隆庆年间（1567～1572 年）的长乐知县"恐疾传染，移置于城东北"（《福建通志》卷 13：37）。

广东的情形亦相似，但建院时间稍晚，从文献资料看，广东地方人们对麻风病患者的偏见最强，对传染的恐惧也最大①。

清代以后，麻风院更加受到政府的重视，江西地区也建了不少同类的麻风院，东南省份的癞病收容政策比以前更系统。清代的麻风院有两个特色：一是有固定的政府资助或者地方有力人士的津贴；二是将麻风病患者进行隔离的做法越来越普遍与强硬。比如，漳州龙溪的癞子营，据称建于弘治年间（1488～1505 年），雍正二年（1724 年）奉文建普济堂以收容孤贫与有疯疾之人，其中的"疯疾者"与其他的贫病者一样，可以得到政府发给的口粮与衣布银（《福建通志》卷 52：20-21）②。广东地区的麻风院几乎都有清楚的名额与口粮补助金额，乾隆时期，惠来县的五处癞民所甚至将病患按照病情轻重分等级补助③。可见，当时地方政府对麻风病已有一定的了解，并制定出了一套补助原则，地方政府与民间力量协力解决麻风病问题。

清政府与士绅对麻风病问题的重视主要是麻风病引起的日益严重的社会问题，普通民众对麻风病患者排斥严重，主要是民众对此疾的传染性十分恐惧，并

---

① 当时著名士人屈大均（1630～1696 年）对广州的麻风院有如下观察："广州城北旧有发疯园，岁久颓毁，有司者倘复买田筑室，尽收生疯男女以养之。使疯人首领为主卑，毋使一阃出，则其患渐除，此仁人百世之泽也。"（屈大均，1975：245）。除广州以外，新会的麻风院大概建于嘉靖年间，称为"贫子院"，最初靠近养济院，后来城中居民指控癞民行动，焚烧其院，此后养济院迁至城西之外，清初，城中居民认为城西之水由西南入城，再由南向东，城市居民因此抱怨上游的癞子污染了水源，尤其每当大雨时污秽之水注入城内，因此要求再迁移该院。由此可见普通民众对癞民的排斥（《新会县志》卷 4：10-11）。
② 龙溪癞子营的建设日期显然很早，并没有其他资料佐证此日期的准确性（《龙溪县志》卷 9：3）。
③ 额一百七十一名，分溃烂、疲癞、残疾三项，溃烂四十一名，人日给银六厘，疲癞六十四名，人日给银五厘，残疾六十六名，人日给银四厘，共银二百九十三两三钱七分，以官租变价支给，又征收官租钱凑给（《潮州府志》卷 15：17）。

由此上升到极度负面的道德评价①。民众对麻风病患者的恐惧与厌恶让不少麻风院设法限制病患的行动，有些机构设有"疯目"，即在病患中聘请一名负责所有病患行动的头目。清末人慵纳居士也这样记载："于城外偏僻处设一院以收之，禁其入城（慵纳居士，1978：11）。"从这些记载可以看出，清代的麻风院已有起码的隔离功能。

由此可见，在西洋传教士与医生推动建立严格的隔离麻风院之前，中国南方社会就一直保持传统的隔离方式，1874年麻风杆菌的发现使人们进一步加强了原来的信念。

2. 西方麻风隔离措施的起源与推广

在西方，麻风隔离的做法自12世纪末开始，大部分史学家认为麻风病患者最初被隔离的主要原因是宗教方面的原因。基于麻风是"罪"的终极象征，1179年天主教教会最高会议重申麻风病患者必须被彻底隔离，不能上教堂，他们此后被认为是"活死人"，即已丧失活人所有权利与自由的人，同时还有仪式来象征他们在人间的"死亡"，此后欧洲各地纷纷建立收容麻风病患者的处所（Moore，2007）。但从16世纪开始，麻风在西方逐渐消失，许多麻风隔离院被荒废，有的变为防鼠疫、治梅毒的隔离病坊（Risse，1999），麻风曾带来的社会焦虑与恐惧渐被遗忘。

在1874年发现麻风杆菌之前，欧洲主流医学认为麻风病主要通过遗传感染，而非通过接触传染。1862～1863年，英国皇家医学会作出结论，确认麻风是遗传病而非传染病，并因此建议取消源自中古对麻风病患者的各种法律限制（Worboys，2000）。

1874年，挪威人汉森发现了麻风杆菌，同年在夏威夷麻风村服务的比利时传教士戴勉（Damien）神父感染麻风，这两个事件大大证实了麻风病具有高传染性的理论，与此同时，"热带病"这门新学问兴起，随着殖民主义的扩张，麻风病遂被视为落后热带地区的流行病之一（梁其姿，2003）。

19世纪西方列强在亚洲、非洲建立殖民政权时，麻风病重新被西方人注意，他们在这些"落后地区"看到了欧洲中古"黑暗时期"的重演。通过西方传教士、医生等，麻风隔离的做法被引进到世界各地，印度、朝鲜、菲律宾、夏威夷，以及非洲、拉丁美洲等地都纷纷建立起麻风院。

---

① 明清间广州地区的居民认为："有司以疯人为爪牙，盗贼以疯人为细作，其为无用而有用如此，疯人最为人害……粤中亏者，惟疯人最恶"（屈大均，1975：245）。又如，上述广东新会县的麻风病患者因为被指控行劫，连收容他们的地方都被焚毁（《新会县志》卷4：10-11）。广东澄海，地方人认为他们繁衍迅速，成为一个集团，专门在人家喜庆时勒索，小有不遂，辄垢朋兴，甚为民害，县官最后责成地保禁止癞民混入城治（《潮州府志》卷15：17）。

3. 西方麻风隔离措施在中国的影响

自 19 世纪后期至 20 世纪中期，中国人被认为是通过移民将麻风病传播至全世界的危险种族。以营救孙中山而闻名的英国医生、麻风病专家康德利（James Cantlie），1897 年在麻风病报告中直接指出中国人是太平洋地区麻风病流行的祸首（Gussow et al.，1970）。从此，无论是来华传教士和医生，或致力于推动现代化的中国有识之士，都大力提倡麻风病隔离以避免传染，建立麻风院被普遍认为是一个科学的防疫策略，这一趋势从 19 世纪 80 年代开始兴起，到 20 世纪初期盛行。

19 世纪 80 年代，西方传教士开始积极推动麻风隔离院在中国的建立，最早建立的应是 1887 年成立的广西北海和杭州的麻风院。1926 年中华麻疯救济会成立[①]，据该会统计，1887～1940 年，与教会有关的麻风隔离院、医院和诊所，全国至少有 51 个，大部分机构在民国尤其在 20 世纪 30 年代成立[②]。

麻风院在民国时期的快速增加，除了教会积极推动外，中国政府也积极响应。麻风病已经不单纯是宗教和医学问题，同时也是政治和社会问题。19 世纪 80 年代以后，国际医学界普遍认为麻风病具有极强的传染性，并认为中国人是主要的疾病源与传播者之一，这种来自外界的看法让中国的政治与医学精英感受到了极大压力，因而立志要尽快消灭这个让中国人蒙羞的疾病。

中华麻疯救济会香港支会的一位成员在 1926 年这样描述麻风病："世界最恶毒之疾病，孰不曰麻疯……我国人对于疯疾，或视为等闲，或认为不可救药……此匪特人民之不幸，抑亦国家之羞也。"（凌鸿铭，1927）麻风病在 20 世纪初被认为是中国之羞主要源于当时西方医学对麻风病因的解释，法勒这样解释此疾病在东方的流行："无知、缺乏卫生条件、差劲的地方政府，甚至其完全的不存在，所有以上带来的是贫穷、饥荒、疲劳、罪恶、人长期暴露在炎热下，加上中央政府普遍的无能，使得人民体质虚弱，让麻风杆菌、其他细菌及破坏性的媒介毫无妨碍地入侵人体组织内。"（Fowler，1927）

教会与政府主导建立的麻风院存在一定的区别。教会主导建立的麻风院保持着一定的宗教教义特色，如以宗教感化患者，治疗只是一种辅助手段；而由中国政府主导建立的麻风院主要以强制隔离患者来达到消灭麻风病的目的。1886～1887 年建立的广西北海麻风院被认为是首创的教会麻风院，该麻风院附设于伦敦教会医院，并得到天主教教会协助，由传教士傅特（Horder）创建，创建 5 年收容了 200 多病患，分男子部与女子部，各有礼拜堂与养病房，北海麻风院除了为病患进行定时强迫性注射治疗外，最大的特色就是要求病患做手工艺品，包括印

---

① 中华麻疯救济会是国际麻疯救济会的分会，中华分会成立前的 1921 年东亚麻疯救济会（Leper Mission for Eastern Asia）在上海成立，为中华分会的前身，中华分会由华人主导，但与英美分会关系紧密（Wone，1985）。
② 这个统计出自中华麻疯救济会刊物《麻疯季刊》1940 年第 14 卷第 4 期引录。

刷、绞绳、制帚、编草鞋、锯木、园艺等，这些手工艺品经消毒后由专人进行推售（李俊昌，1927；邬志坚 1927a）。由此可见，北海麻风院集合了隔离、治疗、劳动与宗教活动等多种功能，是外国教会所倡导的理想典型。

汕头市市政府创办的汕头麻风院则代表了另一种典型，这个原属教会的麻风院于 1924 年由地方政府接手，随即成为当地强迫隔离机构，"市内麻疯病人，由警区强制收容，送入院内，按病状轻重及性别分别住居"（林增祺等，1927）。该麻风院也对病患进行强迫性的注射治疗。中华麻疯救济会总干事邬志坚于 1926 年访问该院时有如下观察："汕头麻疯院设在一小岛上，离城约四英里……院长住宅与麻疯院相接连，但画线为界，不许病人越雷池一步；且有兵队维持秩序，防阻病人逃逸。院中聘有专医，施用大枫子油……宗教工夫，完全禁止，而教育运动等等之设施，亦付阙如。"（邬志坚，1927b）由此可见，由中国政府主办的麻风院通常注重隔离与医疗功能。

在强大的国际医疗和政治压力下，中国的中央与地方政府以各种方式积极应对麻风病。除了原来就有隔离政策的广东、福建、湖南、江西、山东等省份外，一些较偏僻的西南地区，特别是云南地方政府自 20 世纪 30 年代开始也实施严厉的措施，如利用警力来处理麻风问题（Wu, 1939）。很不幸的是，一些地方为了急于达成根除麻风的目标，常常会以暴力手段对付病患，如活埋、集体屠杀等[①]。这类集体暴力行为一方面显示了地方社会对麻风病患者的强烈偏见和歧视，另一方面更加反映了一些当权者急切要根除"麻风国耻"的心态。

1.2　几个概念的界定与哈贝马斯交往行为理论

1.2.1　概念界定

1. 生活世界

生活世界是现代哲学中使用频率较高的一个概念，马克思[②]、胡塞尔[③]、海德

---

① 在报刊上有记载的事例有："麻风病人谋杀案"（《麻疯季刊》1937 年第 11 卷第 1 期）：广东省高要县县长在 1936 年残杀大批麻风病患者；"阳江驻军诱杀大批疯人之惨剧"（《麻疯季刊》1937 年第 11 卷第 2 期）：阳江麻风病院于 1937 年 4 月 5 日被当地军队围住，院内 53 名男女病患被捆往旷地予以枪决，事后将麻风院焚毁；"四会防军枪决疯疾男女"（《麻疯季刊》1937 年第 11 卷第 1 期）：广东省四会一特派队以麻风病患者强奸妇女为由，四处搜捕病患，一个月内被捕获的 20 多名病患被押往野狸岗执行枪决。

② 马克思眼中的生活世界是以实践为基础的物质生活与精神生活的统一。马克思从来不谈论与人无关的世界，只讲人的现实世界，而人的现实世界就是人的实际生活过程。他写道："在社会主义的人看来，整个所谓世界历史不外是人通过人的劳动而诞生的过程，是自然界对人来说的生成过程。"（《马克思恩格斯全集》卷 42，1972：163）

③ 胡塞尔在对欧洲科学危机的诊治过程中建立起了生活世界理论。在他看来，"生活世界是永远事先给予的，永远事先存在的世界。人们确认的存在，并不因为某种意图、某个主题，也不因为某种普遍的目标。一切目标以它为前提，即使那些在科学的真理中所被认知的普遍的目标也以它为前提，并且已经和在以后的工作中一再以它为前提，它们以自己的方式设定它的存在，并立足在它的存在上"。（倪梁康，1997：1087-1088）。由此可见，胡塞尔的生活世界包含着我们常用的日常生活的范畴，它不是理性化、课题化或主题化的具体的意义构造，而是前科学的、非课题化的生活成果，现存生活世界的意义是超验的主体性产物。

格尔①、维特根斯坦②、许茨③、哈贝马斯④等均使用过这一概念，回归生活世界是现代哲学的基本趋势。

本书受到以上哲学家对生活世界理解的启发，针对隔离群体，从重建的角度给生活世界作出如下界定：生活世界是隔离群体生活于其中的境遇，是隔离群体与主流群体交往的结果，也可通过一定的社会工作行动得以重建。因此，本书的生活世界不完全等同于哲学意义上的概念，而是日常生活中的一种话语表达，接近于"生活情景"，但也有哲学概念上的一些特点。本书使用"生活世界"这一概念，是希望能与哲学意义上的"生活世界"展开一些对话和讨论。

2. 社会工作行动

根据研究者对国内外关于社会工作的定义⑤可以看出，社会工作是一个不断发

---

① 海德格尔的生活世界，是在此在的存在境遇和生存体验中建立起的此在共同存在的世界，这此在相遇的共同世界。他指出，"据此看来，此在的世界是对一种存在者开放的：这种存在者不仅根本和用具与物有别，而且按其作为此在本身存在在这样一种存在的方式，它是以在世的方式'在'世界中的，而同时它又在这个世界中以在世界之内的方式来照面。这个存在者既不是在手的也不是上手的，而是如那开放着的此在一样——它也在此，它共同在此。假如人们已经想把一般世界和世内存在者等同起来，那么人们势必要说，'世界'也是此在"（海德格尔，1987：145-146）。如此看来，海德格尔是在本体论或存在论的意义上把生活世界确定为主体间性的世界。
② 维特根斯坦没有直接用生活世界的概念，而是用生活形式或世界图式的概念，它们具有类似性。他写道："当我们一开始相信什么的时候，我们相信的不是一个单一的命题，而是一个完整的命题体系。……给我明显印象的不是单一的原理，而是一个体系，在这种体系中，结果和前提是相互印证的。"（安斯康，1969：141-142）由此看来，维特根斯坦的生活形式与世界图式概念是一致的，两者都是一种命题体系或文化结构，他比喻为"思想的河床"或"背景"。
③ 许茨主要关注日常生活世界，他强调日常生活世界是由经验给定的，他认为社会实在是由众多"有限的意义域"构成的，日常生活世界是其中一种"有限的意义域"。他写道："我们拥有了实在的几种同时发生并且不断竞争的秩序——我们的日常生活的秩序，我们的幻想世界的秩序，艺术的秩序，科学的秩序等等，在这些秩序中，第一种秩序是最高秩序，因为沟通只在这种秩序中才是可能的。"（许茨，2001：441）
④ 哈贝马斯在以上几位哲学家的基础上，对生活世界的理解做了某种综合与完善。在哈贝马斯眼中，生活世界是人们进行一切交往行动和理解活动的境域，也是一个可直观的、完全适于经验分析的、具有可信性的世界，因此是可信的、透明的，同时又是不容忽视的、预先论断的网（Habermas，1998：42）。进一步说，它是人们通过主体间的符号互动来建立的，属于日常生活中开放性、交互性的认知行动结构，是人类一切生活实践的基地（任暟，1998）。正是生活世界的先在，为交往行为提供了可能，而兰活世界的永恒在场，也表明了它的确然性与有效性。在哈贝马斯看来："一方面，主体始终发现自己处于一个被语言所结构并敞开的世界中，受制于预先被语法规定的意义关联，语言对于说话的主体具有在先性和客观性；另一方面，被语言敞开和结构的生活世界只有在语言共同体的相互理解的实践中才能获得存在的根据。"（哈贝马斯，1994：165）。哈贝马斯还认为，生活世界可以通过文化或者知识的更新、通过创造社会团结、通过塑造负责任的行动者自身得到再生产，这种再生产过程通过符号化的社会交往来完成，通过这种符号化的交往，使有用文化得到更新，使有不同看法的人或组织团结起来，使个人成为社会团体中的合格成员，成为有个性、负责任的人（王晓升，2006：93）。
⑤ 台湾的李增禄将众多社会工作定义分为三类：一是将社会工作看成是社会中的少数人出于同情心或人道主义而自发进行的一种济贫助弱活动；二是将社会工作看作是政府组织或私人团体为解决社会问题而进行的有组织的助人活动；三是将社会工作定义为政府组织、私人团体及个人所举办的一种专业服务，其目的是协助社会成员发挥最大潜能并促使其获得最美满的生活（李增禄，2002：12-13）。
王思斌把中国的社会工作归纳为普通社会工作、行政性社会工作和专业社会工作三大类，普通社会工作是由国家公职人员、离退休人员承担的与组织运行相关的管理和服务工作，工作方法是行政管理和组织管理方法；行政性社会工作是由国家公职人员承担的，在稳定社会、服务民众的思想指导下，按照国家政策对有困难（特别是经济和生活方面的困难）人员提供帮助，工作方法具有行政管理和部分专业社会工作的特点；专业社会工作由受过专业培训的公职人员或社会人士承担，力图以专业方法有效地帮助各类有困难的人。他还在疏理了各国的定义后对专业社会工作做了这样的界定：以利他主义为指导，以科学知识为基础，运用科学方法进行的助人服务活动，社会工作的本质是一种助人活动，其特征是提供服务，更准确地说，社会工作是一种科学的助人服务活动，它不同于一般的行善活动（王思斌，2011：12）。

展、变化的概念，由于不同国家的政治、经济、历史、文化、社会发展形态及发展阶段都存在较大差异，同时社会工作专业化和职业化的程度也存在差异，社会工作实务界和学术界对社会工作的定义难以达成一致。

笔者比较赞同孙立亚（1999）的关于社会工作的定义，因为该定义将社会工作放在社会福利的范畴中，在社会工作服务中需重视社会结构性因素和制度性因素的影响，契合本书在我国本土环境下的社会工作理论和社会工作服务模式的建构取向。

根据以上定义，社会工作就是一种专业服务，那么本书为何还要使用"社会工作行动"这个概念，而不是直接使用"社会工作"的概念呢？这是因为，"社会工作"在使用上是一个非常普遍而泛化的概念，可以是一门专业的社会工作，也可以是一项制度的社会工作，还可以是一种职业的社会工作，当然也可以是一种服务的社会工作。为了更明确地表达本书的主题，本书使用了"社会工作行动"这个概念，该概念与社会工作服务、社会工作实践、社会工作介入、社会工作干预等比较接近，没有本质区别。之所以使用"社会工作行动"这个概念是基于以下两点。

第一，社会工作服务在本质上就是一种社会行动。根据韦伯的理论，社会行动具有针对他人或社会的主观意义，社会工作服务就是为了满足服务对象的需要，最大限度地提升服务对象的福祉，促进社会公平，因此社会工作服务就是一种社会行动。

第二，本书采用的是过程研究策略，使用"社会工作行动"这一概念更生动。生活世界在社会工作行动中不断发生着改变，为了更好地呈现这种动态过程，本书认为使用"社会工作行动"会更生动和贴切。

在本书中，社会工作行动是指社会服务机构为实现更公平合理的社会目标而进行的社会工作服务活动，这种服务活动重构了社会关系，从而再造了生活世界。

3. 隔离

根据《当代汉语词典》，隔离有两个含义：第一，不让聚在一起，使断绝往来；第二，把患传染病的人、畜和健康的人、畜分开，避免接触（《当代汉语词典》，2001）。

李晓凤指出，各国对社会工作的定义存在基本共识：社会工作服务的提供者是各级各类政府福利组织和民间社会力量；社会工作的服务对象是有困难的个人、家庭、群体和社区；社会工作的手段是一套理论知识、价值理念和工作方法；社会工作的目的是协助服务对象改善社会环境、调适社会关系、增强社会功能（李晓凤，2009：5）。

孙立亚对社会工作的界定：社会工作是以特定的文化传统与社会制度为背景，以特定的社会福利制度与社会政策为依托，为有需要的人们提供专业服务，帮助个人、团体、社区增强和恢复社会功能，促进社会福利制度和社会政策的制定与调整，并为实现上述目标创造良好的社会条件（孙立亚，1999，21）。

学界关于"隔离"的定义也有不少①。可以看出，隔离是一个历史的、文化的、空间的、社会的概念，具有多重含义，学者们通常从自己的学科视野和学术旨趣来界定隔离的内涵，各自选取了物理空间隔离、心理空间隔离和社会空间隔离等不同的研究视角，但这些视角也都有交叉的部分，如物理空间隔离通常会导致心理和社会隔离，社会隔离也通常会导致物理和心理隔离。

本书综合以上定义并结合麻风病康复者群体，将"隔离"界定为：一些特殊群体因为患有传染病或者具有不良行为，人们出于害怕和恐惧心理不愿与他们生活在一起，政府基于疾病控制、公共安全和人道主义救助的考虑，在一些偏远的地方为他们建立医疗机构和居住场所，使他们与其他人群长期分开居住，与外界缺乏交往，从而导致他们与主流社会的空间分隔、心理疏离和社会排斥，如麻风村。

1.2.2　理论视角：哈贝马斯的交往行为理论

本书就 H 机构对 X 麻风村 13 年的社会工作服务行动展开研究，服务需要理论做指导，服务过程中社工运用了很多理论，并在实践中不断整合这些理论，以便更好地解决问题。在众多理论中，本书认为交往行为理论能够较好地解释 H 机构长达 13 年的社会工作服务行动，交往行为理论是比较宏观的社会学理论，能够较好地兼容其他理论。

哈贝马斯的交往行为理论为解答 20 世纪以来的文化危机提供了独树一帜的理论视角。20 世纪以来存在主义、马克思主义及后现代主义等文化批判理论所讨论的焦点都是现代性问题。20 世纪 70 年代以来，后现代主义和保守主义企图弱化现代性和现代化的关联，宣称现代性已经死亡，历史进入了由经济和社会客观变量决定的自主进化阶段，这是对现代性的彻底否定。但是，哈贝马斯认为传统理性的崩溃并不是理性的终结，启蒙的危机也不是启蒙观念的衰竭，而是由于晚期资本主义社会的劳动合理化导致了交往的不合理，把人与人的关系降格为物的关系，导致人的异化。要扬弃科技带来的异化，就要建立合理的交往模式，因此，交往行动理论深刻地改变了传统理论，为消除现代化的文化危机提供了一条出路。

20 世纪 80 年代哈贝马斯出版了《交往行为理论》，在该书中他正式提出了交往行为理论，试图建立一套规范体系去分析和批判现代社会的结构和问题。哈贝马斯的交往行为理论相当复杂，涉及不同学科和不同层次的分析。纵向层面上，

① 具有代表性的有：黄达远在其博士论文中将"隔离"分为自然环境隔离和社会环境隔离，自然环境隔离主要指自然地理环境的封闭隔离状况，社会环境隔离是指由民族隔离政策导致的地域空间隔离和族群、社会隔离（黄达远，2006：245）。黄怡在其著作《城市社会分层与居住隔离》中列举了国外学者关于"隔离"的多个定义：a.隔离指一个社会群体或阶层中与其他社会群体或阶层没有社会接触的成员比例（彼特·布劳）；b.隔离指都市居民因为宗教、种族、职业、生活习惯、文化水平及财富差异等关系，相类似地集中居住在特定地区，不相类似的群体间则彼此分开，产生隔离，甚至彼此歧视或敌对（L.Roy）；c.隔离指两个或更多群体在城市环境的不同位置各自独立生活的程度（Massey, Denton）；d.自愿隔离指少数民族群体自愿与主流社会群体相分离的过程，少数民族群体找不到满意的方式与主流群体相处，他们就通过这一过程限制与群体外成员接触，自我隔离的最极端形式就是分离主义，即少数民族群体渴望建立自己的独立社会（David Popenoe）（黄怡，2006：25）。

他沿着西方社会理论的发展去展现交往行为理论，主要采纳的理论有：韦伯的西方理性化发展理论，涂尔干、米德、帕森斯和马克思的有关个人行动和社会结构的分析。横向层面上，他利用"日常语言学派"的分析方法建构他的"普遍语用学"，同时跟随皮亚杰和高贝的结构发展心理学导向，进一步说明其所建立的社会研究的规范性基础。在《交往行为理论》中，哈贝马斯阐明了交往理性同现代性的关系，把交往行为理论发展成既包括理性的规范重建又包括经验研究的系统理论。

本书研究涉及的麻风村问题，长期的社会隔离、交往断裂导致了社会歧视文化的再产生，以致这个特殊的麻风康复群体永远无法融入主流社会，成为社会中被孤立、被遗弃、被污名的弱势群体。H 机构通过一系列的社会工作服务行动，有效地改变了人们之间的交往关系，消除了社会歧视，重建了他们的生活世界。因此，笔者认为本书很适合以哈贝马斯交往行为理论为研究视角，希望通过理论与实践的对话，让经验材料能够更立体、更鲜活、更系统地呈现出来，也让理论获得更大的应用空间和价值。

1. 交往行为与交往理性的内涵

"交往行为"是哈贝马斯交往行为理论（以下简称交往理论）的核心范畴。哈贝马斯把"社会行为"分为 4 种类型，即目的行为、戏剧行为、规范调节行为和交往行为，其中目的行为、戏剧行为和规范调节行为都只是单方面地涉及客观世界、主观世界和社会世界，唯有交往行为通过生活世界同时与这三个世界发生联系。交往行为指主体之间通过符号进行的社会互动，以语言为媒介，通过对话，达到人与人之间的相互理解和共识。

交往行为中蕴含的交往理性是交往行为的中心。交往理性包括以下 4 个内涵。第一，交往理性是语言性的，"相互理解作为目的寓居于人的语言中"。哈贝马斯认为，语言的交往资质内在地包含了主体间一致性之所以可能的条件。第二，交往理性是主体间性的。交往理性的核心就是主体间的关系，它所处理的是主体间达成共识的可能条件，这种主体间性使交往理性与传统的基于主客关系的独白式理性区别开来。第三，交往理性是程序性的，交往理性不是实体性的，它在形式上表现为一个纯程序性的操作原则或商谈论证程序。第四，交往理性是开放的、暂时的和可误的，交往理性通过交谈、说服、论证等过程达成共识，这种共识只是暂时的，它本身是可误的，因为主体之间的讨论须诉诸理由，但理由并非绝对不变的，其本身也可以讨论和批判。

由上述可见，本书涉及的社会工作行动就是一种理性的交往行为，社会工作服务就是借助语言，通过社会互动达成理解和共识，从而解决社会问题。社工通过跟康复者互动，达成对康复者的深层理解，建立良好的信任关系，然后更好地为康复者服务，理解本身就是一种有效服务，它能让康复者感到温暖和友善。社工通过与公众互动，传播正确的麻风知识，倡导公平公正的社会文化，借助语言达成理解和共识，重建没有麻风歧视的社会文化。

2. 交往异化的根源：生活世界殖民化

1）交往的境域：生活世界

哈贝马斯认为，生活世界是交往行为者一直在其中运动的境域，是人们在交往过程中达成理解所必需的共同背景知识，这种知识借助语言而符号化、客观化，从而为主体间性的相互理解提供了可能（Habermas，1984：165）。这样，生活世界既是人与人之间相互交往的产物，又是人们借助语言或符号互动的背景，是人们进行一切交往行为和理解活动的境域。同时，哈贝马斯还认为，主体始终处于一个被语言所结构并开放的世界中，语言对于说话主体具有先在性和客观性，被语言结构的生活世界只有在语言共同体的相互理解中才能获得存在的根据（哈贝马斯，1989：57）。

生活世界具有一定的结构与功能。在一定的方式下，交往主体所属的生活世界始终是现实的，只是这和生活世界构成了一种现实的活动的背景，"言说的情境剪裁成的生活世界既构成一个语境，又为相互理解提供资源"（Habermas，1998：253）。交往行为总是在生活世界的视野内达成共识，通过解释，交往共同体的成员把客观世界、共有的社会世界及个体主观世界区分开来，世界及有效性主张构成了形式因素，交往行为者用它们把各种需要整合的语境与他们所处的生活世界协调起来（哈贝马斯，2004：69）。哈贝马斯把"文化"称为"知识储存"，当交往参与者需要对某种事物获得理解时，他们就按照知识储存加以解释，从而形成合法的秩序，交往参与者通过这些合法的秩序，把社会成员调节成为社会集团，从而巩固联合；他把个性理解为一个主体在语言能力、行动能力方面所具有的权限，使一个主体能够参与理解过程，并实现自己的同一性（哈贝马斯，1994：189）。"言说者与听者从共同的生活世界出发，就客观的、社会的和主观的世界中的某物达至相互理解"（Habermas，1984：84）。也就是说，生活世界的三大结构要素，基于主体间性视域，分别贯穿于交往行为内的与文化模式有关的理解过程、合法制度的协调行动过程，以及个性结构的社会化过程之中，它们内在地构成文化、社会和个性的整体结构，外在地与客观世界、社会世界及主观世界互动形成相互关联的网络（Habermas，1998：253）。文化再生产、社会整合和社会化的三种结构要素，分别对应于交往行为中的理解、协调与相互作用，后者又分别根植于言语行为的陈述性、以言行事和自我表达性诸要素中（张博树，1980：60）。

生活世界在哈贝马斯眼里是语言建构的产物，是日常交往实践的核心，是扎根在日常交往实践中的文化再生产、社会整合与社会化相互作用的产物。生活世界是言说者和听者在其中相遇的先验场所，他们在其中相互提出要求，使他们的表达与客观世界、社会世界和主观世界相互协调,他们在其中批判和证实这些有效性主张,消除分歧达成共识(Habermas,1984:126)。在哈贝马斯看来,合理的话语是一种企图,这种企图在于对有些问题的有效性主张达成理解,而达成理解的交往条件是通过话语形成人们之间的相互联系并构成公共领域,人们在其中能够自由提出话题、表达意见、传递信息和举出理由(哈贝马斯,1999:186)。

20 世纪 80 年代以后,麻风病就是一种可防可治、不可怕的低度传染病,只要及时治疗,服药一周后会完全失去传染性,6 个月到 1 年即可痊愈,按常理说,人们不应该再惧怕麻风病,也不应该再拒绝与麻风病康复者交往。然而,麻风歧视依然严重存在,麻风歧视已经作为一种文化脱离疾病而独立运行,在社会整合的过程中歧视文化得到了强化,在社会化的过程中实现了歧视文化的代代相传。时至今日,麻风歧视只是在一定范围内改善了,但离彻底消除还有很长的路要走。

2) 交往异化的根源:生活世界殖民化

哈贝马斯把生活世界的理性化归纳为三个特征:生活世界的结构分化,即文化、社会和个人之间发生分裂;与文化、社会及个性的分裂相适应,形式和内容之间也产生分裂;生活世界的结构要素的再生产过程出现功能的专门化(哈贝马斯,1994:220-221)。哈贝马斯认为,原始社会中的社会整合与系统整合是紧密联系在一起的,社会交往是在人们共同体验到的生活世界内发生的,到了资本主义社会,以货币为媒介的交换关系把一切使用价值转变为交换价值,还造就了一种新的生产方式,国家机器依赖于由媒介控制的经济子系统,经济子系统迫使它重新组织自身,这种重新组织过程导致了政治权力结构类似于一种媒介控制的结构,权力被同化到货币中(哈贝马斯,1994:256)。由此可见,在生活世界的理性化过程中,系统便从生活世界中独立出来,不再受到生活世界的约束,从而导致体制层面的理性化,最后出现生活世界殖民化。

根据哈贝马斯的分析,在通过语言的交往来实现相互理解的压力越来越大的情况下,人们就会用控制媒介代替语言上的交往,由此,系统整合的机制就与社会整合的机制发生分化。于是,生活世界理性化的发展面临两难困境:一是个人的理性认知能力和自主性不断增强,二是社会系统变得日益复杂和扩张。当金钱和权力作为独立力量来调节人们的社会交往时,社会系统又分化为经济和行政两个子系统,并从生活世界中分离出来,成为不直接受生活世界的价值规范约束的自主的领域,这时金钱和权力成了系统整合的媒介,创造了它们自己的、摆脱规范约束的、对生活世界发生作用的社会结构(哈贝马斯,1994:244)。于是,主体间的交往便受制于社会的制度和权力,以金钱和权力取代语言为媒介的交往活动就成为社会行为的核心,行动协调也从语言改变为控制媒体(Habermas,1984:309)。因此,系统对生活世界的入侵导致生活世界的殖民化,即生活世界中货币和权力的媒介取代语言的交往媒介，目的行动取代了交往行动成为人的行动的主要模式，由此资本主义社会出现一系列病态现象，如意义的丧失、合法化危机、社会失序、社会冲突加剧、社会统一受损、个人心理变态、个人同一性缺失、社会化进程受阻等（Habermas，1984：273）。

自 1996 年以来，H 机构就一直致力于消除麻风歧视的社会行动，但是在整个社会层面上说，歧视文化依然存在，这跟当前的生活世界殖民化有关。随着中国市场经济的发展，机器化大生产的应用，人们之间的交往变得工具化，利益、金钱、权力成为交往媒介，人们之间的交往不再以达成理解为目的，而是以实现自身利益为目的。对于麻风病康复者所遭遇的社会境遇和痛苦感受，人们变得麻木了，不再给予关怀和同情，因此，H 机构在进行社会宣传教育的过程中，很多人会绕道而走，或者听完看完后无动于衷。近几年，这一现象有了较大改观，政府开始重视和谐社会的建设，社会工作服务、志愿服务的发展突飞猛进，推动了人们之间的交往合理化。H 机构的社会工作行动也一直与生活世界处于相互建构中，彼此制约同时也彼此促进。

3. 交往理性的路径：话语伦理与公共领域的重建

哈贝马斯的基于交往理性的法制国家和商谈伦理学，就是要使系统回归到生活世界的历史根基，以解决马克思所没有解决的政治和法律问题。与目的性行为（工具性行为）、规范调节行为、戏剧行为相比较，只有交往行为是以生活世界为背景、以语言为媒介、以理解和共识为目的的社会行为，所以，从本质上看交往行为比其他行为更具有合理性。哈贝马斯认为，交往行为要具有现实合理化，关键在于交往者应承认并遵守共同的社会规范，还要能够选择恰当的语言进行以理解为目的的对话。哈贝马斯提出，必须预设理性的达成共识是可能的，将交往行为置于普遍理性支配之下，通过交往参与者的反复论辩，在互相沟通中消除歧见，达成一致或共识。只有言语论辩进入理想的言语情境，才能消除交往结构内外的限制，为交往行为提供合理的场景（Habermas，1984：86）。而这种理想的话语环境必须满足两个条件：一是承认和遵守共同的行为规范，这些规范是由主体间经过民主协商建立起来的话语程序和规则；二是确立理想的话语环境，在对话中参与者的利益和要求均在商谈内容的考虑之中，主体之间充分地论证、平等地探讨真理（Habermas，1984：128）。因此，话语伦理与公共领域的重建便成为交往理性的路径。

1）话语伦理：建构共同的社会规范

哈贝马斯认为，实现交往行为合理化的基本前提就是认同与遵守共同的社会规范。一个解放的社会，即是生活世界不再被系统之自我维持原则所宰制的社会，生活世界将指导系统机制运作，以满足组织化之个体需要（哈贝马斯，1989：57）。

体现普遍性意志的规则的形成需要解决两个问题：一是理性基础上的论证普遍性问题，二是共同利益问题。这两者内在相关，普遍化利益指的是可以通过交往而形成的共有需求（Habermas，1990：63）。这就涉及话语伦理的两个基本原则——普遍化原则和话语原则，哈贝马斯把普遍化原则当成道德证明的最主要原则，话语原则处于从属地位（Habermas，1990：65-66）。哈贝马斯认为规范是普遍利益的表达，与道德不是对立的，普遍化原则只能证明道德应该是什么，并不能证明一个规范是普遍的规范，因此，在普遍化原则基础上他提出了话语原则（即论证原则），并将话语原则作为一切规范证明的普遍原则，把普遍化原则作为道德证明的特殊要求（李牧等，1994）。

哈贝马斯提出的理性概念与理解相关联，"任何人，只要用自然语言来同他的对话者就世界中某物达成理解，就必须采取一种施为的态度，就必须承诺某些前提"（哈贝马斯，2003：4）。哈贝马斯认为，生活世界的理性化导致人们在交往行动的规范秩序的有效性和事实性之间出现了张力（Habermas，1991：25-28）。因此，哈贝马斯认为一个合理社会与普遍的话语对话分不开，规范语用学的有效性主张"一种理想化的普遍预设和行为规则"，使之对个体目的的实现起规范作用，它涵盖所有形式的交往行为，是建构交往理性的前提。虽然普遍预设相对于个体行动来说具有先验性，但是它又是依赖于具体语境的（哈贝马斯，2004：129）。要真正超越主体性，达到主体间性的合理交往，最主要的途径就是依靠语言，在语言系统中实现主体间性，这也是哈贝马斯话语伦理学的任务所在，也是重建交往理性实现社会合理化的关键环节（哈贝马斯，2004：157）。根据哈贝马斯的观点，受工具理性支配的资本主义社会缺乏一种理性的反思力量，只有基于交往理性的反思，才能使人们的交往行为摆脱经济体系和政治体系的行政命令的压抑和控制，改善话语环境，实现自由、平等、民主的交谈，从而改变舆论结构，使公众社会发挥其批判精神，最终实现社会合理化。

H 机构在社会工作行动过程中，不断通过语言进行宣传、教育、倡导推动话语伦理的实现。同时，H 机构通过官方网站、刊物、宣传小册子、活动标语等，向社会公众传达这样的理念：平等、尊重、赋权、优势、互助、支持、关爱等。此外，H 机构非常重视对志愿者的培训和管理，用言谈举止影响志愿者，然后让志愿者通过自己的日常交往再影响更多人，当越来越多的人认同 H 机构提出的理念时，改变也就发生了。

2）公共领域的重建

哈贝马斯认为，随着西方现代化过程的合法化趋势，社会系统更多地采取技术手段、权力与金钱等非交往手段来整合日益分裂的社会。资本主义的这种统治方式是一种压制普遍化利益的模式，因此，必须通过公共领域的公开性话语论辩，将被压抑的普遍化利益展现出来，才能凸现意识形态的虚假性和不公平性，并重新对社会进行整合，微观层面通过理性交流实行交往合理化，宏观层面重建公共领域（Habermas，1991：25-28）。通过交往理性而不是金钱与权力来实行公共决策，运用文化上的合理性结构来改造社会的基础结构（哈贝马斯，1984）。为此，主体必须进入生活世界的符号化结构中去，在社会中学习，找到合理的意识结构（哈贝马斯，2004：67-68）。然后，再把这种意识结构引入到交往行为中去，使自由的交往关系得以制度化，使社会成为一个自由和平等的公民共同体（哈贝马斯，1994）。哈贝马斯还提出了"话语民主"的概念，认为话语民主植根于民主交往的直觉理想中，交往是否合理，要通过公民平等的公共辩论和批判来决定，这样，公民在解决集体事务的过程中凭借公共批判就承担了一定的责任（哈贝马斯，1999：24，27）。因为基础机制建构了自由公共讨论的框架，公民认同这些机制是合法的。

在哈贝马斯看来，公共领域是介于私人领域和公共权力之间的社会领域。在公共领域中，人们可以就公共利益和社会规则进行讨论，在讨论中，人们不必受制于传统习俗和教条，也不必屈服于政治强权，通过自由辩论和理性反思来解决规范和合理性（何雪松，2007：122）。资产阶级的公共领域依赖于自我形成的市民社会，市民社会是伴随着资本主义市场经济的发展而形成的，是独立于政治国家的私人自主领域，它本身又分为两个领域：一是以资本主义私人占有为基础的市场体系，包括劳动市场、资本市场、商品市场及其控制机制等；二是由独立于政治国家的非政府组织所构成的社会文化体系，包括教会、文化团体、传媒、运动娱乐俱乐部、辩论俱乐部、市民论坛、职业团体、政治党派、工会等（哈贝马斯，1999：29）。17～18 世纪，资产阶级公共领域表现为一系列的公共生活原则，如集会和言论自由、对法律的合法性进行辩论、法庭的公开审判及充满批判色彩的公共舆论等，一个由私人组织起来的公众通过上述形式与公共权力机构展开对话，这样，公共权力就不再凌驾于社会之上，而是受制于公共政治意志（哈贝马斯，1999：20）。但是，资本主义的发展却日益瓦解了公共领域的社会基础，个人失去了曾经拥有的自由和批判权利，变成了国家机构和意识形态的操纵对象。哈贝马斯努力恢复和捍卫这一具有批判潜能的公共领域原则，但又批判这一公共领域的意识形态性。

哈贝马斯的早期公共领域理论表现为历史社会学研究，公共领域的参与者通过对主导商品交换和社会劳动领域关系的一般规则与公共权威进行公开论理，目的是形塑政治意志，并以公共意见或舆论的形式出现，公共意见或舆论基本上只能达到偶然的一致。因此，公开论理虽然以语言为媒介，但基本上还属于策略行动和以言取效的言语行动。哈贝马斯后期对市民社会规范理论的论证，则明确以交往行为理论为根基，这一时期的公共领域和市民社会的含义已经有所不同，市民社会的参与者是所有具有言语和行动能力的交互主体。对交互主体来说，世界不是对象化的而是构成性的，在行动中与行动者相联系，而且永远处在生活世界之中（夏昌奇，2008）。由此可见，哈贝马斯通过市民社会和公共领域的共振作用，以交往行为合理性为支撑，从公共领域到生活世界，完成了从主体性到主体间性、从策略行动到交往行动的视角转换，他的理论重心也从现实的交往共同体的比较研究，转移到了对理想的交往共同体的批判性重构（王占平，1989：66-67）。在哈贝马斯看来，公共领域的重建之所以成为社会合理化的路径，就在于它不再被归于单个主体或国家，相反，使交往理性成为可能的是话语媒介，它将诸多互动构成网络并建构新的生活形式（潘朝东，2006）。

　　H 机构非常重视公共领域的建构，如利用大众传媒、大型活动、论坛、交流会、志愿者嘉年华等形式，让不同群体之间产生互动，就社会歧视、公益文化、公平公正理念等话题进行讨论，并尽可能让更多人参与，然后通过媒体进行宣传，扩大影响力。这几年，随着中国公益文化的整体发展，社工组织、志愿组织的发展，公共领域也正在逐渐形成。

1.3　资料收集、分析与反思

1.3.1　本书研究开展的方式

　　方法论指一系列有关研究方法的理论与学说，是抽象、概括的方法哲学，社会科学研究方法论的核心是指方法选择的价值、规范和标准问题，如对人和社会性质的假设是什么，什么问题值得研究，其理论依据是什么，获取资料的原则是什么，如何对资料进行解释，如何确定众多具体方法的评价体系，等等（林聚任等，2004：22）。

　　建构主义方法论强调语言的建构功能，强调话语具有社会意义，因此，本书顺理成章地采用建构主义立场的质性研究方法①。建构主义立场的质性研究方法没

---

① 本书选择建构主义的方法论，原因如下。a.社会工作服务的特性决定了方法论的选择。笔者认为社会工作服务是社工基于自己的理论知识、社会经历、个人偏好在与服务对象互动过程中进行的一种社会行动，既是社会工作理论的科学应用，也是社工在主体反思中的一种创新活动，社会工作服务不可重复，每一次服务活动都是独特的，正如社工反映，即使是同一个服务方案，在不同的服务群体中使用，方案执行中的微观技巧、与服务对象的互动形态、服务效果都会不同，这说明社会工作服务不是绝对客观真实的，而是相对真实的，它与社工的特点、服务对象的特点及服务情境有着密切的关联，这就决定了本书最好使用建构主义方法论。b.建构理论应用框架的方式决定了方法论的选择。建立于西方社会背景下的交往理论是否适用于中国本土环境，需要通过长时间的实践检验，也需要在本土实践中进行本土性知识的总结与反思，再与西方交往理论进行视域融合，达成构建本土交往理论的应用框架，这种建构理论应用框架的方式也需要采用建构主义方法论。c.笔者的研究方式决定了方法论的选择。自 2005年起，笔者就以实习指导老师、项目指导老师的身份参与 H 机构的各项服务活动，在这 8 年的长期互动关系中，笔者的很多思想、观念、理解都潜移默化地渗透到社会工作服务之中，笔者也是服务提供系统中的一份子，不再是一个站在外围的客观观察者。同时，笔者在这 8 年中与 H 机构的社工们都建立了良好的关系，他们都认可笔者的指导者、研究者的身份，在这个过程中笔者与社工们共同撰写过很多案例和研究论文，共同完成了很多研究，社工们已经成为笔者的研究伙伴或助手。这些都决定了本书需要采用建构主义方法论。

有严格的研究设计，研究过程是一个循环往返、不断演进的过程，研究的每一部分工作都不可能一次性完成，而是受到上一轮循环中其他部分的影响，所有的组成部分都在流动中，没有开始也没有结束（陈向明，2000：69）。

本书的研究过程大致为：首先，笔者在以实习指导老师的身份参与到 H 机构的社会工作服务过程中，逐渐发现了大量的服务方案、总结等一手资料，对于社会工作发展刚刚起步的中国来说，这些资料非常珍贵，值得研究，于是笔者萌生了对这些服务进行经验总结和理论提升的想法；其次，笔者对这些资料进行分析，在分析的过程中借鉴了很多前人理论的概念、视角和分析方法，当然也有自己对事件的理解和思考；再次，在对这些资料进行分析的基础上，逐渐形成了很多本土性知识经验，如交往断裂导致社会隔离、社会工作者可以促进社会交往、社会交往可以促进社会融合等；最后，寻找理论视角，笔者研读过很多理论，如交往行为理论、赋权理论、社会资本理论、社会排斥理论、社会融合理论、社会倡导理论、生态系统理论等，这些理论对于手中掌握的资料都有一定的解释力，最终笔者选择了交往行为理论，因为该理论具有一定的兼容性，可以融合其他理论，解释力也比较深刻和全面；另外，笔者将交往行为理论与本土知识进行对话和反思，拓展了交往行为理论的应用价值，也为社会工作行动提供了新的理论视角。这个研究过程绝不是一次可以完成的，而是一个不断循环的过程。

1.3.2　资料收集

1. 访谈

2012～2013 年，基于研究所需，笔者分别对麻风病康复者、社工、医生、志愿者进行了半结构式访谈。笔者拟定了一个粗略的访谈提纲，但在访谈的过程中，并不会局限于访谈提纲，而是通过对话互动的方式，引导访谈对象对一些话题进行阐述和表达，笔者尽量用倾听者的姿态虚心听取他们对一些事件或行为的所思所想。

1）对麻风病康复者的访谈

2012 年 8 月 11～20 日（暑假），笔者带着 4 位研究助理（其中 3 位彼时是 H 机构的实习社工，1 位为曾经的实习社工）来到了 X 麻风村，与 23 位康复者共同生活了 10 天。刚开始，笔者计划与他们同吃同住两个星期，与他们一起回顾人生的历程，与他们共同探讨 H 机构这些年社会工作服务的成效与不足，这些服务如何影响他们的生活，以及他们对社会的期待等。

当笔者与研究助理带着住宿的行李和研究工具来到 X 麻风村后，康复者热情地接待了我们，因为康复者对我们都已经很熟悉了，并帮助我们安顿好床铺，默认我们跟之前的实习社工一样是来搞活动、探望自己的。经过第一天的热情互动后，第二天笔者试探性地对其中一位文化素质较高的康复者进行访谈，当他看到笔者拿着纸笔进行记录时感到很不自在，几次叫笔者不要记录，访谈也几次中断，感觉他不想谈下去。笔者与研究助理马上进行了讨论，修改了访谈方案：不用录音笔、不拿纸笔，掩饰笔者与研究助理作为研究者的身份，而是当成服务者，与康复者进行自然式的谈话，也提供一些简单服务，如与他们一起唱歌、打麻将、包饺子、学英语等，每个人负责几个具体的访谈对象，其他人提供协助，每次谈话时间不要太长，及时回房间记录谈话内容，不断补充完善。

对麻风病康复者的访谈主要以生命历程和重要事件影响为线索进行。比如，什么时候感染麻风病的、什么时候被隔离治疗的、隔离后的生活及感受、在 X 麻风村经历过哪些重要事件、对 H 机构及社工服务的感受和评价、对志愿者的感受和评价、近 10 年来康复村的变化、目前的生活状态。笔者通过与康复者互动，了解他们对自己生活和重要事件的感受与看法。23 位麻风病康复者的基本情况见附录 1，康复者个人访谈提纲见附录 5。有时笔者与研究助理会集中几位康复者一起谈论康复村的发展历程，以便信息更准确，康复者集体访谈提纲见附录 6。

2）对社工的访谈

笔者与 H 机构的社工关系紧密，要么是多年的老朋友，要么是师生关系，他们也非常清楚笔者一直所做的研究，很配合笔者，访谈非常容易，也非常轻松，形式也是多样化的，有面对面的，也有通过邮件、QQ、微博互动的，还有通过电话交流的。访谈社工的选择标准是：H 机构的 6 位专职社工全部访谈，2007～2012 年的项目实习社工每年各选 1～3 位，方便笔者进行比较研究。

2012 年 9～10 月，笔者对社工做了一次系统的访谈，主要从专业服务的角度进行。比如，社工如何看待康复者的问题、服务秉承的核心价值观是什么、服务中的主要困惑是什么、理论与服务的关系、西方理论如何实现本土化、社工与志愿者的最大区别是什么、社工在服务中所扮演的主要角色是什么、社工与康复者的关系如何。访谈社工的基本情况见附录 2，对社工的访谈提纲见附录 8，笔者通过与社工的互动，了解社工的行为及其意义。后来在研究的过程中又碰到了很多问题和不理解的地方，笔者又多次通过不同方式与社工进行交流和讨论，试图了解他们当时为何那样开展服务，以及他们又是如何理解自己的服务的。

3）对医生的访谈

自 1996 年以来，X 麻风村的主管医生就一直是戴医生，他也见证了 H 机构在 X 麻风村服务的 13 年历程，有些服务他也参与过，戴医生的基本情况见附录 3。因为他与笔者比较熟悉，访谈起来比较容易，笔者向他直接表露了研究者的身份，并于 2012 年 7 月 20 日进行了一次长达 2 小时的深度访谈。对戴医生的访谈，笔者主要从利益相关者的角度进行。比如，如何支持和评价 H 机构的服务、这些年

X 麻风村的变化、X 麻风村的康复者还需要哪些服务。访谈提纲见附录 10。一旦遇到新的问题，笔者就通过打电话或发邮件的形式进行沟通、交流。

4）对志愿者的访谈

对志愿者的访谈主要从志愿服务提供的角度进行，笔者与志愿者并不熟悉，主要根据研究的需要，选取了志愿服务队的负责人、长期志愿者、社会人士、高校大学生、周边村民等 8 位不同类型的志愿者，基本情况见附录 4。笔者分别于 2012 年 11～12 月对他们进行访谈。笔者主要了解他们是如何知道 X 麻风村的、为何选择服务 X 麻风村、如何理解康复者的需要、服务的形式和内容、服务中的感受及是否愿意继续。对志愿者的访谈提纲详见附录 9。

2. 参与式观察

笔者自 2005 年起，以实习指导老师的身份深度参与了 H 机构的 8 年服务，尤其是 2007～2010 年实习生以项目社工的方式进行驻村服务，笔者对他们进行了较为深入的指导，常常到现场观察他们的服务，并及时进行引导与培育。笔者在长达 8 年的服务指导过程中，积累了大量的主观感受、理解和认识，并形成了部分观察日记。同时，在社工提供服务的过程中，笔者有时也以旁观者的角色，相对客观地观察社工的服务及康复者的反应，并对自己的指导进行反思。

为了评估 X 麻风村在经历过 13 年社会工作服务后的状况，2012 年 8 月 11～20 日，笔者与 4 位研究助理在与康复者同吃同住的过程中，除了进行访谈外，还进行了参与式观察，观察他们的日常生活状态，如每天的生活安排、面部表情、社区中的群体结构、小群体、互助行为、冲突处理方式、活动参与、对外部群体的态度，观察提纲详见附录 7。

3. 文献

H 机构在长达 13 年的服务过程中，形成了大量的工作日记、年度工作总结、服务方案、服务总结、服务反思、宣传材料、照片、录像、视频等文本及音像资料。因为笔者与 H 机构的亲密关系，H 机构毫无保留地将这些资料提供给了笔者。

1.3.3 资料分析

笔者采用建构主义范式整理和诠释资料。

1. 资料初步整理与分析

2012 年笔者花了半年的时间，对收集到的访谈资料、观察日记、督导记录及文献资料根据类别和时间进行编码整理，然后对这些资料进行研读、分析，找出它们之间的逻辑与关联，初步理清 H 机构 13 年社会工作服务的行动概况。笔者把他们的服务分为三个发展历程：身体为本的生理康复服务、能力为本的社区综合服务、权利和资源为本的社会服务。对于这样的划分方式，笔者又与 H 机构秘书长及社工进行探讨：这样的划分他们是否认同，为何有这样的发展变化，发展背后的动力是什么？

2. 资料深度整理与分析

笔者根据每位康复者的访谈资料及社工的工作记录，给每位康复者编写了一个生命故事，然后对这些生命故事进行比较分析，找出他们的共性和差异，思考共性产生的原因，以及为何在同样的服务中康复者的感受和改变存在差异。带着这个思考，笔者又去寻找理论支持，笔者阅读了自我理论、身心灵理论、优势视角、增能理论、交往理论等，探索理论与资料的对话。最终，笔者选择了交往行为理论为本书的主要理论视角，把其他理论融合到该理论中，把生活世界分解为康复者主体生命世界、康复村日常生活世界和康复村外部生活世界。在重建生命世界中，笔者选择了身心灵理论作分析支持；在重建康复村日常生活世界中，笔者选择了社区能力建设理论作分析支持；在重建康复村外部生活世界中，笔者选择了社会倡导、资源动员、社会支持理论作分析支持。

3. 典型事件的选择与分析

面对 H 机构 13 年社会工作服务后所积累的大量文献材料，笔者查阅了大量的与研究方法和研究策略相关的书籍和文章进行思考与整理，其中，过程事件分析的研究策略给了笔者很大启发。于是，笔者又回到 X 麻风村，询问康复者对 H 机构社工提供的哪些服务记忆深刻，也询问 H 机构社工自认为哪些服务对康复者的影响很大。他们都提到了这样一些重要事件：溃疡护理、防护鞋、社工与康复者同吃同住、好村民选举、和工组/长者技能展示、50 周年庆、一日游、象棋大赛、摄影展、"3·11"宣传、周边村宣传等，于是笔者将这些重要事件从文献中找出来，并进行了系统整理，形成了一个个比较生动的行动故事，然后又将理论与资料进行对话，对资料进行分析，讨论这些行动如何影响了康复者。

从上述分析可见，建构主义范式的研究过程是一个不断循环的过程，资料和理论在不断对话中得以展现和分析。

1.3.4　研究伦理的反思

X 麻风村康复者与笔者认识很多年了，笔者参与过 H 机构社工组织的很多次大型社区活动、社会倡导活动，他们中的很多人对笔者记忆深刻，表现得友好。但是，因为各方面的原因，他们还是与笔者保持着一定的距离。尽管笔者努力让自己在他们面前更加谦逊、友善，期望能更深入地走进他们的心，成为他们的平等伙伴或朋友，但是发现很难。

刚开始，在笔者确定要研究这一个课题时，笔者曾想让康复者也成为知识建构的一分子，期望与他们进一步打好关系。并明确告诉他们"勇敢地表达自己的想法，参与研究，相信自己的思想具有重要价值"。

2012 年，笔者计划带着 4 个研究助理与他们同吃同住，与他们一起回顾人生的历程，与他们共同探讨 H 机构这些年社会工作服务的成效与不足、这些服务如何影响他们的生活、他们对社会的期待等。但是，当康复者发现笔者并不是像往常一样给他们搞活动，而是进行记录访谈时，他们感到很不自在。笔者随后调整了研究方法，与康复者进行自然交谈。这种掩饰身份的研究方式，让笔者一度陷入了伦理困局，但是不这么做，又感觉研究难以进行。后来，笔者查阅了一些研究书籍，也与几位同行进行讨论。最终，笔者也释怀了，质性研究本来就是在现实情景中研究，不可能设计理想情景，只能选择最合适的方式，最合适的就是最好的。

在谈话交流的过程中，当笔者问到他们对 H 机构及社工的感受时，他们的回答全部是"很好、非常好"，这中间一定存在"水分"，笔者只好通过一些迂回的方式让他们"真实流露"，在社工提供服务的过程中，他们会真实地表达自己的需要和想法，这些对服务产生影响，也就间接参与了知识的建构。

综上所述，本书按社会工作行动前、行动过程、行动后三个阶段呈现经验材料和理论分析。行动前阶段，笔者主要通过康复者的口述历史和社工的回忆收集经验材料，分析得出 X 麻风村康复者生活世界呈现隔离型特征。行动过程阶段，笔者借鉴生态系统理论，从重建的角度，将 X 麻风村康复者的生活世界划分为康复者生命世界、社区生活世界和外部生活世界三个子系统，这三个系统并不能完全分开，而是相互影响、相互促进、相互建构的过程。社会工作行动也是同时进行的，只是不同发展阶段的介入重点不同，不同系统的重建策略不同。行动后阶段，笔者主要通过访谈法、观察法等评估方法，分析得出行动后 X 麻风村康复者的生活世界初步呈现融合型特征。

第2章 行动前X麻风村康复者的
生活世界：隔离型

2000年H机构开始进入X麻风村并提供社会服务，那时的X麻风村是一个被遗落的"孤岛"，无人知晓、无人问津，形成了一个隔离型的村庄，对于居住在X麻风村的康复者来说，他们生活在一个隔离型的生活世界之中。X麻风村建立于1959年，相当于一个农村村庄，康复者从事农业生产，过着自给自足的生活，附近配套建立了X皮防医院，负责对这些康复者进行麻风病救治和生活管理。1985年，随着康复者年岁增长，体力不支，土地承包出去，康复者不再自己种田，政府给予一定补贴，X麻风村成为了X皮防医院的住院部。本章讨论这种隔离型生活世界是如何形成的，以及隔离型生活世界的特征和问题是什么。

2.1 X麻风村的形成背景

新中国成立后，为了尽快消灭麻风病，积极解决麻风病带来的社会问题，政府出面修建了很多隔离式麻风院（村），用于救治麻风病患者，X麻风村就是在这样的社会背景下形成的。那么，中国当时为何要建立这种隔离式麻风院（村）呢？

2.1.1 隔离治疗传统的延续

麻风病是一种非常古老的疾病，人类对麻风的认识是一个渐进的过程。在砜类药问世之前，隔离成为人类与麻风病作斗争的唯一手段。早在16世纪闽粤地区就开始有类似的麻风院（村），当时的麻风院（村）没有治疗功能，只是让到处流浪的麻风病患者有个栖身之地，并起到了控制麻风传染的作用。直到20世纪40年代，随着西洋传教士带着现代医学来华，特别是教会主持了中国麻风院（村），对麻风病患者的照顾才有了治疗的内容，麻风院（村）逐渐向治疗和收容并重转变。

20世纪40年代初治疗麻风病的药物氨苯砜的衍化物相继问世，40年代后期氨苯砜的临床应用及抗结核化学药物的相继出现，使麻风病防治工作进入了一个全新的时代——化学治疗（简称化疗）时代。化疗的成功把"麻风不治"之说推翻，使人类最终彻底消灭麻风病成为可能。化疗不仅能治好各种类型的麻风病，而且能有效控制传染源，成为预防和消灭麻风的有力措施。这时医学界开始呼吁取消麻风隔离政策，在 1953 年的第六届国际麻风会议上，有学者提出"因化学治疗的进展，应重新审查预防隔离的方法"。1958 年第七届国际麻风会议更加强调"将麻风病人强制隔离入院，是不合时代的错误，应予废除"。

但是，医学界的这一呼吁并没有引起政府的高度重视，新中国成立后还是沿袭了传统隔离方式。

2.1.2　基于集体主义、民族主义的疾病控制策略

虽然从 20 世纪 40 年代起，氨苯砜的出现使麻风病可以被治愈了，但是效果还不算特别明显，会出现反复发作的情况，甚至还有很多失败的案例，并有较大的副作用。有记载说，氨苯砜是抗麻风的首选药，它的剂量一直存在争论，因为错误用量中毒招致失败的经验教训，加上长期又把麻风反应归咎为它的用法和剂量，所以出现 1954 年世界卫生组织（World Health Organization，WHO）制定的氨苯砜小剂量开始逐渐加量的方法，从而渐渐形成小剂量开始，小剂量维持，甚至长期使用小剂量，有麻风反应就减量或停药，以及定期停药的间歇疗法的错误用药方法偏向。70 年代各国对耐药麻风的研究发现，氨苯砜足量应用有杀菌作用，小剂量使用只能起到抑菌作用，剂量与麻风反应没有多大关系（刘吾初等，1987）。

普通民众基于惯性思维，还是非常恐惧麻风病，身边出现麻风病患者会引起集体恐慌，麻风病已经成为一个"谈麻色变"的社会问题。同时，国际医学界、政治界普遍认为，隔离是麻风救治的最好方式，中国政府应当承担起这份责任。因此，新中国基于集体主义、民族主义精神，把麻风病作为一项公共卫生事业来发展。

首先，政府进行了麻风病的调查，对麻风病有了一个清晰的了解。调查表明：20 世纪 50～60 年代，全国 86% 的县（市）发现过麻风病患者，患病率在万分之0.1 以上的县（市）占 69.1%，万分之一以上的县（市）占 42.6%，19 个省份患病率在万分之一以上，1949～1998 年累计登记患病人数在 5 万名以上的有广东、山东、江苏、云南 4 个省份，1 万名以上的有 13 个省份（殷大奎，1998；江澄，1996）。

其次，政府制定了一系列麻风病防治方案、原则及制度。1950 年卫生部发布了《关于管理麻风应行注意事项的通报》，以扶助麻风病患者生产自救，给予生活救济；1951 年的第一届全国卫生防疫会议及 1952 年的第二次全国卫生行政会议上，拟订了培训专业骨干、查清流行情况及建立防治机构等方案；1953 年召开了全国麻风病防治座谈会，提出"防治结合"的原则；1956 年初步统计全国有患者 38 万～39 万例（传染性患者占 1/3 左右），麻风院（村）160 余所，收容治疗2 万例左右，另外开展了一些门诊治疗；同年，中共中央发布的《全国农业发展纲要》（修正草案）中，提出了对麻风病"应积极防治"的措施（Browne，1970）。

1957 年卫生部在济南召开了全国首届麻风病防治专业会议，一届人大四次会

议上，谢觉哉、罗瑞卿、钱瑛、邓颖超、廖鲁言、胡耀邦、李德全 7 位代表提出了《建议各有关部门分工负责，密切合作，以积极开展麻风防治工作案》，由国务院批交有关部门办理；卫生部发布了《全国麻风病防治规划》，确定了"积极防治、控制传染"的方针，提出了"边调查、边隔离、边治疗"的步骤和做法；1959 年卫生部及内务部①在江西宁都召开全国防治性病、麻风、头癣现场会议，要求对麻风病尽可能做到"早期发现、早期隔离、早期治疗"；1963 年在福州召开了麻风学术会议，制定了《麻风病治疗方案》等技术性方案，普遍推行"查、收、治、管、研"等综合性防治措施；1971 年及 1972 年在泸定和扬州分别召开了全国麻风防治经验交流会；1975 年国务院、中央军委批转了卫生部等《关于加强麻风病防治和麻风病人管理工作意见的报告》；1980 年国务院批转了卫生部《关于麻风病防治工作情况的几点建议》；至 1980 年底，全国有麻风病院 62 处，防治站 343 处，麻风村 794 所，共 1199 处，专业防治技术人员 9000 多名，登记的现症患者大都得到了治疗（其中 47% 为收容隔离治疗），传染患者收治率为 80%～100%（袁萌芽等，2007）。经过 30 年的积极防治，以氨苯砜单疗为主治愈患者 25 万余例，尚有登记现症患者 8 万余例，患病率已控制至万分之一以下（马海德，1989：372）。

从以上公共卫生事业发展来看，政府把隔离当成一种非常重要的疾病控制策略。

2.1.3　基于人道主义的保护性治疗策略

在人们的记忆中麻风代表着兔眼、鞍鼻、狮面、瘤节、斑疹、残肢、溃烂和苦不堪言的死亡，对患者本人来说这是一种不治之症，对社会而言它恶性传播。麻风病不仅被认为是恶疾中的恶疾，甚至成了一个诅咒、一个罪恶或者魔鬼的象征②。就像人们常常不假思索地用"鬼"去表达诅咒，但对究竟"鬼"是什么、"鬼"在哪里这些问题却避开不谈，麻风病的情况也是如此，人们对这个疾病的理解及这个疾病带给人们的命运，一直像一场无根无由的梦（成凡，2004）。

中世纪时期，麻风病因其可怕的外在病症，被视作内心罪恶的体现，麻风病患者便备受凌虐，因此，麻风病在欧洲的历史可以用"污名化"来加以概括。到了 19 世纪，当传教士在殖民地再次发现已经从欧洲消失的这一病症时，对患者道德的污名化又转化为对殖民地人民的心理优势，麻风病成为其所谓殖民地种族低劣的重要证据。中国民族主义精英面对西方的偏见充满了羞耻感，麻风病"强烈地象征着中国近代病重的身体"（梁其姿，2012：306），麻风病患者承受了前所未有的社会压力。

---

① 中华人民共和国内务部，现已撤消，现在相应的部门是中华人民共和国民政部。
② 参见《圣经·旧约·利未记》第十三章、第十四章、第二十二章第四节、《圣经·新约·马可福音》第一章第四十一节。

但是，中国麻风病患者所蒙受的污名，不仅仅是西方刺激的反应，还有着长时间的历史积淀。在麻风病患者所背负的污名化标签中，最独特的应该是"过癞"习俗的叙述与建构。在各种叙述中，广东、广西、福建地区的女子引诱不知情的男子（通常来自北方），通过发生性关系将癞病传染给男子，使自己痊愈。蒋竹山较早注意到这类描写的盛行，将其视为明清时期治疗癞病的方法之一——"性爱疗法"（蒋竹山，1995）。

有关"过癞"的叙述，最早出现在宋朝周密的《癸辛杂识》中："闽中有所谓过癞者。盖女子多有此疾，凡觉面色如桃花，即此证之发见也。或男子不知，而误与合，即男染其疾而女瘥。土人既皆知其说，则多方诡作，以误往来之客。杭人有稽供甲者，因往莆田，道中遇女子独行，顾有姿色，问所自来，乃言为父母所逐，无所归，因同至邸中。至夜，甫与交际，而其家声言捕奸，遂急窜而免。及归，遂苦此疾，至于坠耳、塌鼻、断手足而殂。癞即大风疾也。"（周密，1997：81）

到 19 世纪晚期，由于西方世界的歧视和民族主义的兴起，中国麻风病患者所遭遇的社会歧视与污名愈演愈烈，乃至成为中国现代化的障碍。虽然民国时期政府无力对患者采取严格措施，但麻风病患者处于民族主义兴起的时代，承受着来自传统观念和成为现代化障碍的双重压力，所蒙受的污名要比传统社会更为严重（杨璐玮，2012）。

中国不健全的法律"顺应"了普通大众推动麻风病污名化的发展。中国古代法律就有"疠者有罪，定杀"的规定（杨平等，1998），麻风病患者早就被认定为天生有罪了。而在麻风病已经可以治愈的情况下，1950 年 4 月新中国第一部婚姻法第五条还这样规定："男女有下列情形之一者，禁止结婚：为直系血亲，或为同胞的兄弟姊妹和同父异母或同母异父的兄弟姊妹者；其他五代内的旁系血亲间禁止结婚的问题，从习惯；有生理缺陷不能发生性行为者；患花柳病或精神失常未经治愈，患麻风或其他在医学上认为不应结婚之疾病者。"[1]

麻风病患者在遭遇社会歧视、谩骂的同时，也获得了某种弱者"武器"和权力。梁其姿说"对麻风病人的持续污名化和日益增长的传染的畏惧反而成了他们力量的来源"（Leung，2009：100），一些麻风病患者开始利用人们的恐惧为非作歹。社会对他们的歧视限制了他们的生活空间，他们就凭借所拥有的新的社会身份获得生存资本，由此可见，他们所获得的权力是他们背负污名后变态发展的结果，源自人们对他们的恐惧和臆想。由此，麻风病患者与普通民众之间产生了强烈的对立情绪与激烈冲突。

新中国成立后，政府基于人道主义，为减少污名对麻风病患者的歧视与排斥，修建了很多麻风院（村），不仅提供免费的医疗救助，还提供一定的土地和生产

---

[1] 参见《中国法律法规大典数据光盘(1949—2000)》，该光盘由全国人大常委会法律工作委员会办公室审定，吉林市北城数据产业有限责任公司编著，杭州天宇资讯开发公司软件开发，北京大学出版社出版。

资本，让他们能自给自足。对于老弱病残者，卫生部门和民政部门提供必要的生活救助，在计划经济时期，他们的生活水平甚至超过了普通民众的水平。

1980 年 11 月，国务院批转的卫生部《关于麻风病防治工作情况的几点建议》（成凡，2004）这样写道："三十年来，我们没有在群众中公开宣传过麻风病的科学知识与防治方法，干部、群众，包括医务人员至今仍严重地存在着一个'怕'字，由于人们怕麻风病传染，防治机构只好建立在远离城镇的海岛或深山上，没有公路，缺乏交通工具，没有水电，病人的口粮、生活用具都要到几十里上百里外肩挑背驮，交通、水电、病人的口粮、生活必需品的供应等都极其困难，麻风病院、村数量少，同时，又不能充分合理利用，现有的机构只能收治瘤型即有传染性的病人，其余大量结核样型病人实行不住院治疗，出院后的病人还需在家继续巩固服药，但由于群众怕麻风病人传染，只要知道是麻风病人，就哄走赶走，严重影响工作开展。"由此可见，新中国成立后建立麻风院（村）也是政府的一种无奈之举，是考虑到了普通民众的心理因素而制定的一种保护性策略。

2.2　X 麻风村的形成过程[①]

X 麻风村从建立到现在经历过很多变化，其中有一次很大的变迁。本书将麻风村的形成过程分为临时性家园和永久性家园两个阶段。

2.2.1　隔离治疗与临时性家园的形成（1959～1979年）

1959 年 X 麻风村建立，该村建在海心沙岛上，该岛与外界的交通依靠渡船，至今如此。班伯（下文简称班）是最早来到 X 麻风村的康复者之一（2007 年去世），当年 30 岁的他是被两个哥哥用担架抬到这里的，他的 10 根手指像冬天枯萎的树枝，两个小指萎缩得仅剩半截，右小腿已经麻木，失去了知觉，担架上堆着床板、蚊帐、板凳，还有一把镰刀，都是带去麻风村的行李。医生说，那里有香蕉，能开荒，带把镰刀才能养活自己。他们清晨 5 点从家里出发，先走了一个多小时，然后坐马车、乘艇……从家到 X 麻风村，两个哥哥抬着班上岛时，已是傍晚。当时的 X 麻风村只有一间砖瓦房，7 间茅棚，30 来个患者，班住进了最新的 7 号茅棚，棚里已经住了 3 个人，旁边住着李姓小伙子，他入院也才 2 天，李的手指都没了，鼻梁也塌了一半，但他有个绝活：用没有手指的手，借助两个膝盖穿针引线。村里总是有新患者来，两个月的时间，7 号宿舍就住进了 20 来人。吃饭时，两个厨工抬着一罐米饭到宿舍分派，餐餐都是白菜腐乳，米饭只有三两七钱半，

① 这部分内容根据笔者对他们的口述史访谈、前线社工的谈话记录、《南方都市报》李春花的深度采访记录相互印证整合而成。参见：广州麻风病人鲜为人知的生活，http://www.ycwb.com/misc/2009-10/23/content_2303531.htm，类别：社会民生，版次：GA01，版名：广州读本封面，稿源：南方都市报，发布时间：2009-10-17。

很多人吃不饱。刚来的时候，班还继续吃中药——绿豆，但三四个月后，绿豆没了，医生说 10 味中药抓不齐 6 味，于是患者们又改吃西药。每个季度，麻风村要查一次菌，按照患者的类型，患者分宿舍居住，上岛 5 年，班换了 5 次宿舍。

姜公（下文简称姜），1960 年 1 月 1 日来到 X 麻风村。此前，他已经在另一个孤岛上生活了 3 年，1953 年他左眼附近出现红斑，当时村里人都传唱："麻风医得好，山头没草。"抓麻风的人来了，把他送到一个孤岛，当时岛上只有 10 个患者，住在战争年代留下来的地下炮巷里，2 个轻患者和 8 个重患者分开，一年后，8 个重患者中陆续有人死去，3 年后岛上只剩下 3 个人。有一天，姜看到一个患者摊开四肢，把自己绑到床板上，扑进海里，随着海浪漂流而去，那个患者当时说，"横掂系死，就甘漂番东莞"（意思是：反正是死，还不如这样漂回去）。3 年后，有船经过，姜借机逃离了孤岛，1960 年，姜被劝到 X 麻风村治疗。他加入了生产队，每天干 7 个小时的活，生产队给他登记了工分，可是到年底却没分到钱，姜交不起每月 7 元的伙食费，几年下来，欠了公家 300 多元。1964 年农历 4 月 17 日上午 11 点左右，台风登陆，绕着小岛的珠江水位暴涨，把沙石围基冲垮了，水涌进屋子有 2 米多高，接下来的 10 天又来了 2 次台风。班和 20 来个行动不便的患者被紧急转移到东莞麻风村避难。四肢健全的姜则留在岛上恢复生产，8 万平方米的小岛，近一半土地灾后种上了甘蔗，原来登记的工分有了实物分配，岛上一年就能收成 8 万千克，送到糖厂，能换回 500 多千克糖。麻风村不用缴公粮，他们把吃剩的糖高价卖给农民，又换来了不少收入，姜一年就分到了 300 多元，一次性还清了几年欠下的伙食费。后来他们又种上了瓜菜、柠檬……运往城里卖，按规定，在岛上休养的患者一天只需工作 6 小时，但有了按劳分配后，大家就拼命干活挣工分，有些患者晚上借着月光砍甘蔗，一天能砍 1000 多千克。1965 年，岛上已经有了 3 个生产队，近 120 人。1964～1966 年，政府在另外一个地方选址新建另一个麻风村，取名叫 H 麻风村。1966 年临时寄住在附近麻风村的康复者入住 H 麻风村。这样同一地区有了两个麻风村，之后新患者都先到 H 麻风村治疗，并留村观察三年，然后有劳动能力的康复者转入 X 麻风村参与劳动，体弱康复者继续留在 H 麻风村。X 和 H 两个麻风村的康复者是"一家人"，两个村都分成了三个生产队，X 麻风村分别是 X 一队、二队和三队，H 麻风村也如此，H 一队和 X 一队同属一个生产队，所有劳作和收入都平分，于是在抢收的时候，两边的人就会互相帮忙，形成了互帮互助的集体生产队。1980 年以前这里的康复者很多，最多时两院加起来有 500 多人。

2.2.2　"回家运动"与永久性家园的形成（1980年至今）

早在 1953 年第六届国际麻风会议上就已认识到"因化学治疗的进展，应重新审查预防隔离的方法"，1958 年第七届国际麻风会议上更是强调"将麻风病患者强制隔离入院,是不合时代的错误,应予废除",然而,20 世纪 60～70 年代,由于"文化大革命"的影响,我国的麻风防治工作落后了,对国外麻风防治的新成果没有及时吸收,直到 1976 年在马海德的推动下麻风防治水平才迅速提高,缩短了和世界先进国家的差距,强调"联合化疗"可在家里进行,麻风院(村)恢复到以收容晚残患者为主。

1981 年召开了第二次全国麻风防治工作会议,提出"力争本世纪末在我国实现基本消灭麻风病"的目标,即 95%以上的县(市)患病率控制在万分之 0.1 以下,5 年平均发病(或发现)率控制在万分之 0.05 以下;其他县(市)患病率低于万分之 0.5;1982 年召开全国麻防工作技术座谈会,发布《全国麻风病防治管理条例》(修订)及《麻风病联合化疗试行方案》等技术方案;为了适应科学技术的进步,1986 年起实现防治策略 4 个转变:①从单一药物治疗转变为联合化疗;②从隔离治疗为主转变为社会防治为主;③从单纯治疗转变为治疗与康复医疗相结合;④从专业队伍的单独作战转变为动员社会力量协同作战(袁萌芽等,2007)。同期还制定了 1985～2000 年麻风病防治总体规划及 5 年阶段规划(邓顺古等,2005)。然后,成立了中国麻风防治协会、中国麻风基金会(后并为马海德基金会)、中国麻风防治研究中心(1985 年)、卫生部麻风专家咨询委员会(1992 年),以及全国性病麻风病控制中心(1994 年)等组织,1990 年及 1995 年分别召开第 3、4 次全国麻风防治工作会议,进一步加大防治力度(Kahneman et al.,2000:211-232)。1998 年 9 月,第 15 届国际麻风大会在北京召开,会议提出"创造一个没有麻风病的世界"的目标,标志了现代抗麻风斗争第二个百年的开始(袁萌芽等,2007)。

从上述麻风防治政策的演变可以看出,1982 年起,我国正式全面推行"联合疗法"(袁萌芽等,2007),疗效显著,新增患者不再强制隔离治疗,而是在家治疗,鼓励治愈后的麻风院村康复者回到原来的家里和社区生活、生产,于是中国掀起了一场麻风病康复者"回家运动"。麻风院(村)的医生开始到康复者家里所在的生产队摸查,结果这些村子都慌乱起来,到处传"麻风村散了,麻风病人四处乱跑",引起了很大的社会恐慌,麻风病康复者在回归的原动力与原有村民的抵制力中抗争,70%～80%的人回到了原来的家中。回家的路并不顺利,有的回家后受到强烈的社会歧视又回到麻风院(村),有的隐姓埋名搬到另外一个山村重新生活,有的甚至自发组织生活在偏远山村而形成自发性的麻风村,有的坚定地选择继续留在麻风院(村)。

最终没有回家的康复者大都是老弱病残者,继续留在麻风村,并将永久留在麻风村,政府提供社会救助,麻风院(村)也就慢慢变成了社会福利服务机构。国务院〔1975〕50 号文件规定:"病人治愈出院后……对无家可归或丧失劳动能力的,民政部门要妥善安置,继续给予救济。"中国残疾人福利基金会领导在庆祝第一届"中国麻风节"时也说："麻风致残的，应与社会上的其他残疾人一样，受到理解、支持、帮助和尊重，社会各界，特别是民政部门应给予支持，提供就业机会，使他们过正常人一样的生活。"（李牧等，1994）据 1990 年统计，全国尚有麻风院 99 所、麻风村 489 处、皮肤病防治所 389 个（申鹏章，1993）。

　　X 麻风村同样经历了这样的过程，时间发生得相对早一些。大约在 20 世纪 70 年代末期，医院的主管医生开始做动员工作，给康复者做动员，又到康复者家里和生产队做动员，让这里的康复者回归家庭，康复者陆陆续续地回家了，1986 年这里的康复者只剩下 50 多人，这些人要么是有家回不去，要么是无家可归，要么是重新回来的，具体原因大概有以下几种①。

　　第一，年岁已高，担心连累家人，不愿给家人添麻烦。

　　程婆，女，1916 年出生，2012 年访谈时 96 岁，是康复村里年龄最大的康复者，深受大家的敬重。1971 年（55 岁）进入麻风村，丈夫在大女儿 8 岁时就过世了，一直独立抚养三个女儿长大，家境贫寒，后来三个女儿都嫁人了，对老人都很好，但家境并不宽裕。当回忆 20 世纪 80 年代的"回家运动"时，她很坦然地说：

　　　　我年纪大了，回家只能给女儿添麻烦，连累她们，这里很好，共产党对我们很好，就在这里养老了。

　　（资料来源：访谈资料，访谈编号为康复者 K5，2012 年 8 月 15 日）

　　姜公，男，1927 年出生，2012 年访谈时 85 岁。1960 年 1 月 1 日在 X 麻风村建好时就住进来了，属于最早一批到村里的。姜公进村前就已经成立了家庭，老婆对他很好，有三个孩子，当时大儿子 13 岁，二女儿 10 岁，小儿子 8 岁。起初三年治病，1963 年开始进入观察期，1966 年完全康复，但由于社会上歧视太严重，一直没有回过家。他回忆起 20 世纪 80 年代的"回家运动"时说：

　　　　当时最慌（害怕）的就是拖累家里，外面的歧视真的很严重。以前我把这里的农作物拿到外面粮油店去卖，店里的人拿我的账本都是用两只手指来接的，本来普通人一只手拿起就是了。但他怕被传染麻风杆菌，只用两只手指拿起。病好了之后不能回家肯定伤心啦，但是为了让家人更好地生活……我回去会拖累他们的，旁边的邻舍也会说闲话，所以就不回了。

　　（资料来源：访谈资料，访谈编号为康复者 K7，2012 年 8 月 13 日）

　　森伯，男，1934 年出生，2012 年访谈时 78 岁，有两次进村经历。1962 年患病住院，入院时结婚没多久。1964 年为了照顾家庭，病没治好就出院了，1965 年儿子出生，1968 年妻子去世。直到 1981 年儿子初中毕业，森伯的病情因加重了

① 为了了解 1980 年的"回家运动"及没有回家的原因，笔者于 2012 年 8 月对当时还健在的 23 位康复者进行了口述式的深度访谈。

才又回到 X 麻风村治病并居住的，直到现在。森伯残疾中度，双手和双脚都因溃疡致畸形，但生活基本可以自理。他回忆起 20 世纪 80 年代的"回家运动"时说：

> 我病还没治好就回家了，当时医院不让我回，尽管家人是欢迎我回去的，但在回家的期间其他人对我是很歧视的。在面店吃面时，我的手根本用不了木筷子，那时候就是当众在出丑，我自己也觉得不好意思。有的面店甚至不让我在里面吃，所以我一直是（叫）外卖的，我也觉得自己很难看。尽管后来我再次进院，治了 7 年终于把病治好了，我也想过要不要回去，最终我还是选择留下，因为觉得自己手脚不便利，也赚不了钱，只会连累家人。我想假如我没有患病，手脚还是好的，我可以回家，家里有很多事情也需要我帮忙的。

（资料来源：访谈资料，访谈编号为康复者 K18，2012 年 8 月 17 日）

第二，社会歧视太严重，家庭破裂或自然解体，无家可回。

珠姨，女，1941 年出生，2012 年访谈时 71 岁。1970 年入住 X 麻风村，当时29 岁，入村前已婚，有 2 个儿子，当时大儿子 5 岁，小儿子 3 岁，因为麻风病被迫离婚。1980 年与另一康复者班伯结婚，班伯比珠姨大 12 岁，夫妻恩爱，2007 年班伯去世。当她回忆 20 世纪 80 年代的"回家运动"时说：

> 我 29 岁犯麻风病，当时孩子还很小，大的 5 岁，小的 3 岁。当时社会对这个病很歧视，我（的病情）本来不严重的，治好了后是可以在家里住的，但是我婆婆坚决让我到麻风村，还强迫我和老公离婚，就这样我就到了麻风村，也与老公离婚了。我老公很帅，两个儿子也很帅，本来我可以很幸福很幸福的，就因为这个病一切都没有了。我都没有家了，回哪里呢？虽然我爸爸妈妈、弟弟妹妹都对我很好，但嫁出去的我总不能一直住在娘家啊。无家可回，我只能选择永远留在康复村。

（资料来源：访谈资料，访谈编号为康复者 K3，2012 年 8 月 16 日）

旗伯，男，1937 年出生，2012 年访谈时 75 岁，32 岁时入住麻风村。很小的时候父母双亡，有一个大姐，现已移民到美国。在村里由医生做媒与另一位康复者成婚，女方几年前去世。旗伯左手正常，右手及双脚畸形，右眼基本上看不到，生活尚可自理。当他回忆 20 世纪 80 年代的"回家运动"时说：

> 80 年代的时候我没有尝试回家，如果我好手好脚肯定会回家的。只是父母又不在，大姐又嫁人，我没有家可以回啊。

（资料来源：访谈资料，访谈编号为康复者 K16，2012 年 8 月 14 日）

阳婆，女，1927 年出生，2012 年访谈时 85 岁，是较早一批就入住在麻风村的康复者，在入住麻风村之前曾经结过婚，无子女，老伴去世后精神不好，非常喜欢小朋友，节假日侄子会来探望她。双脚溃疡，比较严重，每天都需要换药。

她回忆起 20 世纪 80 年代的"回家运动"时说：

> 没有出去过。都生病成这个样子，出去也没人理我，也没事情做。在这里还有一堆事情（田里的活）要做，在这里事情都做不完了，怎么出去呢？

（资料来源：访谈资料，访谈编号为康复者 K21，2012 年 8 月 17 日）

第三，为了更好地生存，主动选择留下。

陈叔，男，1947 年出生，2012 年访谈时 65 岁，23 岁时入住麻风村，入住后很勤快，脑子灵，后来医院聘请他当医务助理，一直协助医院工作，包括拿药、煲药、药品分类，到后来可以独立完成打针、开药、护理、消毒等工作。到现在为止一直从事医务助理工作，已经将近 40 年。他回忆起 20 世纪 80 年代的"回家运动"时说：

> 80 年代政府号召大家回家，因为政府养不起这么多人。当时我家很穷，有四兄弟，只有一座房子，根本不够住，他们（家人）表面上说要我回家，但我知道，回家只能增加他们的负担，他们心里是不想让我回家的。我在这里也有一份工作，还有收入，我就主动申请留下。

（资料来源：访谈资料，访谈编号为康复者 K1，2012 年 8 月 13 日）

第四，因为社会歧视严重，出现生计问题或内心孤独，重新申请入住 X 麻风村。

乾叔，男，1949 年出生，2012 年访谈时 63 岁，20 岁时入住麻风村，入村前家里有母亲、一个哥哥和一个弟弟，大哥已婚。1979 年治愈出院，一直未婚，2002 年由于右腿发炎需要截肢而重新入住麻风村，居住至今。残疾程度较重，右腿截肢，但生活完全可以自理。他回忆起 20 世纪 80 年代的"回家运动"时说：

> 我是 1979 年的时候治好的，当时治好了就马上回家啦。当时我只有30 岁，还年轻，当然要回去啦，不然待在这里干什么呢？大家都是一家人，他们都接受我回去。回到家后老母、哥哥、弟弟都还在，他们都成家了。开始是跟我的弟弟和弟媳住的，后来我也不想麻烦到他们，就自己一个人住，自力更生嘛。治愈后回家，一回就是 23 年。后来因为一段时间吃了很多芒果，有一个人种了好多芒果，每天都给我一些，我每天就吃两个，那时候不知道芒果不能多吃啊。因为芒果很湿热的，吃多了腿就发炎了，严重后就回到 X 麻风村截肢了，那是在 2002 年 10 月的时候，到现在有 10 年了。截肢之后就不想回家了，因为那时候我都老了，家里也无人无物，不如留在这里吧。

（资料来源：访谈资料，访谈编号为康复者 K8，2012 年 8 月 13 日）

光叔，男，1933 年出生，2012 年访谈时 79 岁。1965 年患病，1969 年进 X 麻风村治疗，入住前已婚，并育有一子。1982 年治愈出村回家。回家 8 年期间，光叔由于工作的原因左小腿一直有伤，为此在 1990 年的时候又回到 X 麻风村治疗并居住，直到现在。他回忆起 20 世纪 80 年代的"回家运动"时说：

> 病治好了我就回家了，本来说治两三年就治好了，谁知道治了 10 年，还要留院观察 3 年，我早就想回家了，治好病后回家就不用告假，直接回去就可以了。到了外面我就跟家人住在一起，但是没有在大队工作了，那里的人会歧视我们的，所以我就自己谋求生计，在外面捕鱼、种田、种甘蔗有 8 年，后来干农活的时候被甘蔗头伤了腿，伤得很严重，治病几乎用了之前的所有积蓄，觉得没意思，既然这样还不如不去工作，于是又回到 X 麻风村了。

（资料来源：访谈资料，访谈编号为康复者 K9，2012 年 8 月 16 日）

章叔，男，1940 年出生，2012 年访谈时 73 岁。1967 年老婆与他离婚，没有子女，1970 年入住 X 麻风村，1980 年麻风病治好后出院工作 20 多年，2001 年又回 X 麻风村养老。因为是瘤形麻风病，所以后遗症不明显，残疾度较轻，只是右手和右脚麻木没感觉，摸起来是冷的。他回忆起 20 世纪 80 年代的"回家运动"时说：

> 1980 年麻风病治好后出院工作 20 多年，养鸡、鸭、羊，当门卫等，什么活都做过。曾经嗜酒，但由于高血压，所以就戒了，现在就算欢庆时也只是喝点啤酒。2001 年回 X 麻风村养老，写申请经同意，交了 5000 元。虽然父亲有屋子留给自己，但自己一个人住，所以就回这里住，感觉很好。

（资料来源：访谈资料，访谈编号为康复者 K10，2012 年 8 月 17 日）

牛伯，男，1942 年出生，2012 年访谈时 71 岁。1969 年入住 X 麻风村，1980 年动员回家了，1984 年又回到 X 麻风村。他回忆起 20 世纪 80 年代的"回家运动"时说：

> 1980 年的时候医院动员我们回家，然后我就回去了，回去前后算起来是 4 年。之后又回来了，当时我回来的时候只要公社写个证明就可以了，不像他们后来那些回来的，要交一万元，现在给钱应该也不收了。说真的，每一个留在这里的都是有原因的。出去之后屋子也被亲戚收回去了，没地方待了，只好回来了。

（资料来源：访谈资料，访谈编号为康复者 K11，2012 年 8 月 15 日）

无法回家的康复者将永久地居住在麻风村，麻风村的功能也就慢慢发生了变化，由过去的医疗机构变为福利机构。1983～1986 年，由于 H 麻风村条件太差，与外界隔绝严重，医生都不愿去那里工作，也因为 X 麻风村人数减少有了更多居住空间，康复者分批陆续从 H 麻风村搬来 X 麻风村。1985 年前，康复者都是自己从事农业生产的，如种水稻、甘薯、木瓜等，自给自足，政府没有补贴。1985 年，随着康复者年岁增长，体力不支，土地就承包出去，康复者不再自己种田，只是少量地种些水果和蔬菜，承包的租金康复者一起平分，政府也给予了一定补贴，物质生活水平逐步提高。

1980 年，为了让康复者的生活过得更好一些，当时的主管医生撮合同是康复者的"相好"、合适男女结为夫妻，互相照顾。麻风村的感情很简单，男人和女人相互帮助就是"相好"。主管医生给其中 3 位有生育能力的男子做了绝育手术，1981 年 1 月 1 日，9 对新人同时办了没有领结婚证的"结婚庆典"。医生亲自下厨，岛上 50 来个康复者，围了 6 桌酒席，没有红嫁衣，没有花轿，没有喜糖，没有喜酒，就像饭堂过节吃大餐，吃完就走。后来又陆续地成了几对，有些康复者不认为这是真正的婚姻，认为就是"找个伴，搭个伙，相互照应一下"，但也有康复者很珍惜这段"特殊婚姻"。

2.3　隔离型生活世界的特征及问题

经历过 20 世纪 80 年代的"回家运动"后，继续留在 X 麻风村的康复者将永远地留在这个孤岛上。社会工作行动前，X 麻风村就是康复者的全部生活世界，他们彻底地被主流社会所抛弃，被其他社会群体误解和歧视，每天过着孤独的生活，形成隔离型生活世界，其特征及问题表现如下。

2.3.1　充满无能、无意义感的康复者生命主体

康复者因长期缺乏与外界的交往互动，不被尊重和需要的生命感受，加上随着年岁的增长，麻风后遗症的发作，慢慢形成了充满无能、无意义感的生命主体。

1. 麻风后遗症带来的身体无能感

第一，神经损伤所带来的无能感。麻风神经损害导致麻风病康复者感觉障碍，使得麻风病康复者丧失了生理性自我保护机制。比如，麻风病康复者在打开水时并不害怕开水会烫伤自己，开水溅到他们的手脚上，也不会感到疼痛；麻风病康复者到田里劳作时，不小心踩到了地里的一块碎玻璃，当时完全没有知觉，后来看到自己流血了才意识到被玻璃割伤了；麻风病康复者曾经有被老鼠咬掉脚趾头却完全没有知觉的经历。这种疼痛感觉的丧失使得他们无法跟正常人一样可以在第一时间意识到事物的危险性，从而及早避免伤害。经历过多次相同的情况后，他们会认为自己没有能力避免这种伤害，而陷入无能感的状态。

第二，手脚畸残所带来的无能感。麻风病是一种毁容的疾病，患者多处发生溃疡，并可导致残疾。经过治疗康复后，由于手部控制肌肉的重要神经的瘫痪，麻风病患者的手会变成"爪手"或者部分蜷曲，严重者会面临截肢的痛苦抉择，

而畸残的手脚会在工作和生活中给他们带来诸多不便。笔者曾看到一位婆婆在穿针线孔，她说："手指不灵活，穿线都穿老半天了，真是没用啊。"有一位社工曾告诉笔者，一位截去右肢的婆婆经常一动也不动地坐在房门前，这位社工走过去跟她打招呼，她总是反复地说："自从截肢后，我就不敢到处走动了，害怕会跌倒，以前跌过好几回了，现在只能坐在这里，什么事也干不了，连菜地也不敢去了。"

第三，眼疾所带来的无能感。麻风病可原发或继发性地损害眼睛，几乎可使眼睛的每处组织受累，但均以眼前段为主，其中角膜、虹膜损害后果最为严重。例如，面神经眼支受损可引起睑外翻、眼睑闭合不全致角膜炎及角膜溃疡甚至眼球萎缩，麻风可使虹膜、睫状体炎反复发作而继发青光眼、并发白内障最后导致视力减退甚至失明。这些患有麻风眼疾的康复者往往会视力下降甚至失明，导致其无法正常地生活，甚至连最基本的阅读也无法完成，更别说正常地工作了。显而易见，他们自身的独立性被大大削弱了。

2. 长期被歧视产生的心理无能感

第一，成就动机低下。成就动机指个体积极主动地从事某种自认为重要或有价值的工作，并力求达到完美状态的内在推动力。麻风病康复者成就动机低，他们在困难面前往往退缩不前甚至自暴自弃，自认为与成功无缘。

第二，自我概念低下。自我概念指个体对于自己的生理、心理及社会适应性等方面的特征的自我知觉和自我评价，它能够为个体提供自我认同感和连续感，帮助调节和维持个体的行为，对于个体的存在和发展具有重要意义。麻风病康复者在生理特征、心理特征等各个维度上的自我概念均低于正常人。他们态度消极，与人相处时大多自卑多疑，认为自己不受欢迎。

第三，自信不足，自我效能感低下。自信是人类所特有的一种精神现象，它是个人或组织对自己或本单位所具有的、保证实现某种目标的主观条件的充分估计和高度自我接纳的态度。自我效能感是由美国心理学家班杜拉最早提出的，它是指人们对自己能否成功地进行某一成就行为的主观判断。它不是一个人的真实能力，而是人们对自己成功地达成一个目标或完成一个任务的预期，反映个体对完成任务所具有的行为能力的自信程度。麻风病康复者自信不足，自我效能感低，对自己完成任务的能力持怀疑态度，力不从心之感使他们对困难望而却步，往往不加努力就放弃了。

第四，消极的思维定势。思维定势又称"习惯性思维"，是指人们在认识事物时，由一定的心理活动所形成的某种思维准备状态，影响或决定同类后继思维活动的趋势或形成的现象，它是一种特殊的心理准备状态或活动的倾向性。麻风康病复者因失败经验而导致消极的思维定势，使他们不断地以消极的方式对待现实生活。

3. 没有意义的灵性世界

灵性是个很抽象的概念，关于灵性的研究，笔者认为大致经历了三个阶段，即宗教阶段、存在主义阶段和超个人心理学阶段。

灵性研究起源于宗教。在宗教领域，通常都会将该宗教特有的信念与万能的神结合在一起，以此改变和修正信徒们的思想行为，使他们按照特定的模式去生活。基督教徒相信灵性是工作需要；印度人认为灵性就是全身心地投入工作；我国道教和儒教认为，灵性是基于人与他人、宇宙相联系的无以言表的情感（何丽君，2010）。潘朝东强调灵性为"与上帝或自然的神圣联系，混合了多种宗教与神秘主义传统"（潘朝东，2006）。

存在主义研究超越了宗教，强调个体存在的意义，认为灵性是个体对生命意义的探究与追问。比如，卓妙如在儿童及青少年灵性需求评估中提到，灵性是"生命及存在的意义与目的，个人生命中认为最有价值的事物、信念与标准，能超越个人经验层面而充满热情、希望、爱与宽恕、能与自己、他人、神建立互动关系"（卓妙如，2002）。

超个人心理学关注灵性成长和意识的转变，旨在探求超越生存水平的意义并整合更高层面的意识和灵性关联（Gowley，1993）。超个人心理学认为，灵性健康是灵性实践的结果，需要整合身、心、灵，灵性幸福感就是指个人丰盛感、生命满足感、与他人和世界的和谐感、与终极世界的统一感（Bloomfield，1980）。超个人心理学从自我实现的西方模式转化为更关注自我超验的东方视角，东方哲学或宗教的很多价值被重新评估和应用（何雪松，2007：122）。

关于灵性的定义或理解，可谓众说纷纭。Bullis 认为灵性就是关于自己和世界的信仰，它唤起感受并指引行动，最终成为我们的个人现实（Bullis，1996）。Carroll 认为灵性有两重意义：一是作为本质的灵性，指赋予自我发展和自我转变以能量的核心本质；二是作为维度的灵性，指个人对意义、与上帝的关系及超验或终极现实的追求（Carroll，1998：1-13）。Canda 和 Furman 认为社会工作对灵性的理解包含了 6 个要素：①被视为无价的、不可化约的个人精髓或全人特质；②回应寻求意义、道德框架、与他人关系的个人特定层面；③超个人本质的特殊体验；④转变为某种关于自己和他人的整体感的发展过程；⑤参与灵性支持群体而非必然要加入正式宗教；⑥涉及特殊信仰或行为（Canda et al.，2000）。

本书所讨论的灵性主要指作为维度的灵性，即个人对生命意义的理解，与身体维度和心理维度并列，身、心、灵共同构成人的整体。

康复者长期生活在一个封闭的隔离社区中，与外界缺少联系，社会资源缺乏，社会歧视严重，使得他们产生了强烈的不被需要、不被认可、不被尊重的感觉，从而觉得他们的生命没有意义。社工刚开始进入麻风村时，呈现在眼前的景象是：康复者一脸茫然，得过且过，孤独寂寞，消极抑郁。当社工问他们有什么需要时，很多康复者回答说"想死"。

2.3.2　毫无生机的麻风村社区生活世界

1985 年以后，麻风病基本消除，麻风村也变成了社会福利机构，康复者可以自由出入，外面的人也可以自由来往。然而，由于社会歧视继续存在，这里仍然是一个孤岛，处于孤立无援的境地，康复者生活在一个毫无生机的麻风村社区生活世界中。

1. "老弱病残"特殊社区

过去，由于麻风村的人比较多，人员构成比较多元化，年轻人、中年人、老年人都有，大家一起劳动，彼此理解，有说有笑，医务工作人员也比较多，这里还比较有生机。经历过"回家运动"后，留在这里的基本是老弱病残者，他们的同质性很强，缺乏个人资本和社会资本，于是 X 麻风村就成了一个同质性的"老弱病残"特殊村庄。H 机构秘书长陈先生回忆起刚进入 X 麻风村的直观感受：

> 这里的康复者都是"老弱病残"，身体有明显的残疾，溃疡很严重，很多人截肢了，很多人有白内障，年龄也偏大，大家的表情很漠然，没有活力，没有生活气息，康复者之间没有交往，也不与外人交往，一片死寂。

（资料来源：访谈资料，访谈编号为社工 S1，2012 年 9 月 5 日）

2. 缺乏归属感和互惠性的社区文化

康复者都是在没有其他更好办法的前提下留在 X 麻风村的，对社区缺乏归属感，觉得这里只是一个不得已的生活场所，没有家园的感觉。因此，这个特殊社区是一个缺乏归属感和互惠性文化的生存空间。刚开始，很多康复者这样评价自己居住的社区：

> 我们没有别的地方可去，只能待在这里，这里就是一个避难所，谈不上喜欢和不喜欢。我们之间生活很长时间了，彼此都很了解，该说的话都说完了。

（资料来源：访谈资料，康复者集体访谈，2012 年 8 月 18 日）

3. 了无生趣的社区生活

康复者年龄偏大，又长期居住在这个隔离社区，他们大都文化水平偏低，没有多少兴趣爱好，生活方式单调乏味，每天的主要生活内容就是"吃、睡、傻坐、发呆"。刚开始，很多康复者这样形容自己的生活状态：

　　我们不懂玩，也不懂看书，没有什么生活乐子，每天就是吃了睡、睡了吃，很没意思，就跟猪的生活差不多，也没办法，反正我们也没有什么用，等死吧。

（资料来源：访谈资料，康复者集体访谈，2012 年 8 月 18 日）

2.3.3　充满麻风歧视的外部生活世界

　　与 X 麻风村社区生活相对应的，是充满麻风歧视的外部生活，这两个系统缺乏交集和互动，使得 X 麻风村成为一个无人问津的"孤岛"。充满麻风歧视的外部生活主要表现在以下几方面。

　　1. 污名

　　污名是由公众污名与自我污名相结合而构成的整体，其中，公众污名是指泛化的社会群体对特定受污名群体的不良刻板印象，而自我污名是指当公众污名产生之后伴随出现的自我低效能和自我低评价（管健，2007）。麻风病作为一种污名化的传染疾病，由于患者会面容扭曲，躯体残疾，特别是隔离治疗政策下社会公众对疾病的不了解和擅自臆测，在社会上引起高度恐惧，从而带来社会歧视和排斥。即使已经治愈好了的康复者也常常被冠以脏污、可怕、丑陋、麻子等负面形象。康复者无力改变现实，只能默认和忍受这样的形象，掩姓埋名生活于隔离社区。

　　2. 家庭关系疏离

　　1985 年以后留在这里的康复者大都没有了家庭，或者家庭贫困，或者家庭关系淡薄，他们的亲属很少来看望他们，给予的支持很少，这种状况到现在依然存在。2007 年，社工进行驻村服务时，对他们进行了一个小调查，了解了他们与家人的来往情况，结果如表 2-1 所示。

表 2-1　康复者与家属联系频率

类型	人数	比例/%
没有联系	7	19
很少联系（每年 1~2 次通话和春节探访）	9	25
偶有联系（不固定，有节日通话和探访，每年 3~4 次）	18	50
联系较频繁（约每个月 1 次）	2	6
合计	36	100

资料来源：2007 年程社工工作报告

　　案例：冯伯，男，70 岁，肢体一级残疾（拳、手、左脚截肢），谈到家庭时说：

　　我家就住在附近，但从来没有回去过，每年侄子会过来看望几次，以前会多一些，现在结婚了，来得少了，我也叫他少来了，怕影响他的生活。

（资料来源：2007年程社工工作报告）

案例：刘婆，女，80岁，肢体二级残疾（兔眼，右脚截肢），谈到家庭时说：

我儿子早就结婚生子了，儿媳妇、孙子至今都不知道我的存在，有时候儿子会偷偷来看我，是瞒着儿媳妇的，我不怪儿子，没有人愿意嫁到一个有麻风病人的家，谁叫我得了这个病，命该如此，只是有时很想看看孙子。

（资料来源：2007年程社工工作报告）

3. 与周边村没有任何交往

很多康复者几十年没有出过这个麻风村，周边的村民也从来不到这里来，虽然近在咫尺，却从无来往。康复者说，1985年他们将土地承包给了周边村民，村民在附近做农业生产时，康复者给他们水喝，他们都不敢喝。有些康复者偶尔出去购物，购物过程中也常常遭遇歧视，有些人不卖东西给康复者，餐厅一般不让他们在那里吃饭，都让他们带回家吃。H机构来这里进行服务的前期，对周边村做了一次民意调查，周边村村民基本这样反应：

那里是个疯人院、传染病院，不能去的，会传染，他们的样子也很恐怖，我们从来不去的，在附近种地看到他们也不敢跟他们讲话，怕传染，心里害怕。

（资料来源：访谈资料，访谈编号为社工S1，2012年9月5日）

4. 志愿者也害怕

1999年之前，这里也从没有志愿者来过，一方面是因为当时中国志愿者事业才刚刚起步，志愿服务意识不强；另一方面是因为志愿者也害怕麻风病，害怕被传染，不敢走近他们。第一批驻村的程社工这样说：

刚开始我们招志愿者很困难，别人一听说"麻风病"几个字就很害怕，不愿参与和协助我们组织的活动，即便我们告诉他们"麻风病可防可治不可怕"，但他们还是害怕，一种深入内心深处的恐惧很难通过我们的短暂说明而消除，经过了很长时间的宣传教育，才有一些比较勇敢的大学生成为我们的志愿者。

（资料来源：访谈资料，访谈编号为社工S4，2012年9月10日）

5. 医生也歧视

政府建立的每个麻风村都由一个皮肤病医院或防治所进行管理和治疗，因此与麻风病患者或康复者长期打交道的就是负责他们的医生和护士。按理说，懂得医学知识的这些医生和护士不应该害怕和歧视，但由于受到社会公众的影响，很多医生和护士也歧视康复者。长期兼任医生助理的康复者陈叔说：

> 不仅外面的人歧视我们，很多医生和护士也歧视我们，他们能不来村就尽量不来的，来了也是干完工作立马走，不愿与我们说话。很多医生和护士的水平也不高，是迫不得已才来这里工作的，我之所以当了这么长时间的医生助理，也是因为（医院）找不到正规护士，才让我代替了护士。但也有几个医生很好，医术医德都很好，如欧医生、戴医生等。

（资料来源：访谈资料，访谈编号为康复者 K1，2012 年 9 月 5 日）

从 1996 年就来 X 医院工作的戴医生，长期主管 X 麻风村的工作，受到康复者、社工和志愿者的一致好评，他也表达了同样的观点：

> 我刚来这里工作时，也有很多思想冲突，很多医生都不愿意到麻风医院工作，认为比在其他医院工作低人一等，没有面子，一有机会就会调离麻风医院。也有很多医生、护士害怕麻风病，有心理阴影，拒绝与麻风病人接触。（20 世纪）90 年代之前，医生都是被安排的，如果被安排到麻风医院，通常会认为是"被发配""被贬"了。

（资料来源：访谈资料，访谈编号为医生 Y，2012 年 7 月 20 日）

2.4　隔离型生活世界的形成机制：交往断裂

我国在 20 世纪 40 年代就有了治愈麻风病的氨苯砜，只是存在一定的副作用和反弹，1976 年我国开始施行"联合化疗"，1982 年正式全面推广"联合化疗法"，麻风病就变得不再可怕，是一种可防可治的普通传染病，而且传染性极小，X 麻风村里的人都不再是患者而是康复者。然而，为何隔离型生活世界没有任何改变？笔者认为这是由交往断裂而导致的歧视文化再生产。

2.4.1　学科壁垒与学者之间交往断裂导致法律法规及其解释的重大失误

学科壁垒与学者之间交往断裂，使正确知识难以在知识分子中传播，导致法律法规及其解释的重大失误。笔者以婚姻法为例来说明这一现象。婚姻法是跟每个人的生活密切相关的法律，婚姻法及其解释中传播的相关理念与知识影响广泛而深远。而我国婚姻法及解释中对麻风病知识的传播从 1980 年到 2001 年一直都是错误的，这对麻风病知识的正确宣传产生了极大的负面影响。

1980 年 9 月颁布的《中华人民共和国婚姻法》，在其核心部分中，禁止结婚的条件，有这样的规定："第六条有下列情形之一的，禁止结婚：一、直系血亲和三代以内的旁系血亲；二、患麻风病未经治愈或患其他在医学上认为不应当结婚的疾病。"①

　　然而，1980 年 11 月，国务院批转了卫生部《关于麻风病防治工作情况的几点建议的通知》（成凡，2004），其中这样写道："麻风病并不是人们想象的那么可怕，人们怕麻风大致有以下几个原因：第一，认为此病传染性强，实际并非如此，据调查，麻风病人中，一户只有一个病人的占全部病人的百分之八十五以上，一百多年前发现麻风杆菌的挪威医生汉森（Hansen）曾将麻风杆菌注射进自己的身体，并没有发病，这类试验世界上曾重复过二十多次，没有一例感染发病；第二，目前一些晚期病人有狮面、肢端残废等，使人们看了害怕，这些病人多是新中国成立前或治疗不及时造成的，现在我们已经掌握了防治办法，只要早期发现、早期治疗，完全可以避免；第三，认为麻风是不治之症，一旦感染，害病终身，这个问题早已被二十多万已治愈的病人所证明，麻风病是可以治好的；建议新华社、人民日报、广播电台、电视台组织这方面的宣传，并拍摄一些有关麻风病的科教片、电视片。"

　　1982 年 1 月，法律出版社出版了高等学校法学专用教材《婚姻法教程》，对这个问题却作出了截然不同的解释："麻风病是一种恶性传染病，患者若与他人结婚，不仅会传染对方，还会遗传后代，由于我国医疗技术水平的提高，麻风病已经不是不治之症，所以法律仅限于禁止未经治愈者结婚，如已治愈，其结婚应不受限制。"（杨大文等，1982：134-135）

　　1985 年 12 月，大专法律专用教材《婚姻法教程》中写道："为什么要明文规定禁止患麻风病的人结婚呢?因为麻风病是恶性传染病，如果结婚，危害性很大，为了防止麻风病的扩散，保护当事人和民族的健康，所以，我国婚姻法明确规定，患麻风病未经治愈的，禁止结婚。"（巫昌祯，1985：86）

　　1989 年 12 月，全国法院干部业余法律大学法学专业教材《中国婚姻法教程》中这样写道："麻风病和性病都是接触性的恶性传染病，患者结婚后，不仅会传染给对方，也会加重自己的病情，而且还会遗传给后代，为了保护双方当事人的健康，对民族、子孙后代负责，婚姻法严禁尚未治愈的麻风病或性病患者结婚，若已治愈者，当然不在此限。"（王占平，1989：66-67）

　　1996 年 9 月，《婚姻家庭法理解适用与案例评析》中写道："麻风病和性病是有严重的传染性、遗传性的疾病，它不仅会造成患者配偶染上疾病，还会把病遗传给后代。因为这个道理，其他恶性传染病患者也不能结婚，像艾滋病，肝炎等传染性疾病患者。"（高言等，1996：27）

　　1999 年 4 月，《婚姻家庭与继承法学原理》上写道："麻风病是接触性传染

---

① 中国法律法规大典数据光盘（1949—2000），该光盘由全国人大常委会法律工作委员会办公室审定，吉林市北城数据产生有限责任公司编著，杭州天宇资讯开发公司软件开发，北京大学出版社出版。

病，患者结婚后，不仅会传染给对方，也会加重自己的病情，而且具有遗传性，会遗传给子孙后代。据医学统计，麻风病的发病年龄以 10～25 岁为最多，正值婚龄期，为了保护双方当事人的健康，为了民族和子孙后代的利益，婚姻法明确规定患麻风病未经治愈的不得结婚。当前，麻风病已非不治之症。因此，婚姻法规定禁止结婚的，仅限于未经治愈者，如已治愈，仅有麻风病史，自不成为结婚的障碍，当事人依法享有结婚权。"（夏吟兰等，1999：126）

　　医学界和法律界的解释与规定为何出现如此大的差异？制定婚姻法的时候，涉及的医学知识不用向医学界求证吗？作为一项如此重大的法律原本需要经过重重审核、讨论和修订，然而，上述这些法律条款又是如何通过了最终审核的呢？笔者认为这是因为不同学科之间存在严重壁垒现象，缺乏必要的学术交流。婚姻法及其解释中出现这么大的偏差，不仅是法学界的责任，也是医学界的责任，他们都没有本着科学的态度对这么重要的知识进行沟通交流、小心求证，他们或许缺乏交往意识，或许没有相应的交往程序。

　　在 2001 年 4 月新婚姻法中终于取消了麻风病患者禁止结婚的规定，相关规定改为："第七条有下列情形之一的，禁止结婚：（一）直系血亲和三代以内的旁系血亲；（二）患有医学上认为不应当结婚的疾病。"关于新婚姻法公布的修正案说明，人大常委会有一个比较详细的解释："现行婚姻法规定，患麻风病未经治愈或患其他在医学上认为不应当结婚的疾病的，禁止结婚，有关部门和医学专家提出，麻风病是一种普通的慢性传染病，现在对麻风病已有较好的治疗方案，可防可治不可怕，我国近年来已经基本消灭麻风病，因此，草案在禁止结婚的条件中保留了患有医学上认为不应当结婚的疾病，删去了有关麻风病的规定。"（胡康生，2001）

　　随后，2001 年 7 月，在全国人大法律工作委员会民法室与中华全国妇女联合会权益部编制的《中华人民共和国婚姻法实用手册》中，对这次删改做了更详尽的说明：修订婚姻法时，卫生部门的同志提出，新中国成立初期，我国患麻风病较多，现在我国基本消灭，麻风病不遗传、传染性小、发病率低，即使将病毒注入健康的人体内，也不一定发病；90%的人对麻风病有天然抵抗力，随着科学技术的发展，治愈麻风病已不存在问题；1999 年世界卫生组织大会明确提出建立无麻风病的世界，标准是一万人不超过一人患麻风病，并取消了对麻风病隔离治疗的措施，像对其他传染病一样对待；我国提出的基本消灭麻风病的标准大大低于世界卫生组织的标准；因此，应当取消麻风病未治愈不能结婚的规定，立法采纳了这一意见（胡康生等，2001）。

　　但令人吃惊的是，2001 年 5 月（新婚姻法颁布后 1 个月）出版的《中华人民共和国婚姻法讲话》，对麻风病为什么被去掉做了另一番解释："以麻风病来举例是不足以概括说明不能结婚的疾病的，所以，婚姻法在修改后，索性去掉了对麻风病的规定，将禁止结婚的疾病概括为'患有医学上认为不应当结婚的疾病'……根据《中华人民共和国传染病防治法》，艾滋病、淋病、梅毒、麻风病以及医学上认为影响结婚和生育的其他传染病，属于禁止结婚的疾病范围，因为上述传染病必然影响共同生活的配偶和子女的健康。"（郑晶，2001：32-33）

　　2001年7月（新婚姻法颁布后3个月），法律出版社又出版了《新婚姻法专家指导丛书》，分册之一是《结婚与婚姻无效纠纷的处置》，在"修改禁止结婚的疾病条件之主要理由分析"一节中，是这样进行专家指导的："新《婚姻法》删除1980年《婚姻法》禁止麻风病未治愈者结婚的规定，其主要理由是因为麻风病在现代已是可治之病，并且其在我国已经被基本消灭。当然，如果系患麻风病尚未治愈者，则属于患有医学上认为不应当结婚的疾病之列，禁止结婚。"（陈苇等，2001：41-42）为什么禁止麻风病患者结婚呢?是因为"麻风病是由麻风杆菌侵入人体引起的遗传性、传染性疾病，潜伏期长，传染力强；健康人与在传染期内的麻风病人密切接触，如果健康人的皮肤有破损，非常容易被传染，性行为也是传染途径之一；另外，使用麻风病人的衣服、被子、枕头、食具等，也可能被间接传染。"（陈苇等，2001：116-118）

　　就在法学坚持自己习惯的同时，2002年2月1日，在人民大会堂举行的国家科学技术奖励大会上，北京友谊医院麻风病防治专家李桓英，作为"全国控制和基本消灭麻风病的策略、防治技术和措施研究项目第一完成人"，获得了国家科技进步奖一等奖（王玲，2002）。2002年5月11日，因为麻风病隔离治疗这项不合理的传统法律制度，日本熊本县地方裁判所，在"麻风病国家赔偿诉讼案"中判决日本政府向127名前麻风病患者作出赔偿，赔偿总金额达18.2亿日元（约合1492万美元），小泉内阁表示服从裁判，不上诉，并向麻风病患者道歉[①]。

　　成凡为了调查法学界对麻风病的错误传播程度，查阅了北京大学法律图书馆存有的从1982年1月到2001年7月这20年内的法学专业书籍对麻风病的描述，调查发现没有一本对麻风病作为禁婚疾病这一说法表示任何怀疑或者进行任何相关调查。按照这些书籍的说明情况分类，将麻风病作为想当然的禁婚疾病的，标记为A（错误）；将麻风病作为恶性传染病进行说明的，标记为B（严重错误）；将麻风病作为恶性并且遗传性传染病说明的，标记为C（非常严重的错误）。调查结果显示这20年的法学专业书，在麻风病问题上，100%存在错误，其中出现严重错误的占65%，出现非常严重错误的占45%（成凡，2004）。

　　以上现象令人费解，同时也值得深思，医学界在经历了20多年的正确知识的传播与纠正后，依然没能引起法学专家的关注和重视，错误被延续如此长的时间，可见学术壁垒是如此之坚固。除此之外，应该还存在别的因素支持了这一错误。

---

① 参见简报：日本一条法律不合理，麻风病人获巨额赔偿.北京晚报.[2001-05-27].

2.4.2　社会交往断裂导致知识无法及时更新

知识一旦产生，就可能以某种超然或者客观的形象出现，并沿着自己的逻辑发展，开始它的复制和流传过程，离开思考者的知识，也许将成为一种有用工具，工具将对人实施控制，这种脱离反思的知识，就是知识的技术化（成凡，2004）。这里举一个牛与红布的例子，由于斗牛游戏，人们长期认为牛见到红色就会激动，因此斗牛士才使用红布激怒牛，然而，现代试验证明牛是色盲，它不能分别红绿色，激怒它的不是红布，而是布的抖动，所以换成其他颜色的布进行斗牛，对牛而言效果是一样的，但是人们仍然普遍认为牛对红色敏感，这成了一种更公认的知识，事实上不是牛见到红色激动，而更可能是人见到红色激动（Dictionary，2004）。同样的道理，不是麻风自身的恐怖，而是对它语境的联想，或者直接是一种言语反应，如果换一个词语听或读，如流感，比起麻风病，我们产生的恐惧感，可能就会相当弱。其实，流感和麻风病是危害程度相当的传染病，我国 1989 年 2 月颁布的《传染病防治法》规定，麻风病与流行性感冒、流行性腮腺炎等同列为丙类传染病（成凡，2004）。

心理的"现状偏差"加剧了知识的惯性流传，对知识更新产生抗阻。"现状偏差"指人们对行动引起的负面结果，比不行动引起的负面结果，更为悔恨，行动可能带来的快乐，低于行动可能损失的痛苦，这两方面同时起作用，人们通常就有倾向于不行动、保持惯性的心理特征（Kahneman et al.，2000：211-232）。所以，只有当人们对改变现状有足够大的信心时才会作出改变的行动，否则还是维持现状。

这种现状偏差存在于一切知识中，德国物理学家马克斯·普朗克曾描述过突破这种惯性的难度。1900 年，普朗克突破传统物理能量连续的假设，提出物体发射和吸收辐射的方式是以量子为最小单位、按整数倍跳跃变化进行的，这不仅解决了传统物理学不能解释的黑体辐射问题，而且是人类通过量子理论认识物理世界的全新开始，普朗克因此获得了 1918 年的诺贝尔物理学奖。然而，即使普朗克的计算公式与经验数据符合得很完美，他却很难从心理上接受这种与主流物理学相左的解释方法。普朗克试图以原有理论调和这种突破，15 年徒劳无功之后，终于承认量子物理学是全新而独立的，并且留下了这样的一句话："一个新的科学原理的胜利，不是因为它说服了它的反对者，而是因为它的反对者都已死去，相信新原理的一代已经成长起来。"[①]

普朗克这句话有点极端地描述了知识的更新过程。这个过程不是原有知识容

[①] 关于普朗克的量子假说和后期的曲折经历，几乎任何当代物理学和科学史著作都有说明，文中所引的格言出自他 1937 年出版的《科学自传》，参见波克纳：《数学在科学起源中的作用》，李家良译，湖南教育出版社，1991年，第 65-68 页。

纳新知识，也不是新知识对原有知识影响逐渐加大以致从量变到质变；真实的情况可能是，新知识改变了原有学科的概念方法和操作程序，原有知识在抗拒，这种知识范式或格式塔的转换需要在代与代之间发生；因此，知识更新问题是一个对谁来说哪种知识构成现状的问题，而一旦存在知识现状，就有保持这种现状的心理倾向（成凡，2004）。

知识的更新是可能的，更新的动力就是交往，在交往过程中人们要经历冲突、竞争、辩论、协商、理解、和谐等阶段。麻风村因为其隔离形态，使得麻风病康复者与其他人群之间缺乏交往，缺乏重新认识和理解的机会，双方都停留在过去的认知中，其他人群还是很害怕麻风病、歧视麻风病患者，麻风病患者还是认为其他人群很歧视他们，自我认同度很低，自卑感很强。

其他研究者的相关研究也支持了这个观点。邓顺古等采用生活质量问卷和艾森克个性问卷，对广东省韶关市麻风医院 51 例麻风治愈者与韶关市下属两个县的 104 例社区麻风治愈者及 59 例健康亲属进行了调查，以此探讨住院与社区麻风治愈者的生活质量及个性特征之差异。研究显示：住院和社区两组治愈者的残疾程度无显著差异；住院麻风组与社区麻风及其亲属组的生活质量比较，除了物质生活维度外，躯体功能维度、心理功能维度、社会功能维度和生活质量总评均有显著性差异；各个因子的两两比较，住院麻风组与社区麻风及其亲属组在住房、生活环境、睡眠与精力、躯体不适感、性功能、运动与感觉、正性情感、认知功能、自尊、社会支持、人际交往能力、工作与学习、业余娱乐、婚姻与家庭方面均有显著性差异；而社区麻风及其亲属组，除了性功能、运动与感觉外，均无显著性差异；住院麻风组与社区麻风及其亲属组的个性特征比较，均有显著性差异，麻风治愈者多倾向于内向——情绪不稳定人格，与健康亲属相比有显著性差异，社区麻风及其亲属组比住院麻风组要好（邓顺古等，2005）。住院麻风治愈者与社区麻风治愈者的最大区别就是他们与其他人群的交往状况不同，因为在社区中居住，有更多机会与其他人交往，也就有更多机会沟通交流，彼此了解，时间久了就会改变过往对麻风病及其患者的认知，也就可能会改变对他们的态度和行为，随之麻风歧视慢慢减少以致消除。

虞斌等就麻风村附近居民对麻风病的知识、态度、行为展开了调查研究，他们运用分层随机抽样的方法，选取了麻风村附近的村庄（A 组）和另一个远离麻风村的村庄（B 组）中 15 岁以上的常驻居民进行了上门调查，结果发现：A 组居民接触防治知识的概率，对于麻风传染性、麻风症状及麻风可治愈性的认知均明显高于 B 组居民，有统计学上的显著差异；对于麻风的有关态度和行为方面，A 组正确率均远远高于 B 组；A 组麻风知识的来源主要是见过麻风病患者（72.41%），B 组麻风知识来源主要是周围人的宣传（37.78%）及广播电视（33.33%）（虞斌等，2008）。这说明周围人群与麻风病患者及康复者的日常交往对改变人们的固有观念影响很大，交往越多，改变的可能性越大。

2.4.3 社会交往断裂导致歧视文化的自我内化

米德认为自我是由主我和客我两部分构成的，主我是正在进行社会互动的自我部分，主宰着自我的自主性、创造性活动，客我则是在过去社会互动中内化他人态度和评价而形成的自我部分，主我和客我是不断变化着的，现在的主我就是未来的客我，所以，自我是一个历史的、社会的和发展的动态系统（米德，2005：154-158）。

康复者与其他人群缺乏日常生活交往，因而缺乏彼此理解的机会，他们对彼此的了解都停留在过去，康复者被歧视的感觉一直存在于他们的内心世界，时间久了也就内化为自身的价值观。

下面笔者对欧社工（A）与麻风病康复者溢叔（B）的一段对话进行谈话分析，来阐述歧视文化的内化过程。

案例：溢叔，男，69 岁，右脚截肢，走路需要扶着轮椅，加上曾经中风，行动不便，听力较弱，需要靠近其耳边大声说话方能听见，患高血压，需长期服药。

A：溢叔，你是从什么时候搬进这里来住的？

B：我记得是我 18 岁那一年吧，那时候政府实施强制隔离政策，安排我们集体住在这里，不允许我们出去外面，以免传染给他人。

A：那溢叔在没有搬进来之前是跟家里人住在一起吗？家里人那时候会不会害怕他们被你传染？

B：害怕，肯定害怕了，我住进麻风村之后，他们再也没来看过我（眼里闪着泪花）。

A：（轻拍溢叔肩膀，沉默片刻后）溢叔，在这里住了这么长时间，你觉得在这里生活怎么样？

B：刚开始住的时候很不习惯，老惦记着家里人，后来习惯了，而且这里也住着很多跟我一样患病的人，有时候和他们聊聊天，心情就会好一点点。

A：我听说溢叔在住进这里之前是在工厂里工作的，是吗？

B：嗯，对啊，那时候还能赚几个钱，自从搬进麻风村后，不给出去打工，再加上外面的人也怕被传染，不肯招收我们，我们也就认命了。

A：那失去工作后，生活是不是觉得困难了很多？

B：肯定的啦，只能靠着政府救济，那时候的补贴不多，勉强过日子吧，有些人自己种地养殖，供自己吃用，不会饿死就是了。

A：后来政策改变了，允许病愈的人出院回家，溢叔当时没有回家吗？

B：回家还不如在这里待着，至少在这里大家都很平等，不会因为这个病被别人瞧不起，再说了，家里人也未必欢迎我回去。

A：也不一定的，其实这种病传染的概率很低，可能当时是你家里人没有真正了解到这一点，所以才会感到害怕。

B：害不害怕都过去了，况且他们现在都不在（去世）了，你看我年纪都这么大了。

A：对了，溢叔，听说你之前是在医务室里帮忙，怎么现在没做了呢？

B：（摸着脑袋笑了笑）没办法，以前脚还没截肢嘛，而且又中了风，当时卧床不起啊，后来慢慢通过复健，扶着轮椅才能走走。

A：所以说你是因为脚不方便才放弃了在医务室的工作吗？

B：对啊，连走都走不好了，还怎么工作呢，呵呵。

A：那溢叔平时爱做些什么呢？

B：没有什么好做的，就听听收音机，以前还常去菜地的，可是自从上一年去菜地被玻璃割伤后就没再去过了，当时脚板底被割伤了也不知道，没有知觉的，后来回到家我老婆告诉我才知道流血了。

A：那溢叔以后就要小心点了，免得再发生同样的事情了。

B：小心是肯定的了，只是有时候小心也没用啊，我们的脚就跟残废了差不多，怎么捏都没知觉的，这里曾经有人的脚趾头被老鼠咬破了，他都一点知觉都没有，很危险的，其实我们也很无奈啊。

A：溢叔别太灰心了，生活总是充满希望的。

B：没什么希不希望的了，每天都是这样过，吃饱了等睡，睡醒了再吃，都习惯了。就算想找点事情来做，我们也做不来啊，看看我们的手跟脚，有时候连煮饭洗衣都有困难，更别说去工作赚钱了。

A：听溢叔这么说，现在也很少出去到村外面走走吧？

B：不是很少，是根本就不出去外面了，到外面去只会吓着别人，他们一看到我们的手脚和脸部，就知道我们是患过麻风病的，都不敢接近我们了。

A：那溢叔有遇到过出去外面买东西被拒的情况吗？

B：如果碰到懂这个病的人，他们就会摇手不卖东西给我，叫我快走，唉，其实我也能理解的，自己事自己知道嘛。

A：溢叔，其实你不用叹气的，现在社会上很多人都对这种病消除了恐惧感，不像以前那么严重了，你大可放心出去外面的社会看看。

B：呵呵，其实我们也没什么必要出去了，这里吃的、穿的、住的都有，每个月政府都会有补贴，日子过得去就行了。

（资料来源：2007 年欧社工工作报告）

从上述欧社工与康复者溢叔的对话中不难发现，康复者与社会歧视有一个从对抗到内化的发展过程，笔者把这个过程归纳为这样几个阶段：社会歧视—伤心、害怕—不适应、反抗—认命、适应—害怕再被歧视—接受现状、不改变—内化社会歧视文化。

第 3 章 社会工作行动主体与行动概况

社会工作行动需要依托在一定的社会服务机构下进行，服务机构为社会工作行动提供资本、支持和方向，也会对社会工作行动产生约束和限制，本书将所依托的社会服务机构称为社会工作行动主体，本章就社会工作行动主体和行动过程进行概述性研究。

3.1 社会工作行动主体：H 机构

3.1.1 成立背景

杨教授从 1958 年（30 岁）开始从事麻风病治疗工作，从此便没有改行过，也因此对麻风病患者及康复者怀有深切的同情和关爱之情。1985 年卫生部在广东省建立了"中国麻风防治研究中心"，他受命调到该中心工作，在此他结识了来自美国的麻风病理学家施教授及他的家人，尤其是他的小女儿安女士。安和施，一个是社会工作者，一个是麻风防治工作者，一个正在寻求如何促进解决麻风康复者的尊严和平等问题，一个正在寻求如何帮助麻风病康复者解决在疾病治愈后所面临的偏见、歧视等社会问题。共同的追求使杨教授、安与施频繁地进行了近 2 年的交流，并成立了一个麻风病康复者自己的组织，让麻风康复者自己解决自己的问题。在社会工作者安女士多年的酝酿和努力下，国际理想协会于 1994 年在美国注册成立了，该协会致力于消除曾经患过麻风病的人们的耻辱，在消除社会与他们之间的隔阂的同时，帮助他们恢复因患病和社会偏见失去的人格和自信。中国的杨教授和另外 4 名代表参加了国际理想协会在巴西召开的成立大会。这次大会后，杨教授萌生了在中国成立类似机构的想法，于是他深入到各个麻风院（村），与康复者分享自己的想法和巴西的会议精神，康复者纷纷表示支持，情绪高涨。于是，杨教授将自己家的客厅和阳台腾出来作为办公室，自己的退休工资作为办公经费，电话机公私合用，开始了长达 2 年的筹备工作，终于在 1996 年成立了广东省 H 机构。

3.1.2 机构性质

H 机构成立于 1996 年，是在广东省民政厅注册、由广东省卫生厅主管的具有独立法人资格的社会团体，是全国唯一一家有专业背景的、专门服务麻风病康复者和患者的民间组织，目前主要在广东、广西、云南等地开展服务。H 机构主要是通过实施综合康复计划即社会、经济、生理和心理康复来改善麻风病康复者的住房及生活条件，提高他们的生命质量和生活质量，帮助他们恢复尊严和权利，更好地融入社会、立足社会。H 机构的远景目标是创造一个没有麻风歧视的世界。

　　H 机构成立之际，杨教授就正式提出 4 个康复——社会康复、心理康复、生理康复和经济康复的服务内容。社会康复指倡导反麻风歧视的宣传和教育；心理康复指康复者心理疏导和自信心的培育；生理康复指防止残疾的发生和发展；经济康复指鼓励康复者用自己的智慧和双手开展生产自救。这一理念为中国乃至世界麻风领域注入了活力，突破了医学领域，为麻风康复工作提供了新思路，也标志着一个专业性民间服务组织的诞生。1996～1999 年，在 H 机构没有经费也没有专职工作人员的情况下，杨教授就和一名康复者、几名志愿者在几个麻风村组织康复者开展自立自强的生产自救活动，以经济康复活动为主，如养鸡养鱼养猪、种果树等。从 2000 年开始，H 机构才有了正式的生理康复项目。从 H 机构的理念和行动都可以看出，在美国社会工作理念的指引下 H 机构从事的是一项专业社会工作服务，但是 2002 年之前，H 机构没有专职社工，主要是因为当时中国社会工作职业还没有发展，制约了 H 机构对专职社工的引进。

　　2003 年，H 机构引进了第一位专业社工，该社工利用自己的专业优势，扩大社会宣传，发动志愿者访村，让麻风康复的内涵扩大。2004 年至今，H 机构加强社工专业理论知识技巧与康复者实际情况的结合，不断深入细化社工工作，逐渐成立了"社会心理康复项目"，这个项目逐渐成为 H 机构工作的首要工作。2006 年以后，H 机构社工开始与社会媒体建立稳定的公共关系，提高 H 机构的公信力。

　　H 机构于 2006 年 7 月开发实施"麻风康复社区长者综合服务项目"，由 H 机构社工主管，往项目试点院（村）派驻具有社工专业背景的高校实习社工，让他们在驻村期间与康复者深入交流，切身了解康复者的生活，并为康复者提供情绪辅导、个人能力提升、社区发展等服务，以达到康复者自我肯定、社区互助和包容、协助社区弱老获得照顾、社区重建等目的。到 2010 年，该项目 5 年期限结束，取得了巨大成绩，获得了社会的广泛关注。从 2011 年开始，该项目不再作为一个独立的项目运行，而是被整合到社区发展项目之中，达到了整合资源、跨专业合作的目的。

3.2　H 机构在 X 麻风村的社会工作行动概况

　　H 机构成立于 1996 年，1996～1999 年，由于缺乏社会资源，没有开展正式的服务行动，H 机构创始人带领几个医生志愿者和麻风病康复者一起开始了志愿性质的探索性服务行动。2000 年，H 机构申请到了第一个正式的生理康复项目——综合性足部护理项目，开始了正式服务行动，X 麻风村是首批提供正式服务的麻风村之一。

3.2.1　服务空间的选择

H 机构的行动目标是创造一个没有麻风歧视的世界，行动策略是组织、发动麻风村康复者重建自己的生活世界。全国有那么多麻风村，从哪里开始入手，行动空间的选择逻辑是什么？带着这样的疑问，笔者访问了 H 机构负责人陈先生。

问：H 机构为何选择 X 麻风村作为首批提供正式服务的麻风村？

陈先生答：刚开始，H 机构不仅缺乏社会资源，也缺乏公信力。因为没有交通工具，人手也不够，因此只能选择距离广州总部邻近的村落。另外，还要选择信任我们、好合作的主管医院。H 机构创办人杨教授开展服务前多次探访了 X 麻风村，与主管医生进行了深入交谈，经过综合评估，觉得 X 麻风村适合 H 机构开展服务。

（资料来源：访谈资料，访谈编号为社工 S1，2013 年 5 月 5 日）

就此问题，笔者还访谈了一直主管 X 麻风村并一直与 H 机构保持联系的戴医生。

问：您还记得最开始与 H 机构合作的情景吗？您为何愿意接受 H 机构的服务？

戴医生答：记得啊，当时是杨医生来跟我谈的，我们谈过好几次，杨医生以前就是麻风病方面的专家，我很佩服他，很愿意接受他们的服务，也很放心。听说其他一些麻风医院不接受，也不提供任何支持，他们提供服务时连饭都吃不到。他们每次来我们这儿，我都陪同，跟他们一起提供服务，这是对我工作的支持，我们医院还提供必要的经费，并免费提供食宿。

（资料来源：访谈资料，访谈编号为医生 Y，2013 年 5 月 10 日）

从与陈先生和戴医生的谈话中不难看出，H 机构把 X 麻风村作为最初行动空间的原因是：交通便捷、服务成本低、信任度高、支持度高等。总之，在社会结构的资源和文化限制下，行动主体优先选择容易入手的空间而非最艰难、最需要的空间，这便是行动主体的能动性与智慧。

3.2.2　身体为本的生理和心理康复服务（2000～2005 年）

2000 年 8 月，H 机构有了第一个正式的生理康复项目，包括自我护理教育和提供必要的生理康复辅助用具。接下来，生理康复工作从足部溃疡护理逐渐全面拓展到视力保护、提供防护鞋、安装假肢等防残、治残、护残工作上。2003～2005

年，除了开展生理康复活动外，H 机构逐步开展社会心理康复活动，包括组织村民参与外界交流活动、康复者之间的互助、志愿者访村等，逐步进入综合服务模式。

1. 生理康复项目

从 2000 年开始，H 机构开始在 X 麻风村开展生理康复项目，通过"防残、治残、矫残"提高康复者的身体功能，该项目包括综合性足部护理、流动视力保护、假肢康复三个子项目。

第一，综合性足部护理项目。由于麻风病后遗症，康复者足部很容易发生溃疡等病变，需要进行科学的日常护理，而康复者往往缺乏自我保护意识，护理知识不足，常常导致病情恶化，严重影响康复者生活质量，降低自我效能感。2000 年，H 机构在 X 麻风村正式启动综合性足部护理项目，主要为康复者提供溃疡护理服务和早期防护鞋制作和发放服务。当时 H 机构主要通过与香港医疗动员会合作共同完成该项目，他们定期到 X 麻风村进行需求调查，并有针对性地为麻风病康复者提供溃疡护理服务。当时最早的防护工具，即最原始的"防护鞋"诞生了，其实，这不是真正意义上的防护鞋，只是通过改良市面上一般的"解放鞋"完成的，但也起到了一定的防护作用。H 机构与香港医疗动员会的工作人员大概每月到 X 麻风村一次，每次的访村主要是了解康复者的需求并提供溃疡护理服务。2000～2002 年，H 机构与香港医疗动员会是提供溃疡护理的主体，主要由他们为康复者提供护理服务，康复者是享受服务一方。此阶段的综合性足部护理项目取得了较好的成效，20%～30%的溃疡得到愈合，让 X 麻风村的康复者在生理康复方面得到了一定的改善。

2003～2005 年，H 机构的综合性足部护理项目进一步发展，从原来的工作人员或者义工为康复者提供服务，转变为通过培训提升康复者的自我护理意识和能力。项目组采取了一对一、一对多、示范讲解、宣传板报等方式，鼓励康复者定期自我护理及了解健康的生活方式，提高护理的效果和效率。所以这个阶段的服务主要把重点放在对康复者的溃疡护理的培训上，同时工作人员仍会负责难度较大的溃疡护理工作。同时，综合性足部护理新增了多样化的辅助工具。通过前两年的需求调查和技术提升，H 机构为康复者提供的辅助用具日臻完善，2003 年 H 机构生产出了正式的防护鞋，这种鞋鞋面较软能保护溃疡部分，鞋底较硬不易被刮伤，并具有防水功能，矫形鞋（针对部分康复者的脚型特制的鞋）、溃疡鞋垫（可用于其他鞋里面使用，如皮鞋）、护膝套、助食带（让没有手指的老人家可以使用汤勺进食）相继被研发出来并提供给康复者使用，给康复者的生活带来了更多的便利和帮助。

第二，流动视力保护项目。眼睑闭合不全（兔眼）是麻风病康复者常见的后遗症之一，眼睑不能完全闭合往往会造成眼睛角膜的损伤，最终造成失明。此外，白内障也是康复者老人的常见疾病之一，进行性的视力减退，最后也导致完全失明。随着医学技术的发展,眼睑闭合不全的矫正、白内障的复明都已经是一种比较简单的手术。通过眼睑矫正手术,可以防止角膜损伤,防止致盲。通过摘除变性的晶状体,换上人工晶体就可以让白内障患者恢复视力。但是,昂贵的手术费(在县级以上的医院做一例白内障手术至少需要 4000~5000 元)对于每月只有几百元(每个村都不太一样)生活补助的康复村老人来说,无疑是一个很庞大的数字。此外,由于对麻风病的误解和歧视,麻风病康复者也往往得不到医院的接纳。为此,H 机构于 2001 年成立了流动视力保护项目组,筹集资金为康复者免费做眼科检查和手术。随着技术的不断进步,目前,H 机构眼科项目组拥有自己专业的眼科团队(包括医生、护士和司机),并配备有一辆流动眼科手术车和发电机,可以在没有手术条件的麻风村开展工作。另外,小组配备有便携式眼科手术显微镜、角膜曲率计、A 超等白内障手术检查和手术器械,可进行高质量的显微白内障手术;配备的便携式手术灯、凝血机等外眼手术设备,可供各种眼部矫形手术的开展,防止康复者出现失明或让白内障患者复明。

第三,假肢康复项目。很多麻风病患者在麻风病治愈后会留下神经麻痹的后遗症,进而导致肢体损伤以至残障,许多康复者因足部感觉障碍而出现足部损伤和溃疡,有的康复者最后不得不截肢。目前全国麻风隔离康复者中肢体残障者高达 70%以上,而截肢者如果没有合适的假肢,不但会丧失劳动能力,连日常生活的自理能力会失去。2003 年,H 机构成立了假肢制作项目,为有需要的康复者安装假肢,解决康复者的基本生理需要。2010 年,在多方的支持和协助下,流动假肢车间项目正式启动,这是中国第一辆拥有完整的假肢制作设备并能够在车上完成假肢成型制作等全部程序的流动假肢车,流动假肢车的诞生是 H 机构多年项目经验的积累及面对不断变换的需求时做出的有力调整。车上装有整套制作假肢所需要的器械及用具,配备富有经验的假肢制作技师,可以进入到没有公共交通的任何村落和社区,改变了项目原本需要在康复村中为康复者取膜,然后返回位于市区的车间制作,最后再回到康复村中为康复者安装调试的工作模式。现在流动假肢车进入到康复村中,取膜、制作、安装一体化完成,平均只需 1 天的时间,较之前的模式效率提高 2~3 倍,能够更有效地为有需要的群体提供服务。

2. 心理社会康复项目

H 机构在开展生理康复项目的同时,也关注康复者的心理和社会康复,H 机构通过让康复者参加社会活动减轻甚至消除他们的自卑心理。H 机构一开始就把自己定位成麻风病康复者自己的组织,所有项目都以康复者为主导,以康复者为中心。机构的理事会成员,除了秘书长是非麻风病康复者外,其他都由康复者担任。此外,在机构成立初期,绝大多数的工作人员是由康复者或康复者的子女,充分体现了机构是康复者自己的组织,也充分调动了康复者的积极性,强化了一种自立、自强、互助的理念。正是因为这种以康复者为中心的工作理念和一种由创始人建立起来的平等、参与、奉献的组织文化，机构迅速得到康复者的认同，也逐渐得到许多国际机构的信任和支持。

随着工作的不断深入，社会心理康复项目也逐渐成为 H 机构独立的工作领域。在社会心理康复项目中，开展社会宣传、编印《H 机构通讯》、为康复者提供参与国内外会议的机会、提供经验交流和信息分享机会、组织义工访村和康复者出村游等活动，颇有成效地让康复者重获对生活的信心。在这些项目活动中，康复者们并不只是被动地接受服务，他们既参与组织的领导和决策，也参与到项目的活动中。但是，当时因为缺乏相应人才，心理社会康复项目还处于低层次水平。

2002 年，H 机构秘书长在一个 NGO 会议上接触了一位社工，那是他第一次知道在中国内地有"社工"的存在。在两人深入交谈的过程中，秘书长发现社工推崇的"助人自助"的理念正好与 H 机构所推行的"自立、自强、互助"理念不谋而合，若能通过社工的专业手法深入做"人"的工作，对内消除康复者自卑心理，对外积极向公众宣传，必能给康复者带来变化。2003 年，H 机构引进了第一位专业社工。从这一年开始，H 机构加大了对外宣传力度，并且推动社会志愿者深入康复村举行社区活动，这些给机构工作带来了新的活力和拓展空间。

从 2003 年开始，机构加强社工专业理论知识技巧与康复者实际情况的结合，不断深入细化社工工作，逐渐成立了"社会心理康复项目"，这个项目逐渐走向了机构工作的首要位置。在社会宣传方面，机构社工加强对志愿者的培训，逐渐让志愿者自己组织策划并承担起各种院村社区活动；院村工作方面，社工工作深入到康复村，降低了生理康复在院村工作中的比重。社工在院村工作中关注康复者的身心健康，通过举办各种康乐活动、组织并发展志愿者访村、组织各康复村互访、举办城市游活动、提高村中居民之间的互助等，给康复者带来清新的空气。

3.2.3　能力为本的社区综合服务（2006～2010 年）[①]

1. 项目背景

随着康复者生理需要的不断满足，社会、心理康复需要不断上升，同时中国内地社会工作事业也开始起步，H 机构对社会工作专业的认知越来越高，就在这样的契机下，H 机构与 N 高校社工系开始了以社工为主体推动的"麻风康复社区长者综合服务"项目。

"麻风康复社区长者综合服务"项目是 H 机构的一个全新服务项目，区别于过去以解决问题为目标的服务项目，该项目在既有基础上，更致力于康复者的能力建设，整合社区现有及潜在的可利用资源，完善及提高社区功能，促进社区可持续发展，实现康复者的多元化需要，让他们以更好的、自我实现的状态享受充

---

① 相关内容已经形成论文《增能视角下麻风康复社区长者综合服务项目行动研究》发表于《社会工作》（实务版）2011 年第 1 期。

实而有意义的生活，安享晚年。

项目的具体目标为：关注康复者个体需要，挖掘和培养康复者能力，实现康复者自我肯定；改善社区康复者之间人际关系，增强社区互助与包容行为，培育社区互助文化；确立社区弱老标准，使得社区弱老得到照顾，建设志愿者服务交流平台，构建社区支持网络；广泛进行社会宣传，消除社会歧视，促进社会公平公正，为康复者争取更多福利、尊重及尊严。

该项目的执行时间为2006~2010年，总共5年。N高校社工系是该项目执行的主要协助单位，每年定期派遣一批实习生参与项目执行工作，他们既是实习生也是前线社工。笔者是该服务项目的指导老师，全程参与该服务项目的执行，既是行动者也是研究者。

2. 项目执行过程及成效

第一阶段（2006年5月至2007年4月）：进行需求和资源评估，初步建立增能社会工作的逻辑框架表。

H机构选择X麻风康复社区为试点，首先对该社区进行全面、深入的分析与评估，尝试性做一些服务，并建立增能社会工作的逻辑框架表（表3-1）。

表3-1　项目逻辑框架表

项目总目标：致力于促进麻风康复社区的可持续发展，协助长者自主追求内心世界的和谐——使他们以更好的、自我实现的状态享受充实而有意义的生活，安享晚年

分目标	指标	策略点	策略分步
分目标1：实现长者自我肯定	使长者从被动参与社区活动向主动承担社区公共事务转变	A.创造长者间、长者与社会的交流机会	A1.增加长者间交流的话题，制造日常会话的机会 A2.增加长者与各类社会群体交流的机会 A3.增加长者以群体身份与各类社会群体在对等地位对话的机会
		B.促进长者参与社区内各类活动	B1.鼓励长者参加各类由志愿者、工作者组织的社区活动 B2.长者主动参加各类社区活动
		C.长者能够自己获取有效信息满足自身需要	C1.在既有的信息获得渠道，长者信息接受能力提高 C2.长者掌握新的信息获得渠道和方法 C3.长者能够自己发现新的信息渠道
		D.长者能够发掘/发展个人兴趣	D1.在协助下长者发现个人兴趣 D2.长者能够发展个人的兴趣
		E.长者能够主动参与协助处理社区内的事务，并获得其他长者的认可	E1.长者对社区事务发表自己的个人观点，并获得认可 E2.长者愿意协助工作者处理部分社区事务，获得认可
		F.长者能够自行组织各类团体参与社区发展	F1.长者掌握活动组织技能 F2.长者能够和社区其他成员进行有效的沟通 F3.长者具有寻找各类资源和合作对象的能力 F4.长者能够与社区中的各类社会组织进行合作
分目标2：实现社区互助和包容	培育社区互助及包容精神	A.已有的个体互助行为获得强化/培育个体互助现象	A1.为长者提供协助 A2.推广互助文化、激励互助行为
		B.发现长者小群体/强化小群体的维系	B1.发现社区内的小群体 B2.小群体能为其中的长者提供依靠

续表

分目标	指标	策略点	策略分步
分目标2：实现社区互助和包容	培育社区互助及包容精神	C.促进小群体的交互融合，使其能够具备社区维系的能力，并能各类社区组织结成伙伴关系	C1.不同小群体间的成员能够友好交流 C2.小群体间能够在社区事务上根据自身需要进行互动，组织各类具有服务功能的互助活动 C3.小群体具有维系整个社区的能力 C4.小群体能够根据自身不同需要和其他群体组织结成伙伴关系
分目标3：协助社区弱老得到照顾	建立弱老照顾社区资源平台	A.根据弱老需要建立服务类别	A1.确定弱老界定标准 A2.提供安老服务
		B.建立志愿交流平台	B1.在社会志愿组织中进行麻风康复社区志愿交流推广 B2.建立社区信息交流平台 B3.建立志愿者社区服务培训系统
分目标4：面向服务机构、社会工作教育部门推广社区综合服务模式		A.建立项目工具模板系统	A1.计划书、逻辑框架、财会、PEN表模板 A2.个案、小组记录模板建立 A3.社区、个人生理/社会情况调查表 A4.社区服务和特定社区工作指引的撰写 A5.项目/活动评估工具模板
		B.项目能力建设	B1.建立与创造社会工作专业实习基地和机会 B2.建立兼职工作者系统 B3.提供各类专业培训 B4.建立社工支援系统

第二阶段（2007年5月至2008年4月）：以逻辑框架表为指引，在X、J、S三个社区开展社工主导下的增能社会工作。

社工开展的服务主要有信息园地、社区康乐活动、个案服务、社区调查与评估、趣味学堂、学习研讨会、卫生知识讲座、和工组小组/志愿者与社区宣传、城市一日游、院村互访活动等。社工服务取得了如下成效。

第一，个体层面的改善。康复者的精神状态有了较大的改观，大部分康复者心情较以往更加愉悦，对生活表现出了乐观的态度；个人兴趣爱好得到了巩固和发展，并从中提升了自我权能感，如张伯积极发挥个人绘画特长，几天内又新创作了几十幅山水画。

第二，人际层面的改善。康复者之间的互助意识有所提高，互助网络不断发展，如李姨帮助王伯打饭，陈伯等帮助病重的简姨，潘伯主动劝解、开导产生争吵的村民；促进了康复者之间、康复者与社工之间，以及康复者与社会外界之间的沟通与联系；增加了康复者以群体身份与各类社会群体以平等地位对话的机会，建立了发表意见与建议的合理途径，改善了人际交往能力。

第三，社区层面的改善。康复者对社区事务主动发表自己的个人观点，并获得群体认可，增强了自我管理、自我服务的意识和能力；通过第一届"好村民"评选活动，各康复者的卫生意识有所提高，部分康复者不随地吐痰，主动收拾剩饭剩菜和清扫公共场所，提出标语内容；提高了参与社区活动的积极性，一些康复者主动询问开展活动的时间与地点，并协助社工开展活动；积极参与社区自我管理与自我服务行动，和工组（民主组建的自我管理小组）成员一起坚持开展膳食监督工作，积极参与"好村民"评选工作，对产生争执的村民进行调解与开导，主动维护前期成果。

笔者与社工一起对服务进行了深入分析和反思，达成如下共识：康复者对社工的依赖性很强，社工离开后，康复者也就失去了快乐，社区又恢复了原有的沉寂；尽管在服务过程中社工不断强调"赋权增能"，但社工还是习惯于从问题视角考虑事情，习惯于给予帮助，在潜能开发上有待加强；长期以来康复者受到的社会排斥、社会歧视很大，已经形成了强烈的习得性无能感，很难在短期内消除，权能的增强需要一个过程。

第三阶段（2008年5月至2009年4月）：以逻辑框架表为指引，继续在三个社区开展社工与康复者合作下的增能社会工作。

本阶段社工开展的主要服务有散步班、兴趣班、信息园地更新、长者探访、生日会、"抗震救灾，众志成城"四川救灾研讨会、"共度端午，齐忆传统"活动、爱家行动、同心同德建社区、关怀尽展互守望、城市一日游、康复村周边宣传、自尊·自强·互融·共进——长者技能展示、个案工作、小组工作。取得的主要成效如下。

第一，个人层面的改善。通过散步班和兴趣班的建立与发展，康复者的身心健康得到了较大发展，自我权能感增强，自主驾驭生活的能力增强；通过信息园地，康复者的知识视野扩大了，信息增多了，康复者之间谈话的内容也扩展了，康复者变得更自信了。

第二，人际层面的改善。康复者之间相互理解、帮助和支持的动机和行为不断增强；康复者与社工建立了深厚的友谊，康复者对社工也有了更清晰的理解，把社工当朋友了，并给予社工必要的帮助和建议。

第三，社区层面的改善。社区凝聚力、社区归属感不断加强，社区互助、邻里关怀、和谐温暖的社区文化逐步建立；社区组织不断发育成熟，在自我管理、自我服务过程中承担了很大的功能。

第四，社会层面的改善。通过康复者的才艺展示等活动，让更多的外群体改变了过去的刻板印象，增加了积极的印象；康复社区与周围社区隔离慢慢被打破，周围社区村民开始试探性地走进康复社区，并与康复者谈话交流。

笔者与社工一起对该阶段的服务进行了深入分析和反思，达成如下共识：从日常生活入手开展活动，使很多活动和行为容易持续；康复者的主动性、参与性不断增强，社工的角色在弱化，康复者的角色在强化；社工开展的各种活动，身体较好、性格较活跃的老人参与度比较高，弱能老人的参与度不高，社工常常无意中忽视了弱能老人的需要，社工的介入产生了新的不公平。

第四阶段（2009年5月至2010年4月）：以逻辑框架表为指引，在X、J、T、H4个社区同时开展服务，其中X、J为原有服务点，T、H为新的服务点，开展具有本社区特色的增能社会工作，并进行比较研究。

本阶段的主要服务内容有社区康乐活动、纪念活动、院村互访活动、组织三次志愿者访村活动、社区卫生建设、社区文化建设、兴趣班、院村象棋大赛、家访、摄影小组、个案辅导。

本阶段的主要成效有：巩固了第三阶段取得的成绩；在康复者能力建设方面取得较突出的成绩，如唱歌、摄影、社区建设等；加强了康复村之间的联系，增强了康复者的群体力量，产生了群体归属感，也有了维护群体利益的意识和动力。

笔者与社工一起进行了深入分析和反思，达成这样的共识：X 社区和工组解体了，说明自我管理、自我服务的能力需要不断加强，完全民主产生的自组织缺乏法理权威容易解散；与刚提供服务的社区相比较，已经服务过几年的社区发展水平、管理能力都要高很多，说明社工介入取得的成绩是显著的；H 社区拥有的资源较丰富，医院很支持，工作进展顺利，社区发展很快。

第五阶段（2010 年 5 月至 2010 年 12 月）：以逻辑框架表为指引，在 8 个麻风村同时开展服务，建立 8 个村之间的联系，将 8 个村整合成一个大社区，重点开展以康复者为主导、社工支持的社区能力建设，推动社区的可持续发展。

本阶段的主要服务内容有信息园地、健康教育、康乐活动、卫生评比、生日会、兴趣班、周边村宣传、院村互访、象棋大赛、摄影小组、摄影展、公益广告、志愿者资源连接/培训及管理。

本阶段取得的主要成效有：巩固了第四阶段的成绩，麻风康复大社区开始形成，群体归属感进一步增强；麻风病康复者开始走出原有社区，与其他社区建立广泛联系，促进了不同群体的融合；通过社会宣传和教育，社会排斥、社会歧视逐渐减少。

笔者与社工一起进行了深入分析和反思，达成这样的共识：增能社会工作重视的是服务对象的能力和资源，有了能力和资源，很多问题也就迎刃而解了；经过 5 年的努力，社工与康复者同行，康复者的各方面能力都得到很大提高，社工也从康复者身上学习到了很多有价值的东西，社工是同行者而非治疗专家；能力建设是曲折发展的，有时也会出现倒退的现象，需要长期跟进和巩固。

3.2.4 权利和资源为本的社会服务（2011年至今）

1. 服务背景

经过 11 年的服务，X 麻风村康复者的生理、心理、社会等方面都获得了全面康复，生活质量大大提高，这时康复老人的需求已经转向更高层次的精神需求——拥有一个没有麻风歧视的公平社会。

H 机构经过了 11 年的发展，服务经验不断丰富，服务视野不断开阔，服务模式也逐步形成，这个阶段 H 机构除了延续过去的传统生理康复项目外，把更多的精力放在社会环境的改善上，主要体现在消除社会歧视的社会倡导和社会资源的调动上。

2. 权利为本的社会倡导服务

H 机构主要通过以下社会工作行动进行社会倡导，并取得良好的社会效果。

第一，开展"我们都一样"的社会倡导活动。2011~2013 年每年的 3 月 11 日，即国际尊严尊敬日，H 机构联合其他从事残障服务的机构一起在繁华的购物广场举办了主题为"我们都一样"的公益宣传活动。活动现场包括展览、拆除心墙、公众互动环节，使得公众得以全面了解特殊人群的整体状态。在展览故事过程中，几位年过八旬的麻风病康复者来到了现场，虽然身体上留有残疾，但他们开朗的心境，特别是要在有生之年为消除麻风歧视和偏见尽最大努力的行动，感动了在场的很多人。在场的公众积极参与了拆除心墙的活动，心墙的一面写满了对特殊人群不尊重的语言、行为，如傻子、废人等，另一面则是特殊人群希望得到尊重的心声：请称呼我的姓名、您好，现场公众与康复者一同推倒写着不尊重言辞的墙，并携手将写满尊重词语的心墙再次垒起来。一位在现场看了展览的李女士说，以前一直以为残障人士什么都做不了，永远都需要别人的照顾，没想到他们也可以工作，还可以照顾家庭、照顾父母。活动现场聚集了超过 500 名公众驻足观看，并对活动表示支持。

第二，开展高校宣传倡导活动。采取"3·11 国际尊严日"活动的形式，由机构提供活动大体框架，再由各高校志愿者组织根据自身具体情况撰写适合本高校的活动策划书并加以执行。宣传活动包括：①主题图片展览：展示机构情况及麻风病康复者的生活状态，同时在展览图片旁边放置机构宣传资料以供公众阅读，并安排志愿者做适当的介绍和答疑。②互动活动：通过设置残疾人生活体验等形式的互动活动，让学生亲身体验特殊群体的日常生活，在体验中消除隔阂。③拆除心墙：误解、偏见等皆因心中有一堵墙，活动中设置象征隔阂的心墙装置，心墙上布满让人感受不到尊严、尊敬等错误的行为，社会公众、特殊群体通过拆除这堵心墙，推翻这些行为，获得相互尊敬的思想和行为，心墙推翻后是布满互相尊敬的爱心行为知识。④主题标签：通过参与互动活动获得三种标签，即"尊严""尊敬""我们都一样"，通过这个设置，传播"我们都一样"的主题思想。⑤爱心收集摊：机构志愿者招募、《H 机构通讯》认捐、康复者明信片认捐。

第三，开展眼科社区宣传倡导活动。A 眼科医院在医疗技术、经营管理服务患者、回报社会等方面成为眼科行业的典范，同时也是 H 机构眼科项目长期合作的伙伴。因此，H 机构与 A 眼科医院携手走进社区，一方面让更多人了解、关注麻风病康复者，消除隔阂；另一方面通过社区活动为公众提供相关眼科服务，同时为 H 机构志愿者提供激励支持。该项目作为一个独立的项目附属于所有社区宣传活动，结合社区宣传活动开展，可在活动现场设置主题图片展（展示 A 眼科医院与 H 机构合作的眼科项目开展情况）、现场体验活动（让公众免费进行眼部检查）、主题互动活动（通过设置小游戏让公众亲身体验眼疾给生活带来的不便），此形式可推广到所有形式的社区宣传活动中，作为长期发展项目。A 眼科医院携手 H 机构根据服务时数对志愿者给予表彰和奖励，志愿者服务达到一定时数将获得 A 眼科医院免费体检机会及 7 折优惠，每年评选出一名年度优秀志愿者，A 眼科医院将为获奖者提供过万元的奖金，以表激励。

3. 社会资源的调动

2011 年以来 H 机构开展的主要社会资源调动项目有以下两种。

第一，"品荔公益游"项目。盛夏时节，是荔枝成熟的季节，在某麻风村中，100 棵 40 多年树龄的荔枝树结有 2 万多斤①优质荔枝，却面临无人采摘、将烂于树上的困境，因为这里的 26 名村民，均为年逾七十的身体残疾老人，他们既没有能力采摘，也无法把荔枝送到市场上出售。因此，H 机构发起了"品荔公益游"项目，邀请企业与个人预先以拍卖形式认购荔枝树，然后在荔枝成熟季节进村采摘品尝荔枝，同时探访村里老人，为他们解决一些具体的困难，完成一些公益任务，实现边吃边玩边公益的目标，提升旅游品位。项目特点：拍卖会在五星级酒店举行，采用高端拍卖会的专业流程，邀请拍卖行参与志愿服务支持，以荔枝树与公益旅游项目作为拍卖品；志愿者担任当地接待人员，与游客全程互动，协助游客完成既定的公益任务；公益任务各具特色，企业团队或家庭、个人可根据自己的意愿与时间安排选择不同的拍品；特别定制装载荔枝的包装盒，印有"品荔公益游"字样，供赠予客户或亲戚朋友，提升企业或个人的公益形象。活动成效：筹集到善款近 10 万元，善款扣除荔枝林管理成本及活动成本后，将全数用于康复者假肢的制作，为 H 机构拓宽了资金来源渠道；企业、爱心人士等也通过公益游完成了公益任务，履行了社会责任，同时探访了麻风村的老人，为老人送去了温暖；企业员工体验了公益旅游的乐趣，增强了企业的团队建设；活动获得几大主流媒体的关注并对活动进行了跟踪报道，使活动获得较大的影响力，增进了公众对麻风病康复者及 H 机构的关注度。

第二，《H 机构通讯》认捐项目。麻风病康复者获取外界信息的渠道非常有限，主要是通过《H 机构通讯》来关注麻风村的现状及外界信息。本项目为康复者筹集印刷《H 机构通讯》的资金，H 机构希望通过认捐筹集 2 万元，让每一位麻风病康复者拥有一本季刊，只需一人认捐 3 元，就可以为一位康复者打造一个明亮的世界。所有由认捐印制的《H 机构通讯》将会由机构工作人员送到广东、广西、云南、北京、上海等地的麻风村中，满足康复者对外界信息的渴求。项目开展形式：①以

---

① 1 斤=500 克。

社区宣传活动形式开展，《H 机构通讯》认捐可作为一个独立的项目附属于所有社区宣传活动，结合社区宣传活动开展，如高校宣传活动，在活动开展期间设置摊位陈列往期的《H 机构通讯》，供大家阅读，让公众了解《H 机构通讯》的意义，并在一旁放置捐款箱，捐款后可以拿走一本《H 机构通讯》作为留念，此形式可推广到其他形式的社区宣传活动中，作为长期发展项目；②与企业合作，此方式主要与企业建立合作关系，以企业志愿者为基石，发动企业员工参与《H 机构通讯》认捐，一方面体现企业的社会责任，提高公众对康复者的关注，同时为《H 机构通讯》的印刷编辑筹集资金；③网络认捐，通过联系正规的公益网站或团购网站进行认捐活动，通过团购平台将普通民众纳入公益圈中，启迪每个人主动去关心身边的人、物和环境，是实现"人人皆可公益"的又一途径。目前机构正与爱盟公益网站合作开展《H 机构通讯》认捐项目，虽然还没取得良好的成果，但是这也是个探索的过程，期待会有良好的效应。

3.2.5　社会工作行动的发生逻辑

　　H 机构开展的社会工作行动经历了从以生理康复服务为主体到以心理社会康复服务为主体的转变，行动者也经历了以医生、护士为主体到以社工为主体的转变，社会工作行动过程的发生逻辑是什么？

1. 满足服务对象不断变化的需要

　　社会工作行动是为了满足服务对象的需要，从而提高服务对象的生活质量和生命品质，因此满足服务对象的需要就是社会工作行动的首要目标和核心主题。在关于人的需求层次理论中，马斯洛的需求层次理论对于人的实际需要是有解释力的，它指出人有生理需要、安全需要、爱和归属需要、尊重需要和自我实现需要，并认为只有满足了低级需要后才会产生高级需要，占优势的需要将支配一个人的意识和行为，高级需要出现后低级需要仍然存在，但对行为的影响减弱了。社会工作行动要不断评估服务对象的需要，并不断调整服务方案来及时满足服务对象变化的需要。

　　2000 年，H 机构刚进入 X 麻风村时发现，康复者的核心需要是生理需要，大部分康复者都有神经损害、手脚麻木、足底溃疡、白内障、青光眼等疾病，这些疾病严重影响了康复者的生活质量，这一核心需要不满足，很难赢得康复者的信任和认可，因此，2000～2005 年重点开展了生理康复服务，对心理社会康复服务进行了一些尝试和探索。

　　2006 年，康复者的生理康复需要基本得到满足，只需要进行维持性服务，康复者的安全需要、归属需要增强了，这时 H 机构便开始了能力为本的社区综合服务，提升康复者的自我掌控、互帮互助、社区参与等方面的能力，以满足康复者的安全需要、爱和归属的需要。

　　2011 年，康复者的安全需要、爱和归属需要得到了一定程度的满足，尊重需要、自我实现需要开始显现，这时 H 机构开始了权利、资源为本的宏观社会工作服务，通过社会倡导消除社会歧视、促进社会和谐以满足康复者尊重的需要，又通过资源动员发动社会力量支持康复者实现自我价值。

2. 适应社会资源的变化

　　社会工作行动需要一定的社会资源来实现目标，社会资源总是处于变动之中，社会工作行动主体需要不断调整策略以适应社会资源的变化，让自身更好地生存和发展。

　　H 机构是在国际理想协会的支持下成立的，一直以来得到了该协会的极大支持，包括项目资源链接、服务能力培训、交流学习机会等。H 机构充分地利用了这一支持，使得 H 机构在国内公益环境不佳的情况下能顺利开展服务，也使得 H 机构迅速成为国内公益组织的佼佼者，为以后的社会倡导、资源动员增强了公信力和影响力。

　　随着时间的推移，很多提供项目资金的国际组织的发展战略也在进行调整，这些组织认为中国的麻风问题已经得到了一定程度的解决，对中国的支持逐渐减少。2010 年，H 机构向该组织申请的社区长者综合服务项目结束后，没能申请到后续支持项目，该服务只好停止。从康复者的需要来看，该项目结束得有些仓促，康复者还存在很大需要，康复者的能力还不强。

　　以 2011 年开始，因为国际组织的项目支持大大减少，H 机构出现了较严重的发展危机。下一步该往哪个方向走？经过集体讨论和决策，H 机构把服务的发展方向调整为权利、资源为本的宏观社会工作服务，重点放在消除社会歧视促进社会融合的社会倡导和本土社会资源的动员上。

3. 发挥社会工作行动主体的行动智慧

　　服务对象的需要和社会资源的支持常常不太协调，这时社会工作行动主体便会发挥出自己的能动性和生存智慧。

　　2006 年，当 H 机构决定开展专业的社区长者综合服务时，遇到了资源上的障碍，当时广州的社会工作职业发展才刚刚起步，缺乏社会工作专业人才，也没有足够的资金聘请专门人才。于是 H 机构主动与 N 高校社会工作系联系和协商，鉴于高校社工系学生专业实习的需要，为高校提供实习岗位和机会，实习生又是项目前线社工，H 机构提供服务经费和实习指导，高校也安排指导老师进行实习指导，在这种双向共同指导下，学生的专业成长很快，项目执行得也很好，这种工作模式不仅解决了需要与资源不协调的问题，还达到了双赢的效果，H 机构和 N

高校社工系都很满意。

2008 年，一位曾经的实习生兼前线社工在工作报告中这样写道：

> 本人觉得很荣幸，可以在 H 机构实习，本人也很自豪，能够较好地完成实习任务，完成项目的任务，总体上达到了项目的各个目标。在康复村驻村实习获得了很多很多。在实习中，我曾经迷惘过、失落过、挫败过，但我在康复村得到的更多是感动、快乐、欣慰、成功感、幸福感。在这么一个孤岛上，我和那些可爱的善良的长者们生活了 2 个月。虽然社区经常有矛盾发生，甚至有威胁人身安全的事情发生，但是这些并没有减退半点我对康复村的归属感。在康复村，每天工作真的很辛苦，常常休息不够，但是对于工作的热情和对于长者们的从心底的爱，使得我坚持、坚持、再坚持。

（资料来源：2008 年于社工的工作报告）

2011 年，在国际组织支持的社区综合服务项目结束后没有得到后续支持的情况下，H 机构在需要增多和资源不足的冲突中作出了大胆的服务战略调整：积极开拓本土资源和康复者自身资源，以此满足服务对象的需要。就此问题，笔者采访了 H 机构负责人陈先生。

> 问：我感觉 2011 年后 H 机构的服务发生了重大转型？转型的方向是什么？为什么要调整？
>
> 答：2011 年至今，在继续落实好综合康复的同时，开始转向社会资源的动员和调动，同时也逐步发展康复者的自身能力，（让他们）参与到机构的资源动员中来，为机构的生存和发展尽一份力。工作重点的转移主要是基于两方面的因素，一方面是机构资源动员的需要，随着外部资源的减少，H 机构需要更多本土资源的参与和投入，也进一步促进康复者的社会融合；另一方面也是康复者需求的改变，（出现了）一种价值体现的需要，通过康复者自身的参与和努力，更好地体现自身的价值，获得更多社会的认可和自信心的提升。

（资料来源：访谈资料，访谈编号为社工 S1，2013 年 5 月 5 日）

第 4 章　重建 X 麻风村康复者的生命世界

20 世纪 90 年代初，香港大学陈丽云教授开创了"身心灵全人健康模式"心理辅导模式，认为人的生命是由身体、心理和灵性构成的，保持健康的身体、宽广的心胸和纯洁的灵魂，使三者和谐平衡，人就能保持全人健康、和谐发展（陈丽云，2009：37-38）。本章着重研究：对于康复者个体而言，社工以身心灵理论为指导，如何通过社工与康复者合理交往，分别从身体重建、心理重建和灵性重建三方面入手，重建 X 麻风村康复者的生命世界，提高他们的主体意识和交往能力。

4.1　康复者身体重建

身体是基础，生理康复也是 H 机构的优势所在，2000～2005 年，H 机构重点开展了综合足部护理、流动视力保护、假肢康复三个生理康复项目，以实现对康复者的身体重建。

4.1.1　综合性足部护理让康复者身体更健康

过去由于得不到及时治疗，很多康复者受到不可逆转的神经损害，他们手脚麻木，失去自我保护功能，加上缺乏必要的自我护理知识，不断地损伤而形成了溃疡和各种畸残，如果得不到恰当的护理和保护，伤口就会进一步恶化引发骨髓炎、癌变等严重情况，最终导致截肢。H 机构的综合性足部护理项目始于 2000 年，在麻风村组织自我护理培训，传授康复者溃疡护理和日常自我护理知识，并结合溃疡情况量脚加工合适的防护鞋。足部护理让康复者的身体更健康完好。这项服务让很多康复者受益，康复者非常感谢 H 机构。

案例：冯姨，51 岁，综合性足部护理受益人

冯姨，15 岁那年开始出现手部的神经痛，最后确诊为麻风病，入住 X 麻风村，入院三年后左脚出现感觉障碍，不久就发展为足部溃疡。2000 年，她的足部溃疡变得越来越严重，H 机构溃疡护理小组和几位香港义工来到 X 麻风村，教她如何进行足底溃疡自我护理。"刚开始的时候，我连鞋都不敢脱，但是钟姑娘（注："姑娘"是对护士的称呼）一直不停说服我，她提了一桶水，帮我浸脚，慢慢向我讲解怎样泡脚、怎样刮皮、怎样上药等。连自己都不愿意看一眼的足底溃疡，她们却从不嫌脏，我感动得流下了眼泪。"冯姨向我讲述着那时的情形："她们发给我鞋垫和防护鞋，并教给我平时的注意事项，这些知识从来没有人告诉过我。从那以后，我一直坚持每天泡脚、刮皮、穿防护鞋。那时候 H 机构的护士一般一个月过来两次，每次来都会鼓励我坚持下去，六个月后，我的溃疡就比以前好多了！"

"这些年来，我一直在坚持进行自我护理，而我的溃疡也在慢慢变小。我非常感谢 H 机构的护士们，如果不是她们的帮助，我可能就会截肢。当时医院的所有医生都在劝我截肢，我也准备接受截肢手术了。幸运的是，就在那时，H 机构的溃疡护理小组帮助了我。虽然我的溃疡现在还没有完全愈合，但是我有信心一定会完全治愈的。"

（资料来源：2006 年 H 机构 10 周年纪念册）

4.1.2　流动视力保护让康复者生活更光明

眼睑闭合不全（兔眼）和白内障是麻风病康复者常见的后遗症和疾病。随着医学技术的发展，眼睑闭合不全的矫正、白内障的复明都已经是一种比较简单的手术。但是，昂贵的手术费对于每月只有几百元生活补助的康复村老人来说，无疑是一个很庞大的数字。为此，H 机构于 2001 年成立流动视力保护项目组，筹集资金为康复者免费做眼科检查和手术，流动视力保护让康复者生命世界更光明、更美好。

案例：陈伯，77 岁，流动视力保护项目收益人

"救死扶伤仁者心，施医赠药济世人，重建光明心喜悦，感谢闻唐俩医生。"这是陈伯接受 H 机构流动视力保护项目的白内障手术后写下的一首诗。他 8 岁那年患上了麻风病，为了治病家里变卖了所有值钱的东西，还是没有治好，他的手也慢慢变得残疾。直到 22 岁政府建立了麻风院，他才得以入住治疗，1980 年治愈。

虽然只读了 4 年书，陈伯却酷爱画画和书法。由于没有钱买纸笔，他就用树枝蘸水在地上练习。在过去十年里，他买了不少书，也创造了不少书画作品，有一些还被用来展览。

1998 年，他得了白内障，视力开始慢慢下降。他听说广州一家医院可做白内障手术，但两只眼睛需要花费 1.4 万人民币，这对他来说是个天价。就这样，他的眼睛变得越来越盲，最后除了可以分辨眼前比较大的影子外，什么也看不清楚。这使得他不得不放弃了他的爱好：阅读、写字和画画。

　　2002 年，H 机构流动眼科项目组来到 X 麻风村，在医生进行仔细术前检查后，H 机构眼科医生为他免费实施了白内障摘除手术，手术很成功。"术后第二天，当医生拆开我眼前的纱布时，顿时眼前一亮，我又重见光明了！我甚至可以清楚地看见门口飞动的苍蝇！"他激动地向我们述说他重见光明的那一刻，于是挥毫写下故事开头的那首诗来感谢 H 机构眼科医生。

　　"H 机构眼科医生就是我的救命恩人！我非常感谢 H 机构的所有人，如果不是 H 机构，当我的双眼完全看不见的时候，我可能会结束我的生命，你想想看，眼睛看不见了，手也没有知觉，既不能做自己喜欢的事，生活又不能自理，活着还有什么意思啊！"现在陈伯又重见了光明，他说："我每天都要画画和写字，我已经 77 岁了，我要好好珍惜我余生中的每一天，因为这是 H 机构带给我的机会和光明！"

　　（资料来源：2006 年 H 机构 10 周年纪念册）

4.1.3　假肢让康复者生活更宽广

　　很多麻风病患者在麻风病治愈后留下神经麻痹的后遗症，进而导致肢体损伤以至残障，许多康复者因足部感觉障碍而出现足部损伤和溃疡，有的康复者最后不得不截肢，目前，全国麻风隔离康复者中肢体残障者高达 70% 以上，而截肢者如果没有合适的假肢，不但会丧失劳动能力，连日常生活的自理能力也会失去。2003 年 H 机构成立了假肢制作项目，为有需要的康复者安装假肢，解决康复者的基本生理需要的问题，假肢让康复者的生命世界更宽广。

　　案例：何姨，52 岁，假肢康复项目受益人

　　何姨，出生于一个贫穷家庭，在她 16 岁时患上麻风病，不久右脚出现麻木，并发展到足底溃疡。经过多年治疗后疾病治好了，但右脚一直有着严重的足底溃疡，最终做了截肢手术。术后她装上了一个超过 6 斤多重的铁假肢，要用带子将假肢绑在大腿上，但是带子在走动的过程中常常松动，让她感到很困窘和无助，坚硬的假肢还损伤了她的大腿残端，溃疡变得非常严重。2003 年，H 机构的假肢技术人员为她量身定做了新假肢。"那天，袁先生让我到了假肢车间，为我的残端取了模，就几天时间后，我就穿上了新假肢。"

　　"新假肢非常舒服、方便，走起路来很轻松，就像真腿一样，不说别人都看不出来。现在我都可以自由外出了，我喜欢到外面走走逛逛，感觉自己的世界变大了。"

　　（资料来源：2006 年 H 机构 10 周年纪念册）

4.2　康复者心理重建

心理是人对客观物质世界的主观反应，包括心理过程和人格。心理健康指人的基本心理过程内容完整、协调一致，即认识、意志、情感、行为、人格的完整和协调，能适应社会，并与社会保持一致。康复者的曲折人生经历，使得他们形成了成就动机不高、自我概念低下、自信心不足、思维定势的不良心理状态。心理重建的目标就是通过社工与康复者的深度交往，让他们去体验不一样的社会经历和人生感受，消除自卑感，提高自信心。

2000～2005 年，H 机构的生理康复项目取得了显著的成效，X 麻风村的康复者都得到了生理康复服务。从 2006 年起，X 麻风村的生理康复项目主要是维持原有的成效，项目目标定位于：已经愈合的不再复发，有硬皮的不产生溃疡。2006～2010 年，H 机构把在 X 麻风村的工作重点转移到康复者心理和社会需求上，开展了一个以社工为主体的新项目——麻风社区长者综合服务项目，该项目致力于促进麻风康复社区的可持续发展，协助康复者老人自主追求内心世界的和谐，让他们以更好的、自我实现的状态享受充实而有意义的生活，安享晚年。通过对社工的工作报告、笔者的项目督导记录和观察日记的研究，笔者发现康复者心理重建的社会工作行动策略包括以下几方面。

4.2.1　亲密互动消除自卑心理

2006 年社工在 X 麻风村的主要工作是康复者需求评估，制定项目执行的逻辑表。从 2007 年开始，H 机构每年派遣 2～3 个社工（N 高校社会工作专业的大三实习生）到 X 麻风村与康复者同吃同住，为康复者提供贴心服务 2～3 个月，其余时间为定期回访的维持性服务。通过同吃同住的服务方式，社工主动走进康复者的日常生活，给这群康复者带来了极大的心理安慰，使其自卑心理大大减弱，自尊感、自信心提高，社工与康复者的信任关系也进一步加深。

社工与康复者的日常闲聊对康复者的心理重建有很大的积极作用，这个小小举动可以融化康复者冰封的心理世界，2007 年，欧社工在工作记录中写道：

> 茶余饭后，我跟康复者一起聊天，接收到他们不断的感激言语，才了解到其实他们就像是小孩子一样单纯，只要小小的给予，就能够使他们快乐，使他们感动。

（资料来源：2007 年欧社工的工作报告）

社工的宿舍探访很受康复者欢迎，可以让每个康复者都得到关怀，还能深入了解他们的日常生活，促进宿舍康复者之间的交流，使康复者在心理上得到极大抚慰，感觉被尊重，自卑感下降。2008 年，于社工在工作记录中写道：

> 长者探访是指社工在工作期间不定期对各个宿舍进行探访活动，目的是公平对待每一位长者，使每一位长者得到同样的关怀；为平时较沉默的长者提供与社工沟通的平台，使其互相了解；了解长者宿舍成员间的沟通、互动模式；提高长者参与社区活动的积极性；给长者带去欢乐，带动长者乐观地面对生活。我们发觉进行长者探访后，长者的心情会变得更好些，宿舍成员之间的交流也增多了，参加社区活动也积极了。其实，长者探访是社工与长者之间心的交流，让长者体会到社工的真诚，从而消除他们的自卑心理，增强他们对我们的信任感。

（资料来源：2008 年于社工的工作报告）

社工不把康复者当成需要同情的人，而是把他们当正常老人看待，使康复者受到了极大鼓舞，自卑心理消除，充分信任了社工，把社工当成家人。2008 年，刘社工在工作记录中写道：

> 刚接触该服务项目时，对我来说是很具有挑战的，我对这个群体了解甚少，因此不知道要如何下手，如何才能让他们在最短的时间内接受我们。当我们三个来到康复村几天后，我就发觉我的想法改变了，从开始的同情转变为把他们当正常人看待，相信他们的生命价值，才能与他们的心更近。正是改变了当初的想法，我很快就与康复者们建立了良好的信任关系。

（资料来源：2008 年刘社工的工作报告）

4.2.2　关注优势，建立自信心

1. 优势视角的介入选择

社工刚开始进入 X 麻风村时，带着无限的同情和救世主的使命，为康复者排忧解难。然而，社工们很快挫败而归，因为康复者的问题实在太深重，长期不被尊重、不被认可、家人抛弃、社会歧视等导致了他们产生强烈的自卑感、无助感、无力感，社工无法改变这一切，也不知从何入手消除康复者的自卑心理，社工们自身也产生了强烈的无能感、无助感。2007 年，欧社工在她的工作记录中写道：

> 在刚开始接触麻风病康复者的时候，我只是觉得他们很可怜，所以在做志愿者的那段时间，我都很用心地跟伙伴们一起策划筹款、宣传活动，让社会上所有的人都知道还有他们这样一群人的存在，让他们受到关注，甚至是关怀。当我真切地接触他们的实际生活、加入到他们的生活当中的时候，我的想法更加坚定了。在远离人群的地方，他们依靠自己去抵抗疾病，依靠自己的双手来维持基本的生活需求，虽然艰苦，但

他们依然生存了下来。到了现在，社会文明进步了，医学科技也进步了，虽然他们的疾病痊愈了，可是由于疾病的后遗症，他们依然没能走出那个"世外桃源"，即使得到政府的援助，生活上有了依靠，可是他们的生活依然围绕在数十年如一日的那块熟悉的土地上，只有少数的志愿者、教会人士去看望他们……我当时只有一个想法，就是要尽我的全力去帮助这些老人家，让他们也能够拥有一个快乐的晚年。

　　回来后，我们照例开展交流会议、接受督导，我把自己在个案工作中遇到的困难说了出来，才发现原来几乎每个人都有相同或相似的问题。其实，我们的个案工作都有一个相同的背景，那么所遇到的困难也极有可能是相同的：（康复者）自卑心强烈、敏感多疑、自我防备、思想固执、身体不适、畏惧死亡……虽然在会议上有所得益，可是毕竟我们的案主是特别的老人家，同时也是独特的个体，所以究竟我的个案要怎样跟进下去，也只能是靠我自己去摸索。虽然感到胆怯，我也只能学习邓小平"摸着石头过河"的精神，依靠书本上的方法、自己的观察与思考，辅导我的案主往我们所希望的方向慢慢前进。

　　第三期的工作比想象中的繁重，从个人到了社区，要做的事情忽地像流水一样涌现出来，再加上我的其中一个案主因为身体原因而不得不改变辅导目标，而其他的案主则出现了情绪下降或者反抗心理的情况，弄得我几乎每时每刻都要准备着思考怎样应对突如其来的变化。

（资料来源：2007 年欧社工的工作报告）

　　笔者作为社工们的专业指导老师也陷入了思考之中，于是重新去阅读社会工作理论，发现优势视角理论令人耳目一新，笔者开始用优势视角理论引导社工们分析康复者的问题，并思考社工的角色定位，社工们的服务才有了新的起色和希望。

　　优势视角是社会工作领域的一种比较新的理论，属于后现代理论。该理论强调社会工作者要善于发现、寻求、探索及利用服务对象的优势与资源，协助他们达到自己的目标、实现自己的梦想，并勇敢面对他们生命中的挫折和不幸，抗拒社会主流的控制。这一理论视角强调人类精神的内在智慧，强调即便是最可怜的、被社会所遗弃的人都具有内在的转变能力（Saleebey，2004：214）。换言之，优势视角着眼于人的优势，以利用和发掘人的潜能为出发点，协助其从不幸和挫折的逆境中挣脱出来，最终达到其目的、实现其理想的一种思维方式和工作方法。

　　优势视角的 5 个原则是：第一，每个个人、团体、家庭和社区都有优势，包括财富、资源、智慧和知识；第二，创伤、虐待、疾病和抗争具有伤害性，但它们也可能是挑战和机遇，让他们从这些悲惨经历中学习技巧，发展出能让他们生存并成长的个性特点，同时也让他们具备了承受生命之重的能力；第三，与案主合作，我们可以最好地服务于案主，合作的姿态可以让我们更能避免助人之中的家长式作风，摆脱责怪受害人、对案主先入为主的看法；第四，所有的环境都充满资源，在每一个环境之中，个人、集体和团体都可以付出一些东西，如知识、勇气、资源、才能、时间与地方等；第五，关怀、照顾和脉络，相互关怀照顾是公民参与的一种基本形式，作为一项服务的社会照顾，它承担的是一种职业隐藏的声音，因为它是妇女的声音，赋予照顾以更加广泛的意义，也是优势视角的工作所在（Saleebey，2004：19-24）。

2. 关注优势，建立自信心

社工用优势视角协助康复者重新诠释自己过往的悲惨经历。刚开始，康复者总是回避自己曾经的悲惨经历，总是用劣势视角看待过往的经历，认为那是一段不堪回首的往事。当社工月优势视角来分析这种经历时，康复者从中获得了肯定和赞美。2007 年，程社工在工作记录中写道：

> 康复者们是那样地自卑，不愿提及过往经历，当我对他们传达这样的观点"你们都很了不起，经历了那样悲惨的经历后，依然可以顽强地生活下来，对他人对社会还能如此善良"时，康复者们感动了，开始信任我，并开始慢慢向我诉说他们的经历，在诉说过程中我带着欣赏的眼光倾听他们的故事，并不时地赞美他们的勇敢、顽强，我看到他们不再那么自卑，甚至还有了一些自信了。

（资料来源：2007 年程社工的工作报告）

任何事情都有两面性，有阴有阳、有暗有明、有缺有圆，从不同角度看待，就会有不一样的心情和感受。社工虽然无法改变康复者过往发生过的事情，但可以协助康复者改变面对事情的态度，不同的态度决定了不同的行动，不同的行动带来不同的改变。当康复者们开始讲述、承认、重新体验和用优势视角去看待过往经历的苦难和痛楚时，他们长期以来的自卑心理开始发生改变。

社工在与康复者同吃同住的日常生活中，通过日常探访和深度交谈，发掘康复者现在的优势和能力，协助他们寻找新的生活动力，消除自卑感，增强自信心。2008 年，于社工在工作记录中写道：

> 针对珠姨参与欲望强的优势，社工鼓励 78 岁的珠姨学习普通话、加入手语歌队；针对田伯社交能力强的优势，社工"怂恿" 76 岁的田伯负责志愿者联系与登记工作；针对黄姐年轻、行动力、学习能力强的优势，社工"强邀" 43 岁的黄姐参与各种各样的兴趣小组，负责社区接待工作，担任社区形象代言人，代表社区参与外界的各种活动；针对姜公拥有权威的优势，社工"逼迫"姜公第一次登台发言，第一次在众人面前唱歌，发挥带头作用做起了社区服务队的队长。

（资料来源：2008 年于社工的工作报告）

　　从社工的工作记录中可以看出社工与康复者的关系非常好，很平等，宛如一家人，社工让康复者看到了自己的优势和能力，自信心不断增强。

　　社工通过关注康复者优势，发掘、发挥、发展优势，重建康复者自我概念。自我概念是人对自己特长、能力、外表及社会接受性方面的态度、情感和知识的自我知觉，是个人把自己当成客体所做出的知觉，是人在内心深处对自己形象的看法和评价（孙丽，2005）。自我概念是一种社会建构，是在个体社会化的过程中形成的，自我概念的高低直接影响人的心理状态。对麻风病康复者来说，身体的疾病、资源的匮乏、被隔离、被歧视的客观事实，导致了他们自我概念低下，从而产生强烈的自卑心理。社工通过发掘、发挥、发展康复者自身优势，从社会实践中获得新的社会经验，从而重塑康复者自我概念，以建立积极的自我评价，最终消除自卑感，建立自信。

3. 成功案例

　　案例背景：梁叔，男，58 岁，有颈椎病、复发性口腔溃疡、咽喉炎，右手会酸痛，腰骨疼痛，左脑会出现扩胀的情况，同时后脑经常会晕晕的，全身经常会无力，最重要的是患有心血管病。他有一位亲生姐姐，但从没进村探访过他，外甥们偶尔会过来，他的心中一直有个心结：自己从不知道自己的父亲是谁，一出生就没有了父亲。他的生活态度很消极，他对社工说"我们这些人，不死都没用的了，现在有钱也没用了，都无命享受了，每天都只能靠看电视消磨时间"。他沉默寡言，孤独冷漠，自卑心理严重，很少与人交往，几乎不参与社区活动。

　　社工介入策略：第一，关心案主的身体状态，采用直接影响的方法提出建议和反复确认；了解案主对于病痛的感受及病痛对他生活的影响，肯定案主的积极行为，鼓励案主利用社区资源，寻求协助和交流；第二，关注案主感受，鼓励自我描述。让案主讲述自己与家庭的故事，引出案主的"心结"，通过适当的故事诠释、非理性情绪疏导，针对其不客观的自我认同分析，鼓励案主从积极的方面去看待自己的人生，进一步改变案主的悲观想法；第三，案主对象棋极有兴趣，社工引导案主分享其在象棋方面的故事，话语中，社工发现案主在自己感兴趣的话题上很有自己的见解，社工可以从这个角度加强案主正能量的发挥，鼓励案主，从而增强案主对生活的信心。

　　成效分析：经过两个多月的介入服务，案主的心结慢慢打开了，自卑感下降了，心态变得积极了，会主动跟其他康复者打招呼，对社工较热情，主动找社工聊天。

（资料来源：笔者根据 2009 年全社工的个案工作记录整理而来）

4.2.3　增强权能，提升自我效能感

1. 增权理论的内涵

增权（empowerment，有的学者翻译为赋权、增能、赋能、充权、充能）的思想在 19 世纪就已经存在，美国哥伦比亚大学学者巴巴拉·所罗门（BarBara Soloman）在 1976 年出版的《黑人的增权：被压迫社区里的社会工作》中首次提出了增权的概念，并使其观点被社会工作界广为接受（何雪松，2005：144）。但是，社会工作真正进入"增权时代"是在 1980 年前后。这个时期社会工作强调尊重服务对象，帮助他们增强权力，让他们自己对问题和需要作出判断，鼓励有相同处境的人建立互助团体，在团体中促进个体意识的觉醒，摆脱无力感状态，建立自尊心，共同推动社会公平与正义。但对于什么是权力及增权的层面，不同的人有不同的理解。例如，Vash 把权力划分为外在权力与内在权力，外在权力指控制资源或事件发生的能力，内在权力则指人内心感觉的自我控制能力。内在权力是发自内心的，而不是其他人给予的，是个人争取外在权力的基础（许卢军，2000：246）。Riger 则指出单以内在的感觉去确认是否有增权的情况是行不通的，而外在权力至少指三种不同的能力，即驾驭他人的能力、自由运作的能力和排除不必要控制的能力。Rappaport 认为增权发生在个人、人与人之间及社会结构三个层面，其中个人层面的权力表现为个人对能力、控制、力量和改变的意识，我们每个人都有这种潜力，失能只是社会结构和缺乏资源使已有的能力不能发挥作用的结果。尽管个人层面的权力是个人内在的感觉，但这种感觉只有在和他人的互动中才能获得（Miley et al.，1995：60-104）。个人的这种交流能力不仅受自身因素的影响，同时也受到自然环境和社会结构的制约，如果某一方面的因素导致了交流的障碍，都会对其他方面的因素产生不利影响并使它们陷入相互削弱的恶性循环之中。

应用增权理论的社会工作服务模式将焦点集中在服务对象的能力和优势上，而不是弱势和问题上，强调工作过程是工作人员和案主的共同参与而不仅仅是为案主工作，并通过这一过程达到发展和提升案主的自我控制能力和社会影响力的目标，最终达到个人生存发展状况的改善，同时对社会资源的重新分配产生影响。

从理论上说，弱势群体的增权模式应该是多样化的，可根据不同的对象选择不同的模式。但在实际的过程中，弱势群体增权模式的选择往往受到多方面要素的制约。根据西方成熟的社会工作理论，弱势群体的增权模式主要有个体的主动增权和外力推动增权两大模式（范斌，2004）。

个体主动增权模式强调个人在增权过程中的决定作用，其假设前提是权力在案主之中，而不是在案主之外，增权并非"赋予"案主权力，而是挖掘或者激发案主的潜能。当个人通过增权获得更好自我感觉、自我价值及自我发展能力之时，

也就意味着他有了更多的处理人际关系和社会事务的知识、技巧、资源和机会。因此，增权的关键在于个体的主体性和主动性。如果个体没有增权意识，不想改变现状，任何人的帮助都是徒劳无功的。

外力推动增权模式则强调增权过程中外部力量的推动和促进作用，主张通过外力去激活弱势群体主体，并通过客体与主体互动的不断循环和建构来达到持续增权的目的。也就是说，外部力量的推动，可以有助于弱势群体成员消除社会交往的障碍，改变他们的社会环境，扩大他们的潜能的范围，使其能力和技巧得到更充分的培养，进而获得更多控制生活的资源和手段。

2. 增强权能，提升自我效能感

增强权能，即增强个体控制自身生活和心理的能力，提升自我效能感、权能感和幸福感。针对个体的增权需要根据每个个体的优点、缺点、资源，制定差异化的增权策略。根据社工的行动经验，重点从以下几方面入手。

第一，激发权能意识。麻风康复者普遍存在自信心不足、能力意识不高的特点。导致这种特点的原因是缺乏参与的权利和机会、不愉快的失能经历等。因此，在社会工作服务中，社工应当多聆听他们的故事，理解康复者的感受，引导康复者反思，使他们对自己有正确的认知，从而激发权能意识。在个案工作过程中，社工是一个聆听者和鼓励者，在聆听过程中表达同理，鼓励康复者自我分析，肯定他们的分析能力。社工与康复者是伙伴关系，一起讨论问题、分析原因、制定计划。

第二，发掘个人优势。人都有优点和不足，社工需要聚焦于康复者的优势，寻找各种支持和资源，探求符合康复者个人愿望和兴趣的各类活动。引导案主重视其现有优势，并动员案主通过实际行动来实现自身期望，相信生活并不是之前所想的那么苦闷和悲惨，相信凭借自己的能力也能改善自己的生活。

第三，培养个人能力。社工充分利用服务对象的优势和资源发展相关能力，促进案主建立自信心和权能感，从而激发其学习热情和动力，增强自己其他方面的能力。能力分为驾驭自我的能力、与人合作的能力、影响社会政策的能力三个层面。

3. 成功案例

案例背景：金叔，男，58岁。曾为一位以绘壁画、设计产品为生的麻风病康复者。两年前麻风病复发，当时由于他忙于生计而没有及时治疗，当病情严重时，家庭破裂，妻子离开，案主为照顾其儿子而不舍离家，延误了治疗时间。因此，此次麻风病复发，令他身体损伤、面容扭曲、家庭破裂及社会地位丧失。金叔自尊心很强，进入麻风村后对社会角色的转变明显不适应。他入院时，医生出于治疗需要将他隔离，使他被迫与社区的其他康复者分离，也使他对社区、社会产生极大的反感与排斥。另外，家庭破裂、面容歪曲使其更加自卑，而自尊心极强的他将这种不平衡转向对自我的放弃与否定，终日不与人交往，对他人的评论很敏感，情绪暴躁多变。

针对该个案，社工分别从激发权能意识、发掘个人优势和培养个人能力三方面入手。

激发权能意识：社工关心金叔感受，聆听他过去的辉煌历史，对他过去因麻风病所经历的种种事情给予理解、支持；鼓励他进行自我认同度的描述，用欣赏、肯定和鼓励的方法，强化他的权能感、成就感。针对其不客观的自我认同分析，协助他找出自身失权的原因：身体疾病及对身体疾病不正确的认识；自我放弃，意志不坚定；对他人行为太过敏感。为让金叔能够对自己身体疾病有正确的认识，社工通过与他沟通，他答应让医生与其进行一次会谈。社工与医生提前沟通，鼓励医生多聆听他的感受，理解他，不轻易否认他的担忧。通过会谈，他对疾病有了一定的认识，对配合医生治疗有了更积极的态度。

发掘个人优势：社工通过志愿者平台，充分与金叔商讨后，带志愿者到他的房间观画。每到这时刻，案主都会非常高兴，获得认同与赞美，从而获得权能感，这时的他往往会将自己的画赠予志愿者，并即席挥毫，为志愿者当场赠画；社工也通过时事平台（四川大地震）为其提供展示才能的平台，鼓励案主为四川大地震献画，以纪念感人一刻。他一连几天，作画 4 幅，赠予 H 机构。H 机构工作人员亲自到村中拿画，并与他合影。在与他建立良好关系后，社工主动听他对社区事情的见解，也鼓励他主动向社工发表建议。经过社工多次主动征询建议，他由被动到主动，时而会主动向社工表达自己对社区事情的看法。

培养个人能力：社工鼓励金叔进一步发展自己的画画能力，多练习画画，并计划开办个人画展；创造他与其他康复者之间的沟通机会，发展人际沟通能力；社工与其他康复者沟通，希望他们包容、接纳、鼓励他，增强他的支持网络；增强他对社会环境的认知，了解他对社会政策的理解，并鼓励他维护自己权利，争取更好的社会支持。

（资料来源：笔者根据 2008 年于社工的个案工作记录总结归纳而成）

4.3　康复者灵性重建

灵性是人性的一部分，是人的潜能开发达到较高阶段后出现的一种精神状态，是人追求、表达、实践自己终极关切的一种能力。灵性健康就是人的灵性潜能得到有效和合理开发的一种状态，灵性健康的人，能够连续、长时间地活在当下。很多康复者在身体和心理的双重压力下，不能接受现状，产生了强烈的无意义感。灵性重建的目标就是社工在与康复者深度交往过程中，深入了解康复者对生命的理解，不是去建构问题，而是理解并认同康复者活在当下的方式，协助康复者重建生命意义。

随着项目的逐步推进，社工的表现令康复者非常愉悦、自信心不断增强，康复者与社工的信任关系进一步深化，康复者对社工的感情越来越深，甚至把社工当成自己的家人，同时也获得了新的生活体验和对生命的新的诠释。

社工与康复者的关系像家人，这让康复者非常高兴，并赋予了生命以新的意义，2008 年，于社工在工作记录中写道：

> 2 个多月的工作，与长者同吃同住，和他们已经建立了非常深厚的感情，长者们会把我们当成孙女般看待。同时，长者们也会把我们看作是 X 麻风村的媳妇，当我们回学校的时候，长者们会把我们当成是回娘家，虽然听起来似乎有点好笑，但是这就是我们和康复者们之间最真实的感情描述。

（资料来源：2008 年于社工的工作报告）

社工用最原始、最朴素的方式融入康复者的生命世界，让康复者感觉社工已经是康复村的一部分，改变也就自然发生了，2008 年，徐社工在工作记录中写道：

> 在工作当中，我们与长者打成一片，我们都不是直接称呼长者为"公公、婆婆"，而是称呼长者的别名。在村内长者一般都有他们的别名，例如"冬瓜、狗少、炮哥"等，我们平时也是这样叫他们的，这样会显得更加亲切，也更好地建立良好的关系。

（资料来源：2008 年徐社工的工作报告）

社工与康复者之间是一种平等互助的关系，在服务的过程中社工自身也获得了成长，他们慢慢发现，自己不需要做一个高高在上的专家，只需要放下姿态，用平等和欣赏的心态看待康复者，对康复者的复原更有价值，2009 年，全社工在工作记录中写道：

> 与长者共同生活了 2 个多月后，长者对我们的信任和支持很让我感到欣慰，感受到了自我的价值，让我学到了很多东西，也让我体会到康

复者的自身价值和自尊才是最重要的，他们的自我管理、自我服务的能
力才是最重要的。

（资料来源：2009 年全社工的工作报告）

每个人都有自己的灵性，社工的介入主要是协助服务对象认识自己的灵性及
优势，使其形成更为清晰的自我感，突破当前的自我认同限制，实现自我与现实
社会的和谐统一。灵性重建的实践框架尚不成熟，缺乏系统化和结构化的操作模
式，社工也缺乏这方面的经验和能力，笔者通过观察与分析，发掘出了几个灵性
优势，并用案例的方式给予说明，社会工作行动策略主要表现为发掘、赞赏、鼓
励、发扬、肯定等。

4.3.1　发掘"接受现实，保持内心宁静"的灵性优势

有时，现实社会是很残酷的，但是现实超越于个人，个人无力改变，抗争、
愤怒、委屈等都只能徒增烦恼和痛苦，还不如接受现实，保持内心的宁静。从下
面的案例可以看出，"接受现实，保持内心宁静"是一种灵性优势，社工要用爱
和欣赏的态度看到案主身上的这一优势，并激发它，让其发挥更大的功能。

案例：程婆，女，2012 年 96 岁，康复村里最年长、最安静的康复者。

程婆有 3 个女儿，老公在大女儿 8 岁时就过世了，没有再婚，一直
含辛茹苦地独立抚养 3 个女儿长大，家庭贫寒。日子刚刚好转，3 个女
儿也都嫁人了，女儿们的家境虽不太好但都很孝顺，然而，1971 年，55
岁的她患了麻风病，这样的打击对她无疑是巨大的，灾难总是接连降临
到她的头上，她要如何去面对生活？

来到 X 麻风村后，她经历过一段时间的消沉期，然后她调整心态，
用温柔而坚定的态度面对生活的打击，接受现实，保持一颗积极而宁静
的心。她的话很少，总是勤奋地做着各种事情，待人友好，当别人需要
帮助时，她总是默默地伸出援手，村里人都很喜欢她。

2007 年，社工开展驻村服务时，发现她总是很沉默，很少与人交往，
也很少关心和参与社区公共事务。欧社工开始把她当成重点个案，希望
通过心理辅导改善她。欧社工开始带着"怜惜"的态度与她交流，询问
她的家庭背景，了解她的成长历程，但是程婆总是不愿回答，也不愿与
社工有过多交流，还是过着她孤独的生活，个案就此搁浅。

随着服务的推进，社工不断反思介入手法，先后引入了优势视角、
赋权理论等。2009 年，社工又引入了灵性视角，全社工跟进了程婆的个
案。全社工不再带着问题和可怜的心态去跟程婆谈话，而是带着谦虚和
欣赏的态度走进程婆的心灵世界，了解她的所思所想。程婆很喜欢全社
工，聊天越来越深入。全社工在工作记录中写道："程婆对现在有三餐

温饱的现状很满足，能自己看时间，准时起床、吃饭、睡觉，每天都洗澡、洗衣服、洗头，吃饭的碟子都洗得干干净净，而且还会擦干。饭是自己煮，因为要吃软饭，有时会煲云吞或其他的东西吃而不在饭堂吃。她很感激共产党，因为共产党让她有饱饭吃。她的心态很好，一切顺其自然，有人陪自己聊天就聊，很开心，没人聊时也很开心。总之，她内心安宁，接受现实，感激生活。"慢慢地，程婆的笑容越来越多，愿意跟人聊天了，也积极参与社区集体活动，如打牌、打麻将、志愿者康乐活动。

（资料来源：笔者根据 2007～2009 年几位社工的个案工作记录和笔者的督导记录总结归纳而成）

4.3.2　赞赏"亲近土地，每天劳动"的灵性优势

土地能带给人们安全感，劳动能带给人们愉悦，"亲近土地，每天劳动"是一种灵性优势，这让人们忘掉痛苦，灵魂变得洁净、平和，社工应当赞赏这一灵性优势。

案例：秀婆，女，2012 年 90 岁，每天风雨无阻去拔草的快乐老婆婆。

秀婆，背很驼，已婚，有 2 个儿子和 1 个女儿，48 岁患病，后来儿子走了，她大受打击，女儿每年都会带着孙女们来看望她。自从康复者不从事生产劳动后，她每天都要去围堤拔草，至少 4 个小时，有时候下雨也披着雨衣出去，风雨无阻，然后拿草到池塘中喂鱼，似乎拔草才能让她的生活安定。

对于这一行为，其他康复者很不理解，为何要做这种没有意义的事情呢？很多康复者阻止过她，因为这样会把衣服搞得很脏，也不利于身体健康，而且没有任何意义，但是任何人都无法说服她，曾经有康复者说"如果吃饭时间去割草就不给她饭吃"，她很干脆地回答说"那就不吃了"。有一次，她割草到很晚就在围堤上睡着了，吓到了过路的人。

2007 年，当社工来到这里后，很多康复者向社工反映了这一现象，并建议社工说服她不要拔草了。刚开始，社工也觉得这是一个问题，于是开始用问题视角的治疗方案去治疗她，结果秀婆很不开心，不愿与社工深入交流，仍然我行我素。

后来，笔者与社工对这个个案进行了讨论，笔者建议社工不要轻易贴标签，而是努力理解她，理解这个行为背后的意义，这或许是她的一种精神需要。于是，社工不再说服她放弃拔草，而是欣赏她每天劳动，有时还跟着她一起拔草，试图理解她拔草的意义。社工发现，秀婆拔草时很专注，表情愉悦，这可能就是一种无法言说的灵性优势。社工向其

他康复者谈自己对秀婆拔草的看法，并建议大家理解她的行为，只要她是愉快的，大家就赞美和欣赏她的行为选择。

当秀婆的行为获得肯定后，她变得非常开心了，乐于与人交往，并且积极参与其他活动，如打麻将、打牌、扫地。

（资料来源：笔者根据 2007～2009 年几位社工的个案工作记录和笔者的督导记录归纳总结而来）

4.3.3　鼓励"学会感恩"的灵性优势

生活中总有很多不幸与悲伤，但也有很多幸运与温暖，缺乏智慧的人抱怨不幸，富有智慧的人拥抱幸运，"学会感恩"便是一种灵性优势，社工应当鼓励这一灵性优势。

案例：田伯，男，2012 年 88 岁，永远热情好客的伯伯。

田伯，1952 年患麻风病，当时家里有祖母、父母、两个妹妹、一个弟弟、还有老婆、两个孩子，其中一个刚出生，都需要他照顾，他没有时间就医，仍然坚持劳作，病越来越严重，已经影响到神经了，才于 1957 年到 X 麻风村看病。

患病与生活劳累并没有把他压倒，但别人尤其是妻子的误解令他无法接受，他说："得了这个病，人家都会觉得你是因为不干净，无论你说什么也没用，连我的妻子也是这样认为，那时候很委屈，后来孩子大一些了，家境也好转一些了，我便来到这里治病。1967 年的时候，我治好病就回自己的生产大队了，大队也愿意接纳我。回家之后就在大队里面工作了 7 年。我一直跟老婆是分开住的，她一直说我不干净，我们的关系不好。"

1974 年，他家的房子在一场意外中烧掉了，迫于生计，他就只好装病，说自己因为患过麻风病没有劳动能力了，申请不在生产队工作了。在后来 10 多年的时间里，他一个人划艇在海上谋生，过着孤岛漂流的生活，把赚到的钱给老婆、孩子，但他与家人缺乏情感的联结。直到 1990 年，因为年岁已高，无法劳作了，他申请回到 X 麻风村养老。

当你看到这里时，在你的头脑中会浮现一个怎样形象的老人呢？孤僻、内向、自私、自卑、无助？

真实呈现在大家面前的这位老人家非常热情好客，无私善良，每次社工、志愿者搞活动他都积极参与，并协助活动的开展，成了 X 麻风村的"明星"。于社工在工作记录中如是写道"田伯是如此地热情、友好、善良、积极、无私，几乎所有的社工和志愿者都对他竖起大拇指，这为X 麻风村迎来很多回头服务"。

当社工询问其他康复者对田伯的看法时，大部分老人都说他非常热情、乐于助人，曾经很得民心，他刚到 X 麻风村不久，曾通过村民的民主投票成为 X 麻风村在 H 机构的通讯员。但是，后来他与志愿者的关系太亲密了，遭到了一少部分康复者的嫉妒和不满，认为他在做小动作，让本来是来探望集体的志愿者都到他家去了，损害了集体的利益，影响了他与其他康复者之间的关系。

社工就田伯对其他康复者、社工及志愿者的态度，以及对别人的评价如何反应等话题，与他进行了讨论。对待其他康复者的态度，他这样说："在这里我能帮都会帮的，像前几年李伯摔倒跌断了手也是我带他去住院的，还陪他住院，还有村里面一些人要去外面的医院也会找我，因为我比较认识外面的路。我不怕吃亏的，他们叫到我，都会帮。"

对待社工和志愿者的态度，他如是表达："我招待来访社工和志愿者，是因为我觉得人家那么远过来，你怎么样也要招待一下人家，有的人只是嘴上说，不去做，那就只能是我做啦，我也不是最有钱的那个（人）。"

对于别人的评价，他说"我很难过、委屈，但没有办法，我还是会按我的方式去做，我认为应该这样去做"。

他对生活的态度："现在的生活算是很好了，共产党给我们吃的住的，看病也不用很多钱，又那么多志愿者过来看我们，已经很好了。"

社工对田伯的思想和行为表达了鼓励和赞赏，并希望他不要太在意别人的评价，还希望他能将自己"学会感恩"的生活态度通过自己的言行传递出去。

（资料来源：笔者根据社工的工作记录、笔者访谈记录、笔者观察记录总结归纳而成）

4.3.4　发扬"淡化伤痛，创造新生活"的灵性优势

生活中总有一些伤痛是个人无法改变的事实，有的人永远想着这个伤痛，时不时拿出来让自己悲伤一次，走不出伤痛的阴影，有的人却能遗忘或淡化伤痛，面向现在和未来，创造新生活，因此"淡化伤痛，创造新生活"是一种灵性优势，值得发扬。

案例：珠姨，女，2012 年 71 岁，能歌善舞的康复村"活宝"。

珠姨，残疾度较轻，生活完全可自理，有一定的阅读能力，表达能力很好，乐观开朗，乐于助人，善于与人交往，喜欢打牌、唱歌、跳舞，是麻风村的"活宝"。

她一直拒绝跟社工讲述她患病的经历，笔者在社工的建档表中也没有看到她第一次婚姻的相关记录，随着跟笔者交往的深入和信任关系的

建立，也许还因为笔者大学教授的身份，她开始讲述她患病时的惨痛经历："我 29 岁患麻风病，当时孩子还很小，大的 5 岁，小的 3 岁。当时社会对这个病很歧视，我（的病情）本来不严重的，治好了可以在家里住的，但是我婆婆坚决让我到麻风村，还强迫我和老公离婚，就这样我就到了 X 麻风村，也与老公离婚了。我以前老公很帅，两个儿子也很帅，本来我可以很幸福很幸福的……"

她继续向笔者讲述她后来的生活："我 1980 年与班老师结婚，他很有水平，别人都叫他班老师，他比我大 12 岁，性情温和、通情达理、稳重踏实，一直在康复村担任管理者，他像我的父亲，给了我很多温暖和关爱，也教我认字读书，我很依赖他。后来他身体不好了，我也照顾他，我们相互照顾、关怀。"

"我有一个弟弟、一个妹妹，（他们）都有孙子孙女了，他们经常请我回家或到外面一起吃饭。我不让他们到康复村，都是我出去。过年过节，我都会回弟弟、妹妹家。他们和他们的儿媳都对我很好，给我买东西，请我吃饭。"

"我对其他人都很好，别人有什么需要帮助的地方，我都会帮忙。大家都不容易，不要那么斤斤计较。我都经常拿东西给他们吃，也帮忙搞公共卫生，吃围餐时帮忙摘菜洗菜。"

"你的学生都非常好，他们跟我们一起住、吃饭，教我们唱歌、普通话、英文、保健操，不嫌弃我们，很尊重我们。他们还组织活动，向周围村宣传麻风知识，消除歧视，请周围村民到我们这里观看表演。周围人现在都会自己到康复村来，不再歧视我们了。他们还筹办了 50 周年庆，好热闹，好喜欢你们的学生。"

"所有的志愿者都很好，带给我们礼物，还表演节目，与我们一起搞活动，带我们出去玩，我每次都积极参与，好开心好开心。其实不用买东西的，能来看我们，我们就很满足，很感谢他们了。"

"上帝对我不薄，我的家人对我很好，班老师对我很好，政府对我们好，你们这些志愿者、社工对我们都很好，我很知足了。希望你们经常来看看我们，也希望你们能工作开心、家庭幸福。"

珠姨曾遭遇过第一任婆婆、老公的无情抛弃，这也成为了她永远的伤痛，但她选择淡化伤痛，及时调整心态迎接新的生活，与过去的伤痛告别，创造新生活。社工对她的生活态度和积极行动给予了极大的肯定和赞美，她的这一优势得到了发扬，也带动了其他康复者。

（资料来源：笔者根据社工的工作记录、笔者访谈记录、笔者观察记录整理而来）

4.3.5　肯定"在工作中寻找价值"的灵性优势

很多时候，人们把工作当作一种苦差和谋生工具，很难从工作中获得满足感和成就感，只有当人们失去工作能力或被剥夺工作机会时，才发现工作能带给人们存在感和价值感，因此懂得"在工作中寻找价值"是一种灵性优势，社工应充分肯定康复者的这一灵性优势。

案例：陈叔，男，2012 年 65 岁，32 年的医务助理、能人。

1970 年 23 岁的陈叔入住 X 麻风村，进村后一直协助医院工作，如拿药、煲药、药品分类，到现在可以独立完成打针、开药、护理、消毒等工作，从事医务助理工作 32 年，现在每月有 1100 元工资，是村里最有钱的康复者，也是最受人尊重的人，他对自己的生活很满意。

当谈到他的工作时，他很自豪地说："我做医务工作已经 40 多年了，我一直都是勤勤恳恳、任劳任怨、公正无私的，几任院长都很信任我。我也不断学习、钻研，从没有出过什么问题，医院的几个拿牌的护士还经常出事故，他们有时也有嫉妒我，说我没有牌照要免我职。有时也觉得很辛苦，老了，想不干了，可是没有人愿意来这里工作，我就继续干着，直到有人愿意接替我。"

当问到他与其他康复者的关系时，他说："我对大家都很好，别人有什么需要帮助的地方，我都会帮忙，有时用自己的钱为他们加菜。志愿者来了，我也会用自己的钱给他们加菜。我经常帮忙搞公共卫生，其实不是我的职责，这应该是蓝叔做的，但我不那么斤斤计较。"

陈叔拥有康复者和医务助理双重身份，使得他能成为中间人，协调康复者与医生之间的矛盾，也能有效维护康复者的权益，深得康复者的尊重，这使他成为康复村的领袖。很多时候，医院都是通过他发放相关物资和传递信息，志愿者也通过他了解信息、传递信息，这样的身份，让他觉得很有权力感、能力感和满足感。但是，这也遭到了少数康复者的嫉妒，他说"我们村里有几位康复者比较计较，不宽容，对我有意见，认为我有工资就应该多干，有时故意挑剔，让他们来药房拿药都不来，要我送到他们家里，让我感到有些委屈。"

社工充分肯定他"在工作中寻找价值"的灵性优势，希望他继续保持，对于别人的嫉妒，别往心里去。

（资料来源：笔者根据社工的工作记录、笔者访谈记录、笔者观察记录整理而来）

4.4　重建逻辑：社工与康复者合理交往

社工在提供生理和心理康复服务的过程中与康复者合理交往，而交往中的资源供给和话语建构促进了康复者生命世界的重建，提升了他们的主体意识和交往能力。

2000 年以前，麻风病康复者基本只与医生、护士产生互动，见不到其他人，他人的排斥也使他们产生了自我排斥，他们不愿也不敢与其他人交往。从 2000 年开始，H 机构开始为他们提供生理康复服务，在这个过程中，社工需要走近康复者，了解他们的生理需要，与康复者初步交往，这对长期以来见不到其他人群的康复者来说，是一种惊奇。据 H 机构的负责人陈先生反映，刚开始康复者有点不敢相信他们，用惊异的眼光看着他们问："你们不怕我们？" H 机构工作人员很真诚地说："不怕啊，放心，我们是来帮助你们的。"工作人员真诚的话语让康复者的心灵世界有了初步的融化。

2006～2010 年，社工通过驻村服务，与康复者同吃同住，他们之间建立了充分的信任关系，社工通过话语传递了对康复者的理解和尊重，如社工称呼他们为"叔叔、伯伯、阿姨、婆婆"，这是家人之间的亲切称呼。同时，社工采用个案工作的方法，走进康复者的内心世界，主要采用了优势视角、赋权理论等视角，通过话语重建了康复者的思想，如社工经常赞美、欣赏、肯定、表扬、激励他们，使他们感到自己是有价值的，从而产生了自信，并获得了生命的意义感。

第5章 重建X麻风村社区生活世界

社区，是指由一定数量居民组成的、具有内在互动关系与文化维系力的地域性的生活共同体；地域、人口、组织结构和文化是社区构成的基本要素（徐永祥，2001：35）。社区本身就是一个日常生活世界，对生活在其中的个体来说，社区是具有一定资源的支持性环境，社区资源越丰富越有助于个体发展。社区资源包括社区资产和社区社会资本，是可以发掘、培育和再造的，从而达到社区日常生活世界的重建的目的，为康复者创造具有滋养型的生活环境，让康复者过上幸福快乐的生活。重建 X 麻风社区日常生活世界的社会工作行动主要体现在 2006～2010 年社区长者综合服务之中，2006 年主要是调查探索，制定服务的逻辑框架，尝试性做了少量服务，深入的社会工作服务的开展是 2007～2010 年。2007～2009年，每年 5～7 月 N 高校社会工作系派遣 2～3 名大三的实习生在 X 麻风村开展驻村服务，服务很深入，社工与康复者之间的关系很亲密。2010 年 H 机构服务模式发生转变，把几个麻风村打通实行流动式驻村服务，也就是说，社工不固定在某个麻风村，而是按服务内容分，目的是增强麻风村之间的联系，使资源利用最大化。H 机构和 N 高校各派一名指导老师对该服务项目的社工也就是高校社工专业实习生提供指导，笔者就是 N 高校安排的指导老师，全程跟进指导。项目执行每6～8 天为一期，一期结束后有 3～4 天的休整期，用于总结、反思、制定下一期计划、安排下一期物资准备等工作，中间安排 1 天为汇报督导日，几个麻风村的社工集中起来进行汇报、研讨和督导，社会工作行动就在不断反思和调整中推进和发展着。下面笔者运用过程事件分析的研究策略，力求真实地呈现社会工作行动过程，总结行动中的经验，反思行动中的问题与不足。

5.1 社区调查与评估

社区调查与评估，是社会工作行动的前提，是社工与康复者进行接触与磨合的必经阶段。2007 年两位社工通过一对一的访问调查，了解各康复者的基本信息与各康复者的性情，建立了"社区平面图""康复者档案""社区档案""康复者 24 小时生活表"，有助于以后顺利高效地开展工作。社工在制作这些图表的过程中，积极招募康复者参与，通过运用参与式发展的专业技巧带动部分康复者共同完成，也就创造康复者间、康复者与社工之间的交流机会。增加长者间交流的话题、制造日常会话的机会，也是康复者参与社区事务的表现。

5.1.1　描绘"社区平面图"

为了更清晰地了解社区概况、发掘社区资源，为以后的社区服务提供参考和依据，也为外界了解社区提供更直观的感受，社工与部分康复者一起绘制了"社区平面图"，详见图 5-1。

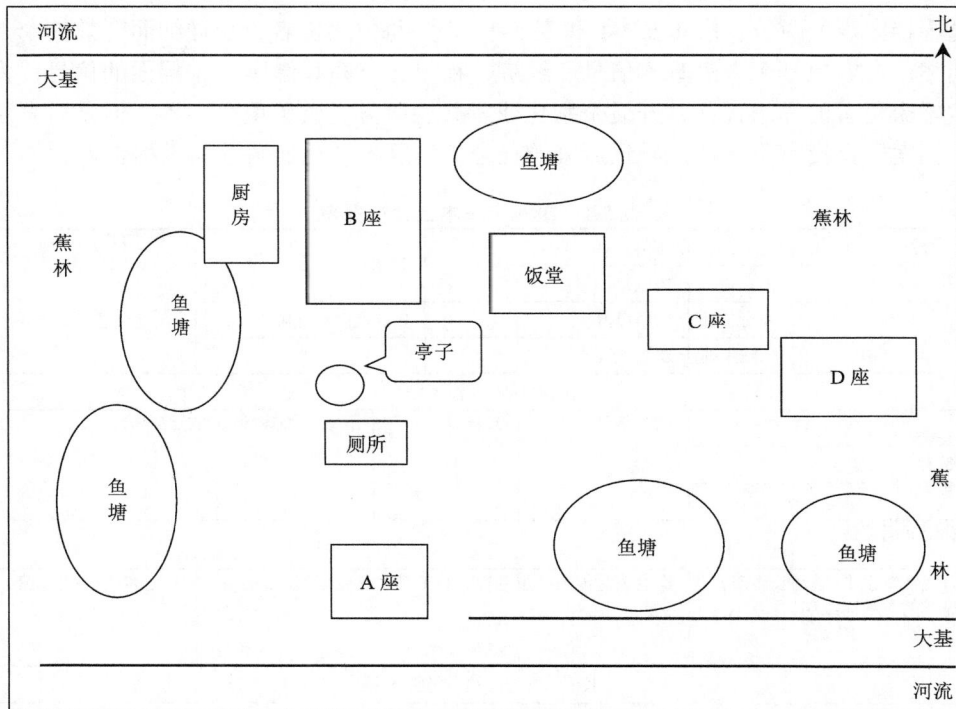

图 5-1　X 麻风村社区平面图

A 座：两层楼，一楼有三个房间，二楼为物品堆放处，由左至右分别是 1～3 号房间；

B 座：两层楼，每层 6 个房间、两个公共浴室和一个厕所，由左至右分别是 1～6 号房间，公共浴室与厕所在楼房的最右边；

C 座：由左至右是一个房间、一个理发店和一个厨房；

D 座：两层楼，一楼一个房间、两个厕所，二楼两个房间，（二楼）由左至右分别是 1、2 号房间. 饭堂在一楼，二楼是村长办公室

5.1.2　建立"康复者档案"

针对个人身体、心理、社会不同层面的需要做全面评估，建立综合评估档案，并定期进行更新，为不同专业服务人员提供资料信息，以保证服务的整合性和连续性。

从 H 机构的服务过程来看，2007 年驻村社工根据之前医务工作人员对康复者所做的健康档案表格进行修改完善，形成《康复者基本社会情况表》和《康复者健康档案表》两份表格（表 5-1 和表 5-2），为每位康复者建立详细而有效的个人档案，内容包括个人的基本信息、经济、社交、家庭和健康 5 个层面的信息，为做好康复者的需求评估、开展个别化或者共性服务提供了重要参考。但是后来这个档案一直没有更新过，导致后来的社会工作服务缺乏连续性和过程管理。

表 5-1　康复者基本社会情况表

编号：		姓名：	年龄：	籍贯：		个人照片
房号：		性别：	民族：			
持有证件		A.身份证	B.户口簿	E.社区医疗保障卡		
		C.残疾证	D.老人证			
长者系统1：基本信息						
长者教育程度	A.认识自己名字	宗教信仰：		兴趣爱好：	仪表（面容/头发/衣服/异味）：	
	B.能阅读报纸					
	C.能写文章					
登记期间谈话主题：						
自我认知水平（填写长者对自我描述的关键词或句）：		沟通表达能力（主动性、有效性、是否健谈）：			信息接收/接受程度：	
长者系统2：社会经济状况						
政府补贴收入：			对生活现状的态度：			
A.农田种植：		种类：				
B.养殖家禽：		种类：				
C.手工生产：		种类：				
D.出租：		种类：				
E.其他：		种类：				
长者系统3：社会交往（社区／邻里）状况						
与邻里关系	朋友：		参与社区活动（内容/频率）：			
	对社区邻里关系的态度：					
	社区积极分子：					
	信服的对象：					
	对社区的期望：					

续表

表达社区事务意见的方式：	社会交往	外出社区的频率：
		认为社会对自己的观点：
		对外面社会的态度：
		对社会的期望：

长者系统 4：家庭情况								
亲属成员	姓名	关系	沟通方式	沟通频率	职业	大概位置	家庭经济概况	其他

表 5-2　康复者健康档案表

长者姓名：　　　　年龄：　　　　编号：　　　　房号：　　　　记录人：　　　　记录日期：

饮食习惯	进餐次数及时间：							
	蔬果进食频率：		备注：			A.嗜咸	备注：	
					口味	B.嗜甜		
	肉类进食频率：					C.嗜辣		
						D.油腻		
						E.清淡		
	吸烟是/否	每天吸烟数：	烟龄：	喝酒 是/否	每天喝酒量：	酒龄：	是否有酗酒情况（次数）：	
	食物过敏		其他饮食习惯陈述：					
运动	有/无	运动类型：		运动频率：		备注：		
睡眠	每天总共睡小时数：		自我评价睡眠质量：			是否需要服用安眠药物（药名/频率/用量）：		
健康状况	视力	右眼	正常	左眼	正常	听力	A.听见并很清楚	面部	A.正常	健康状况备注：
			近视		近视		B.听见但不清楚	眼睛	B.畸残	
			失明		失明				A.正常	
			老花		老花		C.听不见	躯干	B.兔眼	
									A.正常	
									B.驼背	
	肢体	上肢	右手	正常	畸形	截肢	硬皮	溃疡	其他	
			左手	正常	畸形	截肢	硬皮	溃疡	其他	
		下肢	右脚	正常	畸形	截肢	硬皮	溃疡	其他	
			左脚	正常	畸形	截肢	硬皮	溃疡	其他	
	现患病：				未得到医院确诊之症状陈述					
	曾患病所致后遗症（非麻风病后遗症）：									

续表

日常自理能力	穿衣	A.完全能自理	B.需要协助	C.协助方式：	备注：
	吃饭	A.完全能自理	B.需要协助	C.协助方式：	
	煮食	A.完全能自理	B.需要协助	C.协助方式：	
	洗澡	A.完全能自理	B.需要协助	C.协助方式：	
	行走	A.完全能自理	B.需要协助	C.协助方式：	
	家居清洁	A.完全能自理	B.需要协助	C.协助方式：	
	溃疡护理	A.完全能自理	B.需要协助	C.协助方式：	

5.1.3　制作"社区档案"

为了更好地了解社区，评估社区资产、需求和问题，社工与部分康复者一起制作了"社区档案"，一方面为了社工更好地开展服务，另一方面用于社会宣传，让更多外面的人了解社区，调动社会资源。

<h3 style="text-align:center">X 麻风村社区档案</h3>

1. 背景资料

在中国内地，自 20 世纪 50 年代末起长达 20 年的时间里，确诊麻风病患者被隔离在偏远地区的封闭院（村）中进行治疗。直至 80 年代，他们才被允许自由地进出村子。随着医学的发展，以及 1986 年"联合化疗"在中国的推广，这种疾病得到了有效控制，许多被治愈的麻风病患者得以有机会出院重返社会。

然而，事实并非如此。尽管这些村子和康复者都已经不再被法定隔离，但受传统观念和错误成见的影响，村子实际上依然处于相对隔离的状态，而无论是对于那些无家可归、残疾严重的康复者，还是那些有妻子儿女、四肢健全的康复者来说，依然无法在社会上立足。收治他们的院（村）仍然是他们度过余生的地方。大部分康复者始终在贫困和隔离状态中生活。而且极大一部分康复者承受着麻风杆菌感染使神经受损后引发的严重溃疡，以及随之而来的截肢的痛苦，面对着肢体残疾造成的生活的诸多不便。他们缺乏亲人的关心和照顾，因而内心缺少安慰和聆听，担忧死亡的突然降临……随着时间的流逝，他们的年纪迈入七八十岁的阶段，日常生活越来越艰难。

因此，相比其他的弱势群体如低收入人群、普通的残疾人群等来说，麻风病康复者群体的特点显得更复杂：残疾、年老、孤寡、低收入、边缘化、受歧视……这些状况意味着他们在政治、经济、社会和心理等各方面都处于弱势。

2. X 麻风村现状

1）村民状况

一开始，政府大力提倡当时的麻风病者进 X 麻风村进行医治，由于当时的封建思想，他们大多被迫离开家人而来到麻风村生活。随着科技的进步，麻风病不再是不可治愈的疾病，但由于病情的严重程度不同，致使大部分的居民手脚、面部等不同程度的残缺，即使病愈后离院依然遭受到人们的歧视与谩骂。生活的艰难让外貌有残缺、手脚残疾等不能在人群生存下去的康复者再次进村生活。政府为了安置好他们，便把当时的治疗社区改建成今天的生活社区，给康复者们一个安心生存的地方。

住在社区内的居民大多是上了年纪的人，随着年岁的日益增长，社区内的人数不断下降。现今为止，社区内的康复者人数有 36 名，其中男性 26 人，女性 10 人；肢体伤残严重的有 14 名，较为严重的有 9 名，轻度伤残的有 5 名，手脚良好的有 8 名。村民的生理状况受到麻风病后遗症的很大影响。如今 36 人当中有 5 人截肢；有 2 位婆婆终日躺在床上。截肢的长者普遍使用假肢、拐杖及轮椅。

医院每天安排一名主治医生、一名护士进村巡医。村里还有一名康复者被医院聘请为护理员，主要负责抓药，打针敷药等医疗工作。无论是常见病，还是慢性病，或是急性发作，一般在休养区进行治疗和处理。如果医院处理不了，经过主管医生同意后，可以转院治疗。

社区居民由于来源地不同而具有较高的异质性，在管理和生活上不可避免地产生各种各样的冲突和矛盾，导致了社区意识的薄弱。

社区内的非康复者包括康复者家属 1 名、社区工作人员 6 名，共计 7 名，其中，男性 3 名，女性 4 名。

2）环境

其一，地理环境。

该社区位于某某海心沙岛上，四面环水，面积约 8 万平方米。该岛东南方有某某山，该山位于某某村的一个小岛上，四面环海；东面是某某镇；西面是某某镇；南面是某某大桥、某某岛；北面是某某村，面积约 1 平方公里。该岛四周是水泥石基，四周有多个小渡口，岛内有几口鱼塘、两片蕉林和一片木瓜地，均为当地农民承包租用。社区内主要以宿舍建筑为主，有一条绿化带和几片空旷的平地，平地上有居民先前种下的荔枝、芒果等水果和花草，绿树成荫，还有亲善的猫狗为伴。

其二，生活环境。

社区内居民的生活稳定而有规律。近些年，由民政部门大力支持，新建了宿舍楼，购买了一批新桌椅、餐具柜、电视机、影碟机等，社区硬件有了很大的改善。固定的伙食费补贴和相关福利补贴，进一步改善了居民的生活。三餐有专门的厨工负责准备（早餐是早上五点半，午餐是十点，晚饭下午五点整），饮食搭配较为合理，每个星期都会将猪肉、鸡肉、烧鸭、鱼、鸡蛋、面条、面包、肉粥、糖水、汤、瓜果等间隔搭配。

居民作息也很有规律。大部门居民每天早上三四点就起床打水泡茶，吃完早餐后就去大堤散步或聚集看报聊天。午饭后一些人看电视，一些人静坐一会儿就去睡午觉，另外一些人则打麻将或下象棋直到晚饭五点。然后，看电视新闻，七点到九点期间居民陆续回房休息。逢农历日期个位数 1 或 6，少数居民都有外出赶集购物的习惯。一些居民会定期回家看望家人，也有家属不定时地看望在村的康复者。

部分肢体较为健全的居民还会自行耕种蔬菜水果，一方面打发时间，一方面锻炼身体。打麻将、下棋和打扑克牌是居民最经常的娱乐活动，粤剧爱好者偶尔也会高歌几曲。部分居民在清晨时分除散步外，也会经常做器械运动，如骑"木马"、踏"自行车"等，加强肢体锻炼以防肌肉萎缩。

居民间互爱互助，但因经历、性格、背景、文化素养等方面的差异，部分居民之间也存在摩擦，时有争吵，甚至发生推打现象。总体而言，日常生活较为规律，对饮食要求不太高，娱乐活动不多，社区意识不强，大部分居民的生活态度不够积极。

3）社区管理

自 X 医院 1959 年建院以来，该麻风康复社区的管理经历了从休养员自治到医院管理的变化。从前休代会（休养员自治组织）的成员是由所有休养员推选出来两名休养员——泰公和朱伯——担任休代会的出纳和主任职位，两人身兼多职，泰公负责社区外的主要联系业务，而朱伯则负责社区内的大部分事情。但随着两名休养员逐渐年老，医院在考虑到他们身体状况和现实情况下，委任古医生作为该社区的直接管理人员，并任派了吴叔作为他的助手，以协助古医生管理社区事务，除此之外，还有担任出纳并管理小卖部的梁叔、负责理发的王叔、负责饭堂的郭叔及两个厨房工作人员（卢姐和郭姐）和身兼多职的楠叔（负责撑船、医院中药房配药和社区的垃圾处理）。

另外，社区内的医疗室是属于 X 医院的长期医疗组织。按照工作计划应该是每天都有一名医生到社区内值班，可是由于各种原因该工作不能完全贯彻。

4）社区与外界联系

随着经济高速发展，在建设和谐社会的大背景下，近期政府部门支持力度的加大和社会慈善组织快速发展，以及高校志愿者组织等方面的积极介入，加强了 X 麻风村与外界的联系，为社区居民提供了多方面了解外界的信息渠道和交流平台。机构代表及志愿者的来访，不仅为康复者们带来了外界的信息和关怀，而且进一步了解了麻风病康复者——这个社会变迁的牺牲者群体，同时也引起了社会各界对他们生活实况的关注，为社会各界提供了一个正视现实的窗口，促进"消除麻风歧视，创建真正的和谐社会"目标的实现。

广东省 H 机构就是一个与 X 麻风村保持良好合作服务关系的慈善机构。H 机构与 X 医院签订服务协议，为麻风病康复者提供相应的服务，为其做截肢手术，在生活上提供必要的物质支持，并组织志愿者或专业工作人员通过不同方式或途径为康复者提供心理咨询、心理治疗等人文关怀。

香港 X 医疗志愿服务社更是一个长期服务于康复者的重要群体，他们有时独自前来，有时组织香港学生到这里与康复者一起玩游戏……但是无论是通过什么样的方式，他们都能够坚持每年开展 1～2 次探访活动。两个以个人名义服务的香港义工则是每个月一两次来到这里，让康复者知道他们不再是一个被遗弃的群体。

S 学院、Z 大学、N 高校等高校志愿者或者志愿者团体、实习生依次进入 X 麻风村，为康复者带来新一代也依然关注着他们的信息，同时也为康复者的社会康复奉献出自己的一份力量。

3. 社区存在的问题分析

结合康复者的需求和社工的预估结果，判断社区存在的问题如下。

1）康复者面临老人病或其他疾病所带来的心理压力和情绪问题

客观地讲，X 医院的医疗费已经能较好地满足康复者的医疗需要。主管医生也有权利批准康复者外出就诊和报销医疗费。但是，康复者已进入老年阶段，老年人发病风险的加大，使越来越多的康复者经常担忧自己的身体和被照顾问题，情绪压力难以排遣。心理辅导、危机情绪介入、康复协助等都事关康复者是否能够度过一个安乐的晚年。同时，采取预防措施，提高康复者预防疾病的意识也是很有必要的。

个别短时间内失去自理能力的康复者情绪较差，感到难以适应。例如，有的老人由于腿部受伤或者中风，突然失去了自理能力，刚开始时老人容易感到很难接受自己，十分沮丧，感觉自己没有用和无助。在这种情况下，工作人员会及时提供辅导，为其疏导情绪并提供康复支持，协助其重建自我价值和自我认同；否则，老人可能因情绪困扰而容易在适应、人际关系和个人行为方面出现问题。

2）康复者日常生活单调，生活质量有很大的提升空间

过半数的康复者精神状态较好，有相当好的活动能力，但平常的生活却较为单调。按照 X 医院康复者们现在的经济和身体情况，他们完全可以过一种更加有活力的生活。协助他们自主拓展日常生活和娱乐的空间，增加他们与社区和社会的联系，使其逐渐获得一种新的生活。

3）康复者迈入老年，有回顾自己一生、寻得人生价值和认可的需要

由于历史的原因，大多数康复者一生的大部分时间都在隔离治疗当中度过，如今他们已经迈入老年。每个老人的一生都需要通过回顾来进行自我整合。假如自我整合是比较好的，老人可以在过往的人生里寻得自己人生的价值与对自己的肯定，自尊自信地度过晚年；假如自我整合受挫，老人很容易陷入负面的自我评价当中，抑郁失落地度过人生的最后岁月。可以通过各种口头或者口头与书面相结合的回顾活动，如口述历史，为康复者提供自我整合的机会并协助其寻回自尊自信，安度晚年。

4）康复者需要保持社会接触，以增加社会资源，同时利于心智发展

X 医院的闲置土地均租给邻村的村民耕作，同时邻村村民偶尔会来售卖食物等。这些村民闲暇时会与康复者聊天。但近年来由公共饭堂统一外出购物，康复者买食物的需求减少，邻村村民和康复者来往也少了。透过社区性的互动活动，我们可以促使老年康复者与社区保持接触，增加社会新知，这对康复者的社区的人际交往、社会意识和心智发展等都有裨益。村民没有被法定隔离，但是由于种种原因依然处于隔离状态，因此，村民需要和外界接触。

5）康复者接受院方的照顾和安排，缺乏自我管理和自我服务的机会

康复者有明确的自我管理和自我服务的意愿，并希望能依靠自己的能力实现。院方惯常的做法则是全面周到和全面负责，暂时未能关注康复者的意愿。在服务项目的开展中，注重鼓励康复者参与实施过程，关注康复者的兴趣和才能，让康复者投入为自身服务的事业中。

6）服务实施需要体现对老年人特点的关注

由于服务对象是老年人，服务实施时将更关注老人的接受性、持久性、活动能力等特点，投放更多的耐心和信心，并注意使用多种方式来顺应服务对象的特点。

4. 资源探索

（1）休养区主体建筑是三栋楼。其中一栋为公共活动区，二楼文娱室里有电视、DVD、音响等设备。其余两栋楼为宿舍楼，新宿舍楼下也有电视、DVD、音响等设备。

（2）在公共活动区和新宿舍楼前空地上还加盖了锡铁顶棚，将其连为一体。那里可提供场地和桌椅，雨天也可以开展活动。

（3）院村里有一大一小两处宣传栏。

（4）其他基本的娱乐设备：麻将、象棋。

（5）村民当中不乏特长者（绘画、象棋、作文写诗等）。

（6）在村里宿舍旁边的一片草地上，有两个雅致的小亭和石桌椅。

村里绿化比较好，周围有大树，树下有休息的桌椅。

（资料来源：2007 年社工制作的社区档案，其中的真实地址和姓名笔者做了适当处理，有改动）

5.1.4　绘制"康复者24小时生活表"

为了更好地为康复者提供更适切的社区服务，也为了以后的社工和志愿者更直观地了解康复者的生活习性，第一批驻村社工与康复者一起绘制了"康复者 24 小时生活表"，表格见表 5-3。

表 5-3　康复者 24 小时生活表

编号	姓名	1	2	3	4	5	6	7	8	9	10	11	12	13	14	15	16	17	18	19	20	21	22	23	24
1																									
2																									
3																									
4																									
5																									
6																									
7																									
8																									

注：以上是工具表格，删除了内容

5.2　社区意识的强化

社区意识，就是社区成员对社区有归属感、认同感。X 麻风村是个特殊的社区，康复者普遍认为自己是被迫赶到这里的，是无处可去的无奈选择，没有真正把这里当成自己的家园，社区意识不强。为此，社工开展了一系列的社区活动，强化社区意识。笔者研读了 2007～2010 年的社工工作报告，发现三次大型社区活动对强化社区意识起到了决定性的作用。多年以后，康复者谈起这三次活动时依旧神采飞扬、记忆犹新。

5.2.1 "好村民评选"社区活动（2007年）

1. 背景

随着政府相关部门与社会各界团体支持力度的加大，X 麻风村长者们的生活环境得到了较大改善，部分长者还努力争取更好的生活，因文化水平、思想素养、性格特征、身体状态、过往经历等方面的差异，长者之间经常发生冲突和矛盾。为营造"卫生、文明、互助、和谐"的社区文化氛围，提高康复者自我认识水平，从而增强康复者社区意识，对社区产生归属感和认同感，社工于 2007 年 6~8 月策划并开展了"好村民评选"社区活动。

2. 活动概要

活动开展过程并不顺利，刚开始，有的村民反对，有的村民不屑，有的村民逃避。两位前线社工也产生了分歧，一位要坚持，一位要放弃，最终在大家的鼓励和老师的指导下，两位社工齐心协力坚持了下来。社工不断与社区领袖沟通交流，争取他们的认可与支持，后来还成立了和工组，局面慢慢打开，越来越多的村民参与了进来。

该活动历时一个多月，康复者从被动到积极，从不屑到认可，在社工的积极倡导下，以和工组为平台，村民集体参与，形成了"好村民评选"制度，具体如下。

"好村民"评选制度

一、评选标准

从长者自身、长者之间及长者对社区的影响三方面进行考核，总分100分，各考核指标所占权重如下。

（一）自律自强（共34分）

1. 严格要求自己，自觉遵守村民间相关约定。（8分）
2. 虚心向学，积极提高思想觉悟，接受新事物、新理论。（6分）
3. 加强自我护理，注重个人卫生与房间卫生。（8分）
4. 积极参与社区活动，培养团结互助精神与增强维权意识。（6分）
5. 培养个人兴趣，发挥自己的特长，增加生活的乐趣。（6分）

（二）友爱互助（共32分）

1. 乐于助人，热情主动帮助需要帮助的长者。（10分）
2. 注重言行，语气委婉，举止文明。（8分）
3. 宽容大度，谅解他人一时过失，不参与无理争论，以理服人。（6分）

4. 遇见争执，先弄清楚事情来由，积极化解矛盾。（8 分）

（三）社区发展（共 34 分）

1. 顾全大局，爱惜公物，节约水电。（8 分）

2. 勤于思考，为社区团结和谐出谋划策。（6 分）

3. 积极参与社区团体活动，增强彼此间的沟通与了解。（10 分）

4. 增强民主意识，遵守集体决定，以和平的方式解决矛盾冲突。（10 分）

二、评选方式

1. 通过大会进行无记名投票评分。由和工组召集长者开大会，进行投票选举。

2. 选举打分前由和工组代表再次明确宣读互评标准。

3. 引导促进各长者进行客观公平评分与投票。

4. 现场统计并公布投票结果。

三、公布表彰办法与流程

1. 通过全民代表大会当场投票计算得到结果。

2. 由和工组成员进行审核再提交医院批准，会上表彰时公布，确定表彰大会时间，通知出席表彰大会的人员。

3. 召开全民大会进行表彰，社工或和工组代表作总结报告，由院领导颁发奖品奖状或锦旗，激励各长者再接再厉。

4. 制定光荣榜，及时公布于宣传栏。

四、奖励制度

不分等级奖励，只设定一项奖励，奖励等价 20 元纪念性物品。另设置奖状或流动锦旗。

五、评选期限

首期评选期限初步设定为一个月，即 2007 年 7 月 2 日到 8 月 2 日，以后每季度评比一次。

从评选制度中不难发现，评选标准对康复者的自律自强、互帮互助、社区参与意识和能力都起到了积极的引导和激发作用；评选方式体现了公平公正、人人参与的社区精神；表彰流程体现了一定的权威性和合法性；奖励制度体现了"重精神轻物质"的社会价值观；评选期限体现了该活动的可持续发展性。依据该制度，第一届"好村民评选"社区活动如期顺利完成，并取得了良好效果。

3. 成效

康复者慢慢地被热情、辛勤的社工所感动，渐渐地意识到这个评选制度的重要性，逐渐减少了对评选结果不公平性的顾虑及对"好村民评选"制度可持续性的担忧，慢慢地接受并参与到评选过程中。例如，部分康复者尝试着去改变以往的陋习，对公共区域的卫生特别注意了，也在不断地改善个人的卫生习惯，康复者随地吐痰的现象几乎没有了。康复者也不再随地乱扔剩饭剩菜了，即使吃饭时不方便只能暂时放在桌子上，也会在饭后自觉地去清扫干净。谈话过程中多多少少都注意控制语气语调和音量，看到争吵时会主动地去制止和劝导，向着安详和谐的目标发展，更加积极地参与集体事务了，比如，都很热情地帮忙摘果，共同准备饭菜，经常为社区内的膳食出谋献策。

通过全村民主选举，第一期"好村民评选"活动产生了 5 名优胜者，优胜者十分珍惜这次来之不易的荣誉，正如一位获奖康复者所说"盖有 H 机构和 X 医院公章的奖状是用多少钱也买不到的"。这对其他康复者起到了很好的示范效应，社区意识初步形成。和工组成员通过工作汇报，与所有康复者分享了第一期评选工作过程中的种种成果，成员自身也得到了很大的改变，更加积极地为社区服务了，和工组的自治性质逐步确立。

5.2.2　"长者技能展示"社区活动（2008年）

1. 背景

2000 年以来，进 X 麻风村的志愿团队越来越多，大部分的志愿团队进村开展了探访、聊天、送礼物、表演等活动，这些活动给康复者带来了安慰和快乐，让他们觉得自己有人关心了，但同时 X 麻风村也给长者和志愿者以"弱能社区"的感觉，长者只是被动地接受别人的帮助和慰问，而自身没有任何才艺和技能。另外，该村与周边村之间的隔离还是很明显，彼此之间的沟通也很少，社会歧视严重。由此，社工于 2008 年 6～7 月策划了一场"自尊·自强·互融·共进——长者技能展示"大型社区活动，该活动将一改往日由志愿者表演、长者观看的活动形式，而是让康复者作为主角，与志愿者们一同表演，并邀请周边村民参加，共同欢乐。

2. 活动概要

当社工把这个想法告诉康复者时，他们大都很赞同，但让他们上台展示才艺时又都退缩了，这说明他们希望自己有才艺、被认可，但是又很不自信，害怕被人看不起。于是，社工与每一位康复者逐个交流、谈心，激发他们的自信心，渐渐地康复者都参与了进来。

社工根据日常观察，发掘长者的才能，并为长者设计表演节目，通过不断说服和鼓励，有 6 位长者同意表演个人技能包括粤曲、普通话朗诵、拉二胡、唱歌等，共 7 个节目，同时还召集全村长者合唱一首歌曲《朋友》。这些长者基本上从来没有表演过，因而很缺乏自信心，情绪反复变化，社工每天抽一定的时间与他们排练和做思想工作。每日的排练工作不但增强了长者的自信心，还促进和增强了社工与长者、长者与长者间的交流和情感。

表 5-4 是社区活动当天的节目表，从表中可以看出，在整个活动中康复者为"主角"，志愿者是"配角"，周边村民是观众，社工是幕后工作人员，这极大地提升了康复者的自信心，并强化了其社区意识。

表 5-4 长者技能展示节目表

内容	表演者	时间	道具
主持人介绍		5 分钟	
嘉宾发言		5 分钟	
合唱《社工金曲》	高校社工系学生	7 分钟	歌词
朗诵《感谢有你》	珠姨（康复者）	5 分钟	
独唱《欢聚乐悠悠》	珠姨（康复者）	5 分钟	
独唱	志愿服务队代表	5 分钟	
口琴独奏《我爱祖国》	高校社工系学生	3 分钟	口琴
歌曲《大海航行靠舵手》《东方红》	钟叔、苏叔、彭叔（康复者）	6 分钟	二胡
独唱	吴叔（村长）	4 分钟	
歌曲《无言感激》	志愿者代表	5 分钟	
手语《和你一样》	高校志愿者手语队	5 分钟	
独唱《人老心不老》《神爱世人》	冯伯（康复者）	5 分钟	
粤曲《搜书院》	高姨（康复者）	5 分钟	
街舞《Our Party》	高校大学生艺术团	5 分钟	
抽奖环节		10 分钟	抽奖箱
合唱《生命有价》	所有志愿者	5 分钟	歌词
合唱《朋友》	所有康复者	3 分钟	歌词

3. 成效

"自尊・自强・互融・共进——长者技能展示"大型社区活动圆满落幕，该活动是几十年来 X 麻风村外来人员最多的一次，周边村村民 73 人，志愿者和其他嘉宾 40 多名，加上长者，一共 150 多人参加了本次技能展示活动，现场非常热闹；在众多期待的目光中，长者们顺利地完成了表演，再加上一些嘉宾的精彩表演，特地赶来观看的周边村村民都不由发出声声赞叹，在赢得掌声的同时，长者们也赢得了自尊和自信。

许多康复者通过此次活动提高了自信心，看到有这么多社会各界人士的到来都感到很开心，他们说从来没有那么多人进来过。就连平时不愿参加社区活动的张叔也坐在了外围，在活动最后他还拿来了自己画的画给所有人欣赏，并且送了很多画给志愿者和周边村民。当人们拿着选好的画让张叔签名时，他表现得非常开心和自信。值得一提的是，参加表演的长者认为这次的演出是一辈子的难忘记忆，不断感谢社工、感谢志愿者、感谢，流露出无限自豪和幸福的感觉。

此次活动过后，有康复者到周边村买东西，村民在远处见到他们就主动打招呼，还让他们再表演一曲，康复者向我们说起这件事的时候非常高兴和自信。可见该活动有效促进了康复者与周边村村民的交往。活动过去很久，许多康复者还纷纷讨论此事，讨论当天到来的人有多少，讨论这件事对康复村的影响有多大等，看得出康复者都很开心，很满意这次社区活动。

5.2.3　"50周年庆"社区活动（2009年）

1. 背景

通过一系列的社工活动，康复村与外界的联系加强了，志愿者、支持单位越来越多。社工留意到 X 麻风村的管理经历了从休养员自治到医院管理的变化。至 2009 年，X 麻风村走过了 50 年的历程，为了集结社会各界朋友回顾 X 麻风村 50 年逐步发展的点点滴滴，创造一个与周边康复者聚首的机会，给社会各界人士全方位展示康复者的生活面貌，进一步消除麻风歧视，创建和谐社会，2009 年 8～10 月，社工策划了一场主题为"关爱·支持·分享·提高"的庆典活动，该活动旨在向社会宣扬关爱麻风病康复者的精神，让人们用平等的姿态支持康复者的生活，分享康复者的成长经历，从而提高他们的社区认同感，塑造其主人翁的精神。

2. 活动概要

确定策划活动之初，社工就意识到这更需要康复者的参与，是塑造他们社区意识的大好机会。于是整个策划活动更多的听取康复者的建议，通过多次访谈了解他们的想法如想办一次怎样的庆典活动，邀请哪些嘉宾等。通过这种方式，把更多的主动权交给康复者。同时，社工也组织康复者与医院工作人员一同沟通，做好各方工作的分工，确定最终活动方案。

确定活动后，社工组织康复者进行节目练习，基于上一次的"表演"经历，康复者对这次登台演出表示又激动又担心。社工组织志愿者与康复者一同练习，进行多次演练，提高其自信心。本次活动节目的安排，不仅为了展示该村康复者的才能，提高其主人翁意识，同时为了把周边其他康复村的康复者、医院工作人员、高校志愿者的活动一同邀请上台展示一个平等与支持的景象。

从表 5-5 中不难看出，对比 2008 年的活动，整个活动不仅有康复者们的文艺汇演，也有医院工作人员及高校志愿者历届社工的演出，规模更宏伟，场面更热烈。而该村康复者不仅是表演者，也是观众，更是迎接与招待的主人。

表 5-5　50 周年庆典活动节目表

节目	时间	表演者	备注
N 高校社工系主任发言	3 分钟		
香港医疗总动员会何义工发言	3 分钟		
1.连唱《歌唱祖国》《中国人》《走进新时代》 2.《娱乐升平》扬琴、二胡合奏 3.独唱《平湖秋月》 4.《军中绿花》	10 分钟	外村康复者团队	
太极刀、双节棍	5 分钟	志愿者	自备音乐
1.《朋友》 2.《万水千山总是情》	8 分钟	本村康复者表演	歌词
手语《感恩的心》	5 分钟	本医院全体工作人员	
葫芦丝乐器演奏 《有一个美丽的地方》 《月光下的凤尾竹》	5 分钟	志愿者	
有奖问答环节	10 分钟	全体参与者	
1.《海印月下桥》	6 分钟	外村康复者	
2.《分飞燕》	4 分钟	本村康复者	清唱，歌词
3.《相聚乐悠悠》			
4.《南泥湾》	5 分钟	村长＋大学生	
1.表演蜡笔小新舞蹈 2.唱歌《红日》	8 分钟	历届驻村社工	自备音乐
舞蹈《Nobody》 独唱《茉莉花》	8 分钟	志愿者	自备音乐
大合唱《友谊之光》	5 分钟	全体参与者	

3. 成效

　　50 周年庆典活动突破了以往的表演形式，搭建了一个同唱同乐的舞台，这次活动是出席人数最多的一次：包括政府机构 40 余人，兄弟院（村）领导及康复者 80 余人，志愿者和其他嘉宾 40 余人，加上该村康复者及医院工作人员 55 人，以及当天周边村民、历年驻村社工等，总人数约达 250 人。

　　活动的策划和执行过程，大大提高和强化了康复者的社区归属感和主人翁意识。在活动策划之初，康复者争相向社工出谋献策，建议活动该如何开展，包括舞台的搭建、社区的布置、邀请的团体等方面。活动前，康复者自发组织一场社区清洁，清洗了社区的每个角落。社工同时观察到，康复者平日的讨论话题更丰富，闲聊之余也互相提醒当天的着装行为，安排好一些年长、不方便出门的康复者的饮食起居。活动当天，散步班的康复者一早到渡口迎接兄弟院村的康复者，俨然以主人的姿态表示欢迎。其他康复者招呼当天到场的领导嘉宾和志愿者团体等，当天的活动就是一场盛大的聚会。

　　为了让社会各界人士全方位地了解该社区，社工从康复者、历届驻村人员、医院工作员、志愿者等手中收集了社区建设的照片，并做了三块分别关于"历史

与现在""生活点滴""志愿者风采"的画板。活动结束后，康复者送走了每位
到场的嘉宾朋友，主动清洁社区的垃圾，并把三块画板重新钉在醒目的位置。康
复者觉得这是他们的标志，也是让今后再到社区的志愿者更直接了解他们的重要
渠道。半年多之后，社工再入村时，康复者谈起庆典活动时还眉飞色舞，说起当
天活动的场景，指着画板一一介绍每一张画的来源。

本次活动也促进了院村之间的交流，增进了不同团体的感情。节目的安排增
加了周边康复村康复者的才艺表演、志愿者的表演、医院工作人员的表演等节目，
这不仅仅为了使节目更加丰富多彩，更重要的是想让康复者体验到自己跟其他人
是一样的。各兄弟院（村）、社会各团体聚集一堂，进行情感交流之余，可以了
解不同地域的生活情况及院（村）环境，增加讨论话题，提高社会认知，提高社
会各界对麻风病康复者的关注度。

5.2.4　社区意识营造的行动逻辑

随着各种社区活动的开展，特别是上述三次大型社区活动的开展，康复者的
社区意识大大强化。康复者慢慢把社会区当成自己的家，将其他康复者当成自己
的家人，相互帮助、彼此关爱，顾全大局，为社区发展献计献策。

笔者以几个康复者的典型成长故事来说明康复者社区意识的强化。

珠姨的成长故事：从冷漠到热情

社工刚进驻 X 麻风村时，珠姨缺乏对社区的关心，对社区没什么归
属感，与社工的接触不多，对社工的工作支持不足，平时空闲时间就打
麻将、打牌，与社工交流甚少，很多事情都是由其丈夫与社工沟通。后
来社工加大了对她的关注和关怀，在社区卫生知识讲座当中，社工邀请
她进行情景表演，给她提供了一个展示自我的平台，在"齐忆传统，共
度端午"活动中，她在有奖问答中积极发言，社工给予了极大地肯定和
表扬，在"自尊、自强、互融、共进"技能展示中，社工邀请她表演普
通话诗歌朗诵和唱歌，自信心得到很大提高。她的改变非常明显，性格
开朗了，主动帮助他人，并懂得感恩，在"同心同德建社区，关怀尽展
互守望"活动中，她第一个主动向曾经帮助了她的人表示感谢，空闲时
间会主动与社工交谈，聊一些家常，大力支持和配合社工工作，当义工
进村开展活动时，非常积极主动、全心投入，成为了村里的明星人物。

（资料来源：2008 年于社工的工作报告）

苏伯的成长故事：从不说话到喜欢聊天

社工刚驻村时，他对社区事务不关注，不愿参与社区活动，生活圈
子基本限于宿舍范围之内。后来，社工经常关心他，与他聊天，帮助他
解决孩子入户问题，他对社工很感激，为了社工开始参与社区活动，他

说：“社工每次搞活动都会上门通知，我觉得受到社工的重视，所以都很愿意去参加活动，看一下他们有什么需要帮忙的，我就尽量去帮，有时候帮他们摆摆凳子等。社工为了搞 13 日的长者技能展示，尽心和我们一起练习唱歌，我很感动，所以我答应表演唱歌。这次的唱歌，如果是别人叫我的话，我绝对不会唱。这次是我的人生中第二次唱歌，在这次的活动中我变得大胆了，能够有胆量在别人面前表演。”后来，参与社区活动便成为了他的一种习惯和乐趣，用他的话说“原来跟别人聊天也可以有很多乐趣，我的生活变得充实了”。

（资料来源：2008 年徐社工的工作报告）

牛伯的成长故事：独自拉二胡到分享二胡才艺

社工驻村前，他对志愿者热情不高，对参与社区活动积极性不强，对社区事务不关心，不积极；他对自身拉二胡没有多大信心，没有得到大家的肯定，也没有展现的平台。后来，社工经常找他聊天，鼓励他，肯定他，向他请教拉二胡的知识，并请他展示才艺，慢慢地，他变开朗了，热情了，自信了，愿意参与社区活动并展示自己的二胡才艺。他说：“刚开始的时候，大家并不熟悉，后来社工经常来宿舍聊天，生活变得丰富了，如果社工不来，我们就会很早睡，很无聊，也会觉得孤独。社工让我拉二胡，教我们唱歌，鼓励我们，不断排练，我们还去表演了，全体康复者一起唱歌，真的很难得。社工让我们大家一起搞大清洁，自己清洁自己住的社区，都是为了我们自己。社工还推动成立了和工组，为了社区和谐，我们要学会自己解决问题。”

（资料来源：2008 年刘社工的工作报告）

社区意识的强化不是一个可以短期见效的行动，而是一个潜移默化逐渐形成的过程，通过 H 机构这几年的社区活动设计，社区意识的提升是很明显的，根据这几年 H 机构的社会工作行动研究，笔者总结出社区意识的强化的行动逻辑，见图 5-2。

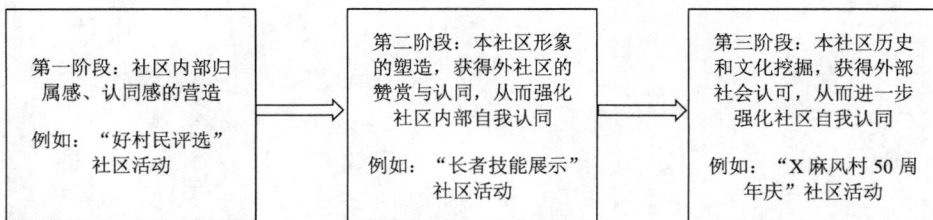

图 5-2　社区意识的强化逻辑

5.3　社区生活再造

社区生活再造，就是通过一系列的小组活动、社区活动等，让社区生活变得丰富多彩、有情趣、有意义。

5.3.1　挖掘和拓展社区资源

X 麻风村是一个单调、封闭、缺乏社区资源的社区，要创造一个更有生活情趣的社区，需要挖掘和拓展社区资源，社工在 2007～2010 年每次的驻村服务中，都很重视社区信息园地的创建和更新。

信息园地，就是在社区公共空间的墙壁上建立一个公共宣传栏，通过定期更新信息，增加对外界社会的了解，并宣传一些老人日常疾病的护理和预防的知识，倡导一种健康的生活方式。信息园地的内容不仅包括节日介绍、健康养生知识，还包括社区活动的回顾及活动预告等。在该社区中，驻村社工平均两周更新信息园地的内容，力图每期给康复者带来新的信息资源。另外，信息园地可以向康复者传递信息，活跃长者的思维，增进康复者之间的交流。后期，康复者开始向社工提出自己的想法，如想了解哪方面的信息、希望信息园地的内容如何设置等。可见，信息园地促使康复者产生了一种自主学习的动力。图 5-3 是 2007 年社工设计的信息园地。

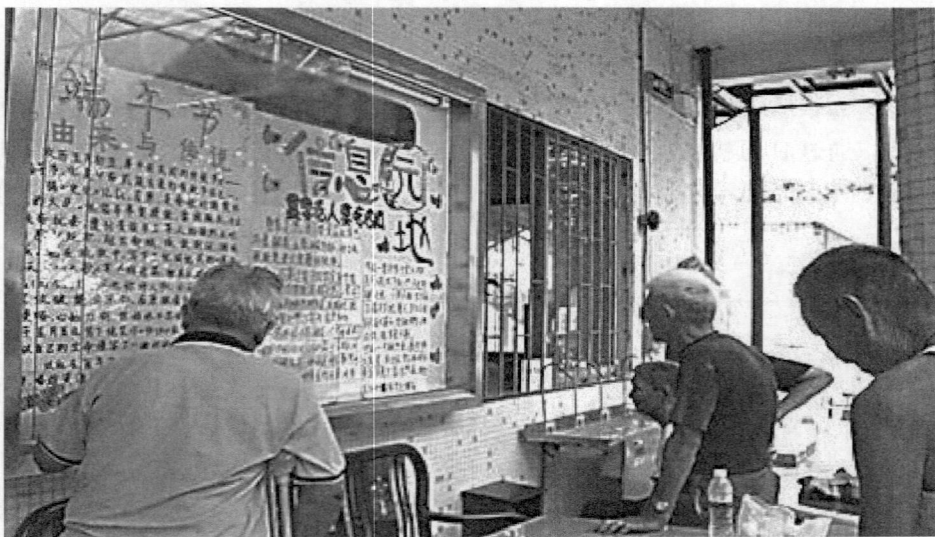

图 5-3　信息园地
2007 年社工制作并摄影

5.3.2 丰富社区文化生活

为了丰富康复者的社区文化生活，提高休闲生活质量，开阔眼界、提高综合素养，社工培育和发展了各种类型的趣味性、教育性和发展性小组和社区活动。以下是一些有代表性的小组和活动。

散步小组：社工了解到一些康复者们每天都有散步的习惯，但是由于作息时间有差异，康复者们散步的时间是很分散的，彼此间缺乏沟通。社工根据调查研究及与康复者们沟通，决定将散步的长者聚集在一起散步。有些康复者起来很早，他们就会在散步的出发点坐着聊天等社工及一些较迟的康复者一起散步。散步班达成了这样的目的：第一，让更多的康复者参与散步，锻炼身体；第二，创造康复者之间交流的机会；第三，丰富康复者日常生活；第四，改善康复者之间的沟通方式。

唱歌小组：首先驻村社工动员一些对唱歌有兴趣的长者一起学习唱歌，开始由社工带领长者学习一些歌词有意义、鼓舞人心、朗朗上口的歌曲。然后，社工引导大家讨论唱歌的意义，长者普遍认为唱歌可以陶冶情操、令人愉悦，认为唱好几首歌曲，可以在社会人士来到 X 麻风村开展活动的时候进行表演，作为一种回馈是非常有意义的。后来，组员唱歌的热情越来越高，社工就培养了小组领袖，让他们自主组织，形成了一个业余社团，定期定点举行唱歌练习和娱乐活动，有兴趣的长者都可以参加。

语言学习小组：语言学习小组属于成长型小组，长者在学习新知识时，往往伴随着分享问题和感情，获得某种程度上的自我了解，从而促进长者的成长和发展，提高长者的自我认同感。语言学习班以学习普通话和英语为主，双语结合大大地激发了长者的学习兴趣。驻村社工发挥了推动和支持的作用，新旧知识相结合是每期学习的内容，既可以巩固学到的知识，又富有新鲜感。学习的内容包括 20 个中英文日常生活用语、数字 1 到 10、26 个英文字母、常见动物的中英文名称等。

象棋小组：象棋是人类智慧的象征，广泛流传于广大群众之中，它不仅是一种比赛项目，也是促进人们交往、增进友谊的桥梁。以棋会友，谈笑风生，已经成为象棋文化的重要组成部分。鉴于康复者中有几位长者是象棋高手，还有几位很喜欢观棋，社工发起了象棋小组。主要通过讨论象棋文化、提高象棋技能、增进象棋趣味等方式开展活动，开始由社工主导，后来发展为自助小组，康复者随时随地可以进行象棋对弈，讨论象棋文化。

摄影小组：摄影，记载生活，记载感情，也记载着历史。多少年来，麻风病康复者们在被社会遗忘的地方默默地生活。他们的悲与喜、泪水与笑声只能独自品味。通过摄影让社会加深对康复者的认识和了解，以摄影作为沟通的桥梁，分享他们的生活，铭记他们的历史。H 机构长者综合服务项目是以促进长者心理康复、建立自信，实现心理安宁与自我肯定为宗旨和目标的，成立了由康复者组成的"人生·故事"摄影小组，以康复者自己的视角来展示他们的人生故事，以摄影来记载他们的生活，倾诉他们的世界，谱写他们的历史。

读报小组：社区内每天都会有几种报纸杂志，驻村社工通过早期成立读报小组，为期望了解社会新闻的长者朗读报纸内容；另外，社区内还有一部分康复者曾接受过一定程度的教育，可以自主读报说报。因此，驻村社工鼓励康复者养成自主读报说报的习惯，将看到的一些有趣的信息和其他人分享，增进了彼此间的感情。这些活动的开展丰富康复者精神生活，为康复者的交流、沟通搭建了平台，增进彼此的感情，从而营造和谐的社区氛围。

举办生日会：由于不少康复者没有了亲人，或者亲人之间很少来往，社工决定为康复者们办生日会，让康复者们同乐，创造家的温暖。但经费与时间有限，又考虑到人数，社工与康复者协商每年举办 2 次生日会，第一次生日会为 1～6 月出生的康复者举办，第二次生日会为 7～12 月出生的康复者举办。为了让长者们感受到更多的关怀，社工还招募适量的志愿者一起进村，为长者庆祝生日，通过祝福、吃蛋糕、穿插小活动小游戏，使康复者们感受到了真挚的关怀，也使全体康复者能够同乐。

开展四川救灾研讨会：2008 年四川地震后，社工就组织康复者们开展了一场"四川救灾研讨会"，培养康复者们的爱国主义精神，形成群体意识，培养集体精神，研讨会由四川地震的基本情况、对四川赈灾的感想、对捐款行为的想法、总结 4 部分构成。四川救灾研讨会的开展主要是响应当时四川救灾的现实状况而开展的。康复者们对四川地震一事相当关注和重视，康复者们纷纷表达了自己对国难的哀悼和对国家的感恩，研讨会充分表达了康复者们对国难的沉痛之情，肯定并激发了他们的爱国主义、集体主义精神。

组织"共度端午，齐忆传统"活动：社工在端午节这天与康复者一起组织包饺子（医院会派发粽子），让长者成为包饺子的主角展示长者们的手巧，充分调动了长者的积极性，包饺子的过程中大家都很愉快。除了以饺子庆端午，社工还开展了以文化、游戏为主的活动，通过文化介绍、游戏、祝福来与长者们一起过端午，丰富了长者的生活，也给长者带来了无限的欢乐，让他们感受到家的温暖。

"同心同德建社区，关怀尽展互守望"社区活动：该活动通过分析问题、讲解、情节表演、游戏、倡议书等，使康复者们学习社区互助和包容的重要性，使康复者们从心里产生共鸣。

在这个过程中社工非常注重社区居民的动员、组织、参与和能力提升，下面以"散步班"为例，讨论社工在其中的角色和行动策略。

散步班组织过程

活动名称：晨运散步班

活动时间：5 月 20 日至 7 月 17 日

活动地点：河堤

出席人数：开放性

活动准备：

1. 长者散步习惯初步调查。调查长者散步的人数、时间、地点等。该社区部分长者在 6：00 就会开始散步，但有些长者会在 6：30 才开始散步，人员较为分散，有一定的交流沟通，但不多。

2. 制定目标与计划。目标分别为：①鼓励带动长者锻炼身体，改变其长期只坐的模式；②增加长者间的交流沟通；③改变长者间的沟通模式。计划是每天 6：30～7：30 为散步时间，每天坚持，穿插目标。

3. 商定散步事宜。根据工作的目标与长者散步实际情况，为了让大部分长者们能够集中起来一起散步，达到更多沟通交流的目的，经过社工与长者们的协商，共同商定以后的散步从 6：30 开始，到 7：30 左右结束。

4. 社工初步分工。前、中、后三个位置分散。因为长者身体状况不同，长者散步的速度也不一。这就需要社工的分工细致。有一位社工负责步行较快的长者；一位社工负责中间阶段的长者；一位社工负责落在最后的长者。三位社工的共同工作是与长者们边走边聊天，并引导、鼓励同行的长者间互相交流。第三位社工与落后的长者慢慢走，劝说不要赶，慢慢走，不要急。

活动过程及评估：

1. 每天情况：①晨运班是每天都要坚持活动，长者能够坚持每天 6：30 准时出发；②社工能够分工到位，兼顾每一位长者，照顾落后长者；③引导长者间的交流，使长者们又讲又笑；④不足：社工出现 3 次迟到情况，2 次没能坚持与长者散步，又没有及时通知长者，使有些长者失望。

2. 溃疡长者：在散步班开展不久后，经提醒，发现原来有个别每天跟着去散步的长者脚上有溃疡，并不适合经常散步。经聊天劝说，长者减少散步的次数。

3. 散步班改良失败：社工为使长者之间的沟通交流更深入，尝试改良散步班：在渡头，大家坐着休息时，设计提出一个话题，让大家讨论，尝试更多的交流与改变沟通交流模式，但试验两天，宣告失败。原因：
①由于长者间本身存在矛盾，很难通过鼓励的方式使长者间交流；②有
个别长者太善于发表个人观点且常拉离话题，难以控制；③观察到长者
间的话题较简单，灵活，轻松，长者间虽不是全部长者都能发言，但大
部分都可以简单交流；④社工对交流沟通需求评估不足，也有些迷茫，
所以并没有坚持改良方案及其他方案。

4. 轮椅长者：①社工在活动过程中，发现了几位坐轮椅的长者
也非常渴望参与，但行动不便又羞于表达，社工主动提出推着长者
散步，使两位长期坐轮椅的长者也加入到散步行列；②不足：因为
不可能每天都推着长者散步，社工常常忽略了轮椅长者的散步需求，
处理不细致。

5. 时间问题：在服务后期，天气开始变热，早上 7：30 结束散步，
阳光较为猛烈。部分长者提出时间改早些。但社工考虑到服务期快结束，
且少部分长者依然是迟起床，为顾全大局，经与长者们商量，决定还是
从 6：30 开始散步。

结果评估：

优点：

1. 基本能够坚持 2 个月的散步。

2. 使长者们坚持散步，锻炼身体。

3. 能够兼顾到每一位长者，能使长者们都开心散步。

4. 促进了长者间的沟通交流。

不足：

1. 目标定得太高：如改变长者的沟通模式，对于长者来说是很难达
到的；社工带着目的性去引导长者交流，其实并不是长者们需要的，使
原本轻松的散步变得太正式。

2. 社工的迟到与缺席。

5.3.3　推动社区参与

有了社区意识和互助精神，就需要把这种意识和精神转化为行动，社工组织
了一系列共同建设社区家园的集体行动——爱家行动，提升康复者们的社区参与
能力。爱家行动是一个系列活动，包括了卫生知识座谈会、社区大清洁、宿舍卫
生检查三大内容。

爱家行动之卫生知识座谈会包括：社工与康复者表演及社工对情景表演内容
的反馈和提问；社工与康复者共同讨论公共卫生的解决方案（如每层楼的公共浴
室和厕所的清洁问题）；社工教授卫生知识；制定社区环境卫生公约；康复者提

问；社工针对座谈会内容进行有奖问答等。

社工与康复者共同制定的 X 麻风村环境卫生公约。

X 麻风村环境卫生公约

为深化社区改革，创建清洁优美的社区环境，体现 X 社区村民的精神风貌，特制定本公约，大家要共同遵守，自觉执行。

1. 不要在公共场所随地吐痰；
2. 吃饭时不要将菜汁、骨头等丢在地上，应统一倒进指定的剩饭桶里；
3. 不要随意丢弃垃圾，垃圾要袋装，定时定点倾倒垃圾；
4. 要尊重社区环卫工作人员的劳动成果，对他们的工作给予支持、配合；
5. 要保持个人居住地方的清洁；
6. 要自觉搞好厕所清洁；
7. 饭后要自觉用抹布清理干净桌面；
8. 要对有损社区环境卫生的行为进行制止，对社区环境卫生工作的质量进行监督。

社区就是我的家，环境卫生靠大家，请大家自觉遵守好以上社区环境卫生公约！

爱家行动之社区大清洁内容包括：社区清洁（大家一起动手清理社区的青苔及污垢）；张贴卫生标语（如不要随地吐痰、不要随地扔垃圾等）。

爱家行动之宿舍卫生检查：主要是宿舍和个人清洁（宿舍卫生清洁），将检查宿舍照相制作成相册展示，表扬宿舍卫生好的宿舍。

在爱家行动整个活动中，康复者们充分支持与配合，取得了不错的成效。康复者们积极参与到情景表演与社区大清洁，每一位行动方便的手脚灵活的康复者都参与了清洁活动，充分显示了社区主人翁的精神。通过爱家行动，长者更加注意个人卫生，关注社区清洁，关心社区卫生建设。

5.4　社区自治组织建设

和谐工作小组（简称和工组）是在社工的推动下创建的社区自治组织，该组织经历了创建和发展阶段，在社区自我管理、自我服务中发挥了很大功能，其组织建设经验值得总结推广。但该组织只运行了一年半的时间，最终解散，其中的问题与教训也值得反思。

5.4.1 和工组的起源与培育（2007年）

1. 和工组的起源

为了营造"自强、团结、互助、和谐"的社区文化氛围，提高康复者自我认识水平，促进康复者互帮互助，增强康复者的社区参与能力，2007 年 6 月，社工萌生了开展社区"好村民"评选活动的想法。然后，社工开始进行社区调研，了解社区康复者的意愿和建议，该想法得到了很多康复者的响应。在正式策划这次大型社区活动的过程中，社工希望发挥社区领袖的功能和作用，也希望所有的康复者都能参与进来，于是让全体村民投票选举出了社区中最有威望的 5 位康复者，协助社工并带领其他康复者参与这次活动。

随着"好村民"评选活动方案策划的不断修订和完善，康复者的参与热情也得到了激发，越来越多的康复者关心此事，大家对评选的客观性、公正性的要求也越来越高。后来社工与社区领袖商量后决定把"好村民"评选活动作为一个长期可持续发展的社区活动，希望该活动能成为社区发展的动力，这样就有必要成立一个常设的社区自治组织。为此，在社工的推动下，2007 年 7 月 22 日正式成立了社区自治组织——和谐工作小组，组织目标：第一，使康复者由被动参与社区活动转向主动承担社区公共事务，培育社区领袖；第二，收集群众意见，解决社区问题，促进社区和谐；第三，对社区工作人员起监督作用。

2. 和工组的培育

为了提高和工组成员的工作能力，社工从 7 月 22 日开始执行以和工组 5 名组员和村长一共 6 人为成员的小组工作，总共执行了三次，小组工作计划书详见表5-6。这三次小组工作的目标分别为：促使组员了解和工组在社区内的职责和影响，并清楚组员自己在团队中的职责和位置；鼓励组员对小组产生信任感，理解不同组员的不同思维方式；组员分享"好村民"总结表彰大会上的感受，引导他们对和工组的工作进行评价，进而提升他们的执行能力。

表 5-6　和工组小组计划书

和工组小组计划		
小组成员基本资料		
人员		性别比
目标		
1. 促使成员了解到和工组在社区内的职责和影响、自己在团队中的职责和位置； 2. 展现给他们一种与其已有观念不同的思考方法、角度，如果能够让他们接受新的思考方法更好； 3. 让成员明确团队的力量是比个人的力量强大可靠，他们并不需要事事都依赖社工，只要他们团结起来就能够解决问题		

续表

小组性质及形式	成长小组			
	工作人员角色与社工任务			
辅导者				
	初拟集会日期、时间、地点和期数			
	准备阶段：2007 年 7 月 18 日至 2007 年 7 月 21 日（筹备） 第一次小组聚会：2007 年 7 月 22 日 8：00～9：30 第二次小组聚会：2007 年 7 月 31 日 14：30～16：40 第三次小组聚会：2007 年 8 月 3 日 15：00～16：10			
活动主题及期数	第一次小组聚会（2007 年 7 月 22 日）			
活动目标	1. 促使成员了解和工组在社区内的职责和影响； 2. 成员了解自己在团队中的职责和位置			
活动地点	饭堂二楼娱乐室			
活动参加组员	班、袁、冯、章、吴、村长			
活动安排	时间	内容	目的	备注
	8：00～8：30	讨论和工组存在意义	促使成员了解和工组在社区内的职责和影响	
	8：30～9：00	讨论自己的作用、位置/定位	促使成员了解自己在团队中的职责和位置	
	9：00～9：30	总结	加深印象	
所需准备物资	无			
预期困难及其应对措施	1.成员容易转移话题……社工要加以引导 2.成员不敢发言……社工要注意引导沉默的人发言，并重复他们的话表示已经接收到了，鼓励他们继续发言			
活动主题及期数	第二次小组聚会（2007 年 7 月 31 日）			
活动目标	1.鼓励成员对团队产生信任并重视 2.展现给他们一种与其已有观念不同的思考方法、角度			
活动地点	饭堂二楼娱乐室			
活动参加组员	班、袁、冯、章、吴、村长			
活动安排	时间	内容	目的	备注
	14：30～15：15	和工组观察村民后的行动	检查行为目标、团体意识、思想方式	
	15：15～16：30	探讨团体、团队领导的相关话题	建立团队意识，共同建设团队领导	
	16：30～16：40	总结		
所需准备物资	无			
预期困难及其应对措施	1.成员容易转移话题……社工要加以引导 2.成员对社工的话接受速度较慢……不断重复或者简单化，与生活例子联系起来			
活动主题及期数	第三次小组聚会（2007 年 8 月 3 日）			
活动目标	1.成员分享总结表彰大会上感受； 2.引导成员对于团队工作的感受进行评价			

活动地点	饭堂二楼娱乐室			
活动参加组员	班、袁、冯、章、吴、村长			
活动安排	时间	内容	目的	备注
	15：00～15：30	分享总结表彰大会上的感受	回顾，分析自己的所作所为及其意义	
	15：30～16：00	成员就团体力量及个人力量进行讨论	引导成员以后更好地参与团队工作，并强化团体意识	
	16：00～16：10	总结		
所需准备物资	无			
预期困难及其应对措施	1.成员容易远离主要话题……社工要时刻注意着引导成员； 2.成员对事情的想法比较单一……社工要注意在旁边多提示，引导该成员往主要方向发表感受			

3. 和工组的成绩与危机

"好村民"评选活动历时一个月，从 2007 年 7 月 3 日开始至 8 月 4 日结束，和工组在活动中发挥了很大的功能和作用，也在康复者中进一步产生和树立了他们的影响力和威信。经过三期的小组工作，小组成员对于和工组在社区的位置和影响有了更深的认识，同时也明确了组织的分工和自己的工作责任，这在协助社工筹备访村活动时有所体现。另外，经过在小组活动过程中的心声表述，各个成员之间形成了一定的默契，对事情的看法和评价也慢慢趋于一致，对于成员内部不同的声音也会一起讨论分析后再做决定，慢慢形成了"先讨论分析再下定论"的工作方式。其中，有一位成员的改变尤为明显，由之前吊儿郎当、对组织抱消极看法的态度慢慢转变成积极参与讨论和工作，肯承担责任，开始看好和工组的持久性。

8 月 31 日，"前线社工"实习期结束了，他们需要返回学校，只能在周末来康复村探访一下，组织一下康乐活动。和工组成员的集体精神和工作能力开始下降，团队出现了分歧和冲突，由于没有社工的及时协调，他们无法独立开展工作，刚刚被社区认可的和工组开始遇到信任和能力危机。"好村民"评选活动在开展过第一次后就停止了，和工组的功能越来越弱了。

5.4.2　和工组的重组与发展（2008年）

1. 和工组的重组

2008 年 5 月 10 日，在中断了 8 个月的前线服务后，新一轮的三位女社工来了，还是 N 高校社工系的大三实习生，给沉寂的麻风村又带来了希望和活力，康复者非常开心。三位社工在查阅和分析了上一年的服务后，认为"好村民"评选活动与和工组组织建设很有意义，也有必要继续。但是，上一年和工组的灵魂人物——班伯于 2007 年 12 月去世了，成员需要重新改选。

　　社工通过社区调查、观察及访谈，从社区中选出 5 位有一定群众基础、组织协调能力较好的康复者，社工分别与他们进行了深度沟通，肯定了他们的能力，接着通过选举来确定他们的职务，然后与村长一起组成社区自治小组，并定期开会讨论社区公共事务，社工与他们一起制定和工组的职责及运作模式，最后通过全村村民大会讨论通过和工组的职能和制度，使全体康复者都得到尊重，意愿得到体现，同时通过民主、正式的方式使小组获得认可。下面是经过全体村民大会讨论通过的和工组制度。

和工组制度

　　一、和工组成立的目的

1. 促进社区和谐，使村民融洽相处

2. 营造卫生社区

3. 监督与反映社区公共事务问题，如饭堂、医疗室、医院等

　　二、和工组成员评选标准

1. 有一定的自理能力

2. 有帮助他人的能力

3. 有较强处理社区问题的能力

4. 有较强的交际能力

5. 具有带动群众的能力

6. 有高度责任感

7. 切实为群众利益着想

8. 乐于助人

　　三、评选制度

1. 通过大会进行无记名投票

2. 最多投五票，超过五票为无效

3. 由社工现场统计票数，并公布投票结果

4. 和工组组长与副组长在五名被选成员当中投票选举

5. 由院方和群众监督

　　四、换届制度

1. 一年进行一次换届选举

2. 通过评选可以连任

3. 连任不得超过三年

　　五、和工组架构

1. 村长为和工组总负责人

2. 和工组由五名成员组成，内设一名组长、一名副组长

六、问题反应机制

村民首先向和工组反映社区问题，然后和工组内部讨论，最后由村长与和工组代表一起向院方反映。

七、和工组工作职责

（一）和工组内成员的职责

1. 和工组内表决遵循少数服从多数原则，遵守大会决定，执行和工组工作

2. 以身作则，严格要求自己，遵守"三公"：公平、公正、公开原则

3. 切实为群众利益着想，通过合理方式方法为群众谋利益

4. 增强权益意识，提高领导艺术和行政能力

5. 定期召开组内会议，做好小组成员间的学习与交流，协力共同增强团队合作意识

6. 定时召开村民会议，深入了解并讨论解决群众所关注的事务，及时公布相关信息

7. 按规定执行各项任务并接受院方与群众监督

8. 在村民大会召开之前，和工组内部进行工作总结分享

9. 做好和工组当期的总结汇报与换届选举工作

（二）和工组对村民的职责

1. 以合理的方式解决村民之间的矛盾或纷争

2. 解决社区群众所关注的纷争较大的事务，并与村民共同讨论解决方法

3. 一个月举行一次村民大会，向村民汇报和工组工作情况

4. 对事不对人，遵守公平、公正、公开的处事原则

5. 带动群众积极参与社区活动

6. 监督与维护社区的公共卫生事务

7. 表决时遵循少数服从多数的原则

8. 社区管理中，和工组成员要以身作则，发挥模范带头作用

八、和谐工作组及院方领导主要工作内容

1. 做好村内日常基本管理工作

2. 膳食监督：反映村民膳食问题，如菜色搭配、款式搭配

3. 监督维护社区卫生问题

4. 解决村民纠纷

5. 动员并带动长者参与社区活动

6. 定期召开小组会议

　　7. 每月定期召开村民大会，报告工作

2. 和工组的发展

　　经过讨论协商和工组的初步运作方式为：首先，村民将社区问题向和工组反映，然后，和工组内部讨论，有些社区问题就直接由和工组处理和解决，有些重大社区问题由和工组向院方反映，建议院方作出改善。

　　社工采用小组工作方法协助该自治组织充分发挥自己的协调能力，使其积极主动地承担管理责任、甄别社区问题、自行解决社区问题，促进社区发展。社工在小组中发挥了引导者的角色，通过平台搭建，使组员被赋权，发挥自我管理的作用。

　　2008 年 5～8 月，和工组重组后共召开过 4 次小组会议（表 5-7），解决了群众反映的很多问题，如饭堂伙食问题、护工事件、黄皮事件等。群众的意见得到了高度重视，意愿表达渠道更畅通，群众关心的问题得以有效解决，提升了社区和谐程度，发展了社区自我管理、自我服务的能力。

表 5-7　和工组小组会议节选

和工组第 3 次小组会议		
目标	1. 解决黄皮事件 2. 重视和工组以身作则的作用，使和工组内更加团结，以身作则才可更服众 3. 解决社区其他事情，使社区更加和谐	
内容	1. 重新强调组内原则 2. 黄皮事件的处理办法 3. 外来人员搭食程序	
内容	4. 和工组人员以身作则问题 5. 金叔与满叔的问题	
时间	8：00～9：00	
参与人员	村长、田、景、化、恒、钱	
工作人员	徐社工、刘社工、于社工	
预期困难	长者对人不对事	
	过程 （S——社二）	社工介入手法
一、重申组内原则	S：有没有人记得我们的组内原则呢？	
	景：什么秘密的，保密……	
	化：轮流发言。	
	田：别人讲话的时候，你就要等别人先讲，唔好（注：最好不要）抢着讲。	
	S：还有没有人记得的？好，那我们再来重申一下我们的组内原则……	
二、黄皮事件	S：好，关于涛姨摘黄皮的事大家都应该知道了吧？在 27 号 11：35 涛姨摘黄皮，是在戴医生再次宣布之前摘的，那么，有人就说要惩罚涛姨这种行为，那么大家觉得这件事该怎么解决呢？	
	景：他们自己摘了就不要说是别人偷了才行啊！	
	S：这个不是涛姨说的，是锡叔说的……	（澄清）

	村长：啊，阿锡有点在包庇他啦，怕他自己的事被抖出来啊！	
	景：这就是官官相护啦。	
	S：也许锡叔真的包庇他们，那么大家觉得要怎样处理？	
	化：她是在戴医生开会之前摘的，那就不能罚。	
	村长：对啦，要这样分析才对，对事不对人。	
	化：如果她是在开完会后摘就要罚。	
	村长：开完会再摘就是明知故犯。	
	化：会前会后很重要。	
	景：不只这一次讲的啦，以前都讲过很多次啦。	
	田：二月都讲过说土地归公家的啦。	
	S：刚刚旗叔都说啦，土地归公家这样的事已经说过不止一次，但一直都没有一份正规的文件下来，说明那些土地是归公家，犯规了怎么处理，无这样的说明。	
	田：有讲哪些地归公家的啊。	
	景：以前无开大会，和那几个有地的人只是说了而已。	
二、黄皮事件	化：我在这里提个意见，龙船仔，有 300 元未结账啊。我觉得以后有人搭食，如果未结清账，就要介绍人付清。	
	田：嗯，你来搭食无问题，但不要影响到我们。	
	S：嗯，就是可以来搭食，但不要影响了我们的生活，对吧？	
	S：好，这又是一个新问题，关于这个问题，我们等一下再讨论，现在我们回到刚刚的土地问题上来，先说完这个好吧。我们认为要定一个最终的文件，说明一切归公家，定个制度。	
	田：都无晒啦。收完就没了	
	钱：无都要定个制度啊。	
	S：无错啦，今年的收完，那明年还会有果实啊。定一个制度。	
	化：按市场价格，摘了按 3 倍的价钱赔。	
	钱：桃、黄皮、龙眼、芒果每斤 10 元，偷一罚十。	
	化：一次性结果的，不准摘，像葡桃这种就不用，随便摘，杨桃也是。	
	田：奖励一半，举报的奖励一半罚金	
	S：还有没有人有意见？好，那么就是桃、黄皮、龙眼、芒果等归公家摘，摘一按市场的 3 倍价格赔偿，至于葡萄、杨桃的就可以随便摘。	
	恒：没错啦。	
	S：那么，对于涛姨摘黄皮的事大家都认为不惩罚，对吧？还有就是要医院订立一份最终文件说明土地问题。	
三、外来人员搭食问题	S：好，刚刚章叔提到了外来人员搭食问题，章叔说，要是不结账的话，就由介绍人来付，那大家还有什么建议？	
	景：我觉得要先预支，有多的我们推给他就是了。	
	田：对于长期的就要这样。	
	钱：志愿者啊，大学生就不用啦。	
	S：好，那么大家都认为外来人员长期在这里搭食的就要先预付伙食费，要是不预付的，到了结账时不结账的就由介绍人来交纳。	

续表

四、和工组以身作则问题	S：在我们回去的几天，和工组内好象有人吵过架，我们回来后，不少村民都向我们反映，和工组自己都吵架，算什么和工组。其实村民都很关注和工组的一举一动，所以大家以后要以身作则，我明白，和工组的成员乜是平常人，能理解你们有时也会气上头，但是你们做事要三思而后行，吵两句就要收了。	
	村长：如果每个人都能这样就没有架吵啦。	
	S：是啊，一个巴掌拍不响，和工组的，要忍，要以理服人，两个人都大声，吵啊吵，一点意义都没有。所以，我们希望，和工组真的要以身作则，大家都在看着我们。	
五、金叔与满叔的矛盾	恒：我想说一个问题，就是关于阿金与阿满的矛盾，阿金住的是危楼，我认为，叫戴医生与阿满讲。	
	村长：戴医生已同他们谈过啦。	
	钱：我问过阿金，他说脚痛，不能云二楼住，那戴医生就叫他去阿满那儿住。	
	恒：所以啦，戴医生还要同阿满讲啦。	
	村长：他们啊，矛盾纷纷，要不让阳姨搬出去，让金叔搬进阳姨那儿。	
	（大家反对）	
	恒：是阿满的问题，不全怪阿金的事。	
	钱：你们应该对阿满做工作，医院那边也做工作。	
	S：嗯，我们会的，那么大家也尝试去做双方的工作吧，也让医院处理一下。	
总结解决方案	一、黄皮事件 1. 涛姨摘黄皮事件不再追究，原谅涛姨。 2. 订立最终文件：①再次明确土地归公家；②犯规惩罚：桃、黄皮、龙眼、芒果等归公家摘，摘一按市场的 3 倍价格赔偿。至于葡萄、杨桃等，就可以随便摘。 二、外来人员搭食问题 外来人员长期在这里搭食的就要先预付伙食费，要是不预付的，到了结账时不结账的就由介绍人交纳。	
总结解决方案	三、阿金与阿满的矛盾 实习生、和工组、医院三方要做工作	

资料来源：2008 年于社工工作报告，有改动

通过和工组的协调，大家就一些重要的公共事件达成了如下共识。

护工的护理质量和补贴问题：先找主管医生戴医生谈，再请戴医生单独和护工谈，然后和工组代表跟戴医生谈，拿出解决方案；同意每月给护工 150 元补贴，由阿锡保管钱，水伯签字后可以使用。

公共土地和公共果树问题：土地归公家，个人不得私自使用，在公共土地上栽种的一切作物归公家；公共果树（桃、黄皮、龙眼、芒果等）归公家摘，如果私自采摘，按市场价的 3 倍赔偿给公家，鉴于葡萄、杨桃比较多，可以随便采摘。

外来人员搭食问题：外来人员长期在这里搭食的要先预付伙食费，凡是不预付的，到了结账时不结账的就由介绍人交纳。

康复者剪发问题：一个月集中两日为村民进行剪发，先让护工学习剪发，然后由他们帮其他人剪发。

（资料来源：笔者根据社工的工作报告整理而来）

2008 年 8 月，社工对和工组进行了工作小结：①和工组可以在大家较为和谐的讨论中制定出切身可行的解决方案，并予以实施；②和工组成员本身的归属感和解决问题的能力有所提高，个别长者的领导能力也明显增强；③和工组内的沟通交流模式逐渐规范，效率逐渐有所提高；④成员能够听取群众的意见，进而讨论是否需要开和工组会议，这是正确的路径，但是在判断事件和讨论是否需要开和工组会议这方面，组员还有待提高处事和判断的能力；⑤组员意识到了公共利益的重要性，对社区事件越来越关注，并积极发表自己的意见；⑥和工组应该对自己的工作更有信心，对自己工作要给予更多的肯定；⑦和工组在一定程度上有独立组织会议的能力，但仍然比较依赖社工，和工组的自主能力还需加强。

3. 和工组再次出现危机

同样，2008 年 8 月 31 日，这三位"前线社工"实习期也结束了，他们也需要返回学校，只能在周末来康复村探访和组织简单活动。从表 5-7 的内容来看不难发现，和工组完全是在社工的主持下开展工作的，他们还不具备独立工作的能力，只要社工一走他们内部就会有矛盾，更不要说去解决其他人的冲突，他们在社区中的公信力大打折扣，和工组在自行运行半年后难以维持了。

5.4.3　和工组的解散及反思（2009年）

2009 年 5 月，第三批驻村社工来到 X 麻风村后，打算重新组织和工组开会解决社区问题时，几位组员不愿意来了，向其询问原因，他们大都很含糊地说"不需要了，不要搞了"。然后，社工询问其他康复者的看法，很多人也都表示"现在社区发展不需要和工组，有你们就好了"，和工组在社区中存活了一年半后彻底解散了。

笔者带着反思和探究的心理，对社工的工作记录进行了仔细研读，并与几位前线社工进行了研讨。经过综合分析，笔者认为和工组解散的原因有以下几个方面。

1. 社工的支持和培育不够

社区自组织的发育需要经历一个"创建—培育—维系—发展—维系—独立"的过程，其中维系期很重要，可以让组织成员慢慢内化新学习的服务理念、思维方式和工作能力，也是让其他康复者接受、认可新组织的阶段。在这一阶段，社工需要密切关注组织成长中可能出现的种种问题，并向他们给予必要的支持和培育。但是，因为该社区服务具有间断性，每年只有5～8月是直接服务期，其余时间社工大都不在现场，社工对自组织发生的问题不能及时跟进，支持和培育不够，没能让该自治组织发展成可以独立运行的自组织。

2. 公信力不够

作为社区中的自治组织，是为全体康复者服务的，组织的公信力就变得尤为重要。社区中已经有了一个由医院聘请人员组成的"村委会"社区组织，虽然该组织不是由村民选举产生，也不是由康复者组成，但是它是一个正规的"合法"组织，具备一定的公信力。当时，之所以要成立新的自治组织，就是因为"村委会"公信力不够，不能很好代表康复者履行好自我管理、自我服务的职能，希望新的自治组织能够更好地履行这一职能。事实上，新的自治组织在没有社工的支持下，根本没有村民所期待的自治能力，该组织在社区中无法建立公信力。

3. 灵魂人物的流逝

在一个自组织中，由于缺乏"法律合法性"，组织中便需要一个"灵魂人物"，起到凝聚组织的作用，也能树立一定的"组织公信力"，因为这个"灵魂人物"为大家所崇拜、欣赏和喜欢。2007 年，该组织之所以能够较快创建，并在社区发展中发挥一定的作用，是因为当时该组织中存在这样一位灵魂人物——班伯，所有康复者谈起他来，无不表示由衷的赞赏和喜欢，康复者对他的评价主要是"大气、宽容、豁达、有水平、敢承担等"。可惜，2007 年 12 月班伯去世，该组织的灵魂人物流逝了。

4. 康复者整体权利意识提升

随着社工驻村服务的推进，康复者的自我意识、互助能力、知识视野均得到了提升与拓展，他们的权利意识也开始提升。他们认为社区中有了社工、医院和医院安排的"村委会"已经足够了，不再需要一个和工组来"压迫"他们。另外，2007~2009 年社区中又有好几位康复者离世，社区规模在不断缩小。到 2009 年 5 月社工再次进村时，康复者只有 29 人了，大家普遍认为和工组没有存在的意义了，有什么事情大家可以一起协商，和工组成员的能力并不比其他康复者强，何必还要一个不能产生效能的组织来管理大家呢！

5.5　重建逻辑：社工促进康复者之间合理交往

社工通过一系列的小组活动和社区活动，使康复者之间产生合理交往，在交往过程中，他们围绕社区中的一些公共事件和对社区发展的期望进行了沟通、交流和讨论，从而慢慢达成共识，如社区应该是干净的、文明的、互助的、温暖的、民主的、自治的等。刚开始这些观点可能只在少数社区领袖中产生，然后，社工通过社区会议、和工组的建设等方式，让这些好的集体主义观点得到传播和发扬，使越来越多的康复者认同并践行，形成温馨和谐的社区文化。

另外，社工创造机会和平台，让康复者真诚地表达自己的内心感受和对他人的期待，因此，康复者之间产生了信任，开始彼此理解，产生共情和同感，从而产生互帮互助的行为。社工开展一些小组活动，使康复者学习一些新知识、新观点，比如，"世外桃源""我们是一家人"、懂得感恩、祝福传递、民主协商，这些话语都能对康复者的思想和行为产生积极作用，从而使其主动帮助他人，热爱社区，积极参与社区活动，进而营造一个充满生机的社区生活环境。

第 6 章　重建 X 麻风村外部生活世界

由于空间隔离和社会隔离，麻风病康复者与普通公众之间缺乏社会交往，使得麻风病康复群体长期受到社会歧视、社会排斥，社会支持断裂。社工通过社会宣传、教育与倡导，改变人们对麻风知识的错误认知，建立新的知识和观念，并倡导公平的社会文化，让麻风病康复者享受普通公民的社会权利。社工创造条件和机会让康复者走进公众生活，挖掘康复者的才艺，重新塑造麻风病康复者的形象，使得普通大众不再恐惧和排斥麻风病康复者，并树立起麻风病康复者可爱、可敬、可佩的新形象。社工通过一系列的活动，构建康复村之间、康复村与周边村、康复村与志愿者之间的联谊、互助与支持。

6.1　进行消除麻风歧视的宣传教育与倡导

为改变社会对麻风病历史沿袭的印象，呼吁人们正视麻风病康复者的需求并接纳他们，H 机构致力于向社会传递科学的、正确的麻风知识，倡导社会平等理念与精神，从而消除社会歧视，争取社会支持。

6.1.1　通俗形象的正规宣传

1. H 机构网站宣传

H 机构的官方网站上专门设置了"麻风知识"栏目，该栏目的内容会定期更新，根据公众恐惧心理、疑惑等，尽量用通俗易懂、形象生动的方式表达出来，达到直指人心的宣传作用，志愿者可以随时下载用于活动宣传。

第一幅图片主题为"关于麻风的概述"：麻风病是人类所知道的最古老的疾病之一，曾经因为它的传染性、会导致畸形和无法治愈而令人恐惧。如今，麻风病可以通过联合化疗轻易治愈。然而，由于公众中长期存在对麻风病的陈腐观念，许多麻风病患者、已经治愈的康复者及他们的家属仍然遭到社会拒绝和排斥。此次宣传配有一张 H 机构一位项目总监与一位康复老人的合影（图 6-1）。

第二幅图片主题为"麻风病的性质"，用一问一答形式的三个问题呈现：什么是麻风病？——麻风病也叫汉森病，是一种由麻风杆菌引起的疾病。它会伤害人体皮肤和周围神经，包括手、足、眼睛等。麻风病最初的症状通常是皮肤局部会出现红斑并伴有麻木。麻风病是否具有传染性？——麻风病传染性极低，通常被称作最不易传染的传染病，99%以上的人对麻风病具有天然的免疫力，不会患此病。若发现患病，只需要吃药一周，患者就会失去传染性，通过吃药可在 6～12 个月内治愈。麻风病是遗传病吗？麻风病不是遗传病，而是一种慢性、传染性很弱的疾病，只有与患病者长期密切直接接触才有可能被传染。相应地配了一张"公益之旅"白领领队抱着一位康复村的小朋友的照片。详见图 6-2。

图 6-1　麻风知识宣传图片一
H 团队项目总监梅子和王应寿爷爷（74 岁）的合影。2011 年 3 月摄于云南山石屏康复村。拍摄：唐稚杰（《城市画报》摄影师）

什么是麻风病？

麻风病也叫汉森病，是一种由麻风杆菌引起的疾病。它会伤害人体皮肤和周围神经，包括手、足、眼睛等。麻风病最初的症状通常是皮肤局部会出现红斑，并伴有麻木。

麻风病是否具有传染性？

麻风病传染性极低，通常被称作最不易传染的传染病，99%以上的人对麻风病具有天然的免疫力，不会轻易患此病。若发现患病，只需要吃药一周，病人就会失去传染性，通过吃药可在 6～12 个月内治愈。

知游的"公益之旅"领队李雄娜与村里的孩子小双。拍摄：唐稚杰，山石屏康复村

麻风病是遗传病吗？

麻风病不是遗传病，而是一种慢性、传染性很弱的疾病，只有与患病者长期密切直接接触才有可能被传染。

图 6-2　麻风知识宣传图片二
稍有改动

　　第三幅图片主题为"麻风病与残疾的关系"（图 6-3）。麻风病会导致残疾吗？早期发现，及时治疗可避免发生任何残疾。目前，我们所见的麻风病康复者身体上的残疾，主要是由于早年为了生计需要，在劳动时被火烧伤、尖物刺伤、石头碰伤，当时又得不到充分的休息，再加上卫生条件的落后，伤口感染导致组织受

损，就逐渐形成手脚的残疾，而不是由麻风杆菌引起的。相应地配了一张一位假肢技师为一位麻风病康复者安装假肢的照片。详见图 6-3。

第四幅图片主题为"麻风病的现状"。麻风病在许多国家仍然存在。在我国麻风病已经得到基本控制。目前我国每年新发现病人有 1000 多例，主要集中在云、贵、川地区。20 世纪 80 年代，有特效药物后，患者不需要隔离治疗，只需要在家治疗就可以了，也就是说，他们可以正常地与家人朋友生活，进行日常的社会交往。两张照片，一张为一位 H 机构项目总监与一位康复者的合影，一张是康复者在国际尊严尊敬日上的活动照片。详见图 6-4。

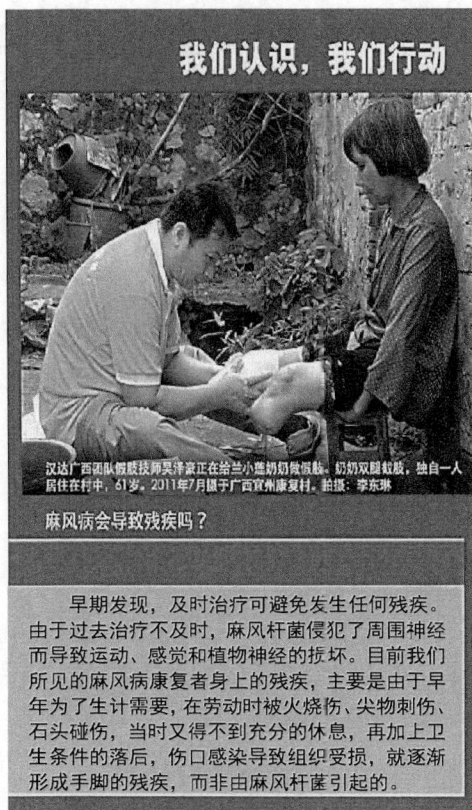

図 6-3　麻风知识宣传图片三

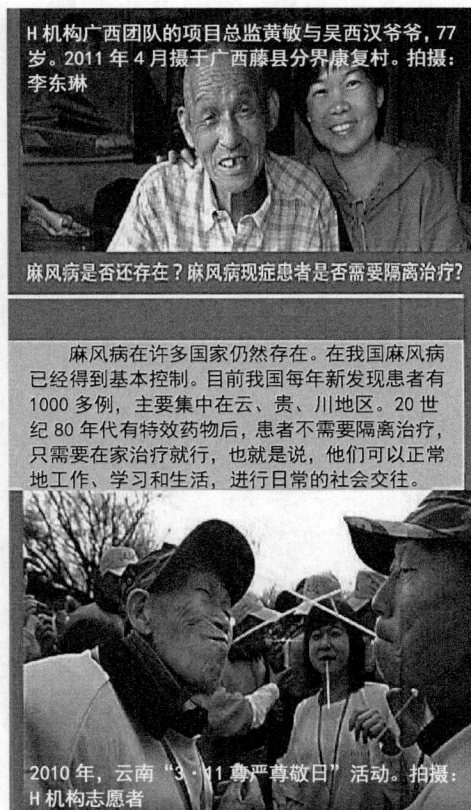

図 6-4　麻风知识宣传图片四

第五幅图片主题为"H 机构的愿景"：创造一个平等、没有麻风歧视的世界，并配有 4 张来自不同康复村的康复者的笑脸照片。详见图 6-5。

第六幅图片主题为"麻风康复村的现状及康复者面临的问题"：麻风康复村现状？全国共有 20 多万麻风病康复者，康复村收容的 2.1 万名康复者中，大多是老弱病残者，平均年龄约 65 岁，其中 64%的康复者有手、足、眼部的残疾。麻风病康复者面临怎样的问题？麻风病康复者大多数手足留下严重的残疾，生活贫困，房屋年久失修，缺医少药，严重的社会隔离、偏见和歧视使成千上万的麻风病康复者被迫与家人分离，在康复村过着孤独的生活。他们的子女也因贫困和受歧视而面临失学等问题。活动宣传配有两张康复者坚强微笑的生活照。详见图 6-6。

图 6-5　麻风知识宣传图片五

图 6-6　麻风知识宣传图片六

　　第七幅图片主题为"针对麻风病，我能做什么？"要认识到麻风病是可治愈的，歧视麻风病患者及麻风病康复者的行为是错误的，并将这些理念尽可能传递给更多的人；关爱、理解、接受麻风病患者和康复者、消灭麻风歧视是全社会的责任，需要社会群体的共同参与；如今，有越来越多的公益组织和社会热心人士来到康复村，给康复者送去关爱和温暖；我们诚挚地欢迎大家加入到这个爱心行动中来，您通过成为 H 机构志愿者或资助 H 机构项目给予您的支持。宣传上印有《广州宣言》：战胜麻风病，不只是没有新的患者需要治疗，没有新的残疾者产生或需要照顾，更重要的是不再歧视麻风病康复者，让麻风病康复者都过上和正常人一样的生活，拥有和一般公民一样的权利和机会，这样才能宣告我们战胜了麻风病。配有一张国际尊严尊敬日大型倡导活动照片。详见图 6-7。

　　第八幅图片主题为"H 机构的使命"：通过动员社会资源，H 机构全面开展社会、心理、生理、经济康复活动，提高麻风病康复者的生命质量和生活质量，消除社会歧视，共创和谐社会。另外，还公布了 H 机构的网址、微博、爱心捐款账号，并配了一张 H 机构秘书长为一位康复者测量血压的照片。详见图 6-8。

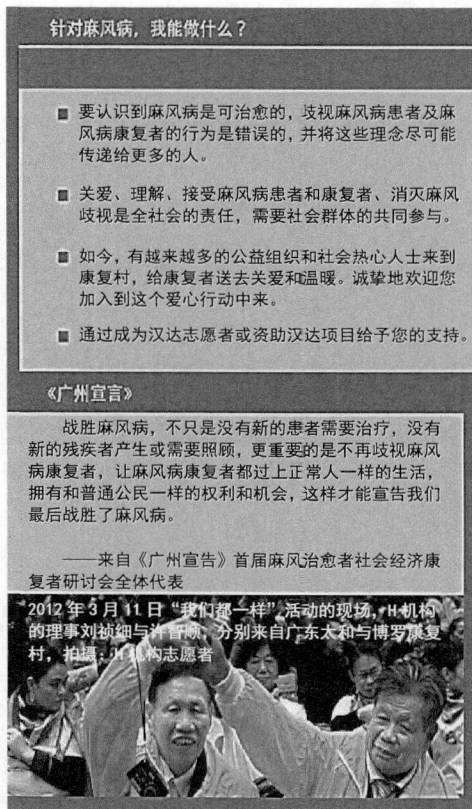

图 6-7　麻风知识宣传图片七

图 6-8　麻风知识宣传图片八

　　第九幅图片主题为"麻风病康复者及麻风康复村相关知识"：用两个一问一答形式的问题展示。什么是麻风病康复者？麻风病康复者是曾经患有麻风病且已治愈的人，不再是患者，与麻风病康复者接触不需要采取任何防护措施。目前，全国有 20 多万名治愈康复者。麻风康复村什么？20 世纪 80 年代以前，集中隔离收治麻风病患者的地方，主要修建于 20 世纪 50～60 年代。大多分布在遥远、偏僻的地区。麻风康复村主要由当地皮肤防治医院或疾病控制中心统一管理。宣传配了一张康复者之间互助的照片，以展示他们自立自强、相互帮助的一面。详见图 6-9。

第十幅图片主题为"康复村存在的问题"：康复村地处偏僻，生活条件差；康复村房屋简陋破旧，危房比例高达 46.6%；康复村康复者生活水平低，月生活费 50 元以下的占 38%，200 元以上的不到 10%（多集中在经济条件好的沿海地区）；医疗费用及生活护理问题日益突出，近 90% 的康复者每月医药费用不足 60 元；大部分地区康复者年龄老化，身体残疾严重，受社会歧视严重。宣传配了一张某康复村的全景图，让大家看到一个被现实社会隔离、被世人遗忘的小山村。详见图 6-10。

图 6-9　麻风知识宣传图片九

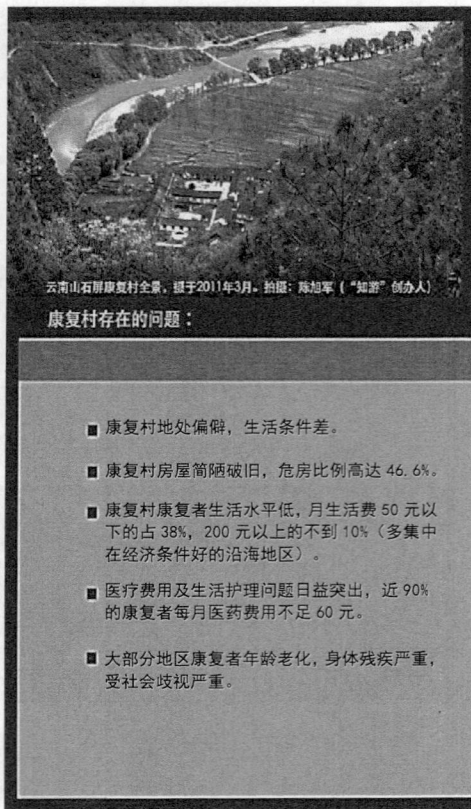

图 6-10　麻风知识宣传图片十

2. 《H 机构通讯》刊物宣传

2000 年 2 月 16 日，《H 机构通讯》在广东省出版局成功申办了广东省资料性出版物登记证书。这本杂志以季刊的形式定期出版发行，该刊发行的主要对象是麻风病康复者、H 机构员工、H 机构志愿者及社会公众，该刊的主要内容有：H 机构主题活动、H 机构项目动态、康复风景、员工风采、志愿者之窗、捐赠与感谢等。《H 机构通讯》既是 H 机构内部交流的平台，也是外部世界了解麻风知识、康复服务的窗口，通过这个窗口，人们可以改变对麻风病康复者的固有偏见，消除麻风病恐惧心理。刊物通过使用生动活泼、图文并茂、生活感悟、理性思考等话语表达方式传递正能量，富有真实感、生活化、启发性。

在 2012 年第 4 期的"志愿者之窗"栏目上，一位志愿者留下了这样的访村感悟：

> 当他们被治愈后，请不要再称他们为"麻风病人"，他们有自己的名字与尊严——麻风病康复者，社会上一个特殊的群体。今天，我和一群志愿者到了某康复村，探访了这里的公公婆婆们。村里规划整齐的楼房、笔直的道路和漂亮的绿化，见证着社会及政府对改善麻风病康复者生活条件所做的投入。然而，除去物质上的帮助，我们更该理解他们精神上所需要的接纳与理解。跟公公婆婆们的聊天中，我们得知他们的些许孤独、对生命的热爱与对生活的坚持。游戏中，公公婆婆们发自内心的微笑是对今天志愿活动的肯定。我们在这里只待了一天，但带给他们的欢乐却是无限的。一天是不够的，老人们需要的是更多来自社会上的关注和关爱。愿这个世界将会更加美好！

（资料来源：《H 机构通讯》，2012 年第 4 期）

笔者相信所有看到这段话语的人都会为之感动，原来头脑中构建的麻风病康复者的可怕形象也会慢慢变得有些美好有想去探访的冲动。正因为这样的传递，访村的志愿者越来越多。

2013 年第 2 期的"康复风景"栏目，记载了一篇《平凡中的感动》的文章，文中描写了一位杨老师的感动事迹（节选）：

> 杨老师，1978 年出生于某麻风康复村，父母都是麻风病康复者。特殊的家庭出身，让他从小锻造出吃苦耐劳的性格。到了上学年龄，附近没有学校，无奈之下只好到外地寄住在亲戚家求学。当地人不接纳他，异样的眼光和"小麻风"的外号就这样一直伴随着他的求学生涯。尽管他有自己的梦想要去追寻，但父亲双脚截肢双手残疾、母亲体弱多病的现实处境使他不得不打消继续求学的念头，放下心爱的课本，辍学回到家中，挑起了生活的重担。1995 年，一位神父出资在麻风村办了一所学校，杨老师是麻风村里学历最高的人，无疑成了这个学校老师的最佳人选。在 18 年里，杨老师在讲台上默默奉献了自己的青春，为了孩子，一个人坚守着这个学校，一间教室几个年级，承担了全校的课程。杨老师还利用一切渠道为孩子们争取福利，学习用品，他期望教育可以改变孩

子们和山村的未来。

（资料来源：《H机构通讯》，2013年第2期）

笔者相信看到这个故事的读者一定对麻风病康复者和他们的后代产生了更多的尊敬和佩服。康复者与他们的后代不可怕，他们有能力，也有特长，他们需要的不是同情和怜悯，而是资源和机会。

2012年第4期的"员工风采"栏目，记录了一位社工的感受（节选）：

> 社工并不是超人，手中的尚方宝剑就是"助人自助"的理念，H机构心理康复项目开始注重康复者的能力的提高，推动村民互助，消除社会的歧视，营造良好的大环境去塑造融合氛围。这些年来通过开展临近社区反歧视宣传、康复者城市一日游、村村互访、村民互助小组、社工驻村、领导小组访村、志愿者访村等活动，我开始感受到康复者的变化。首先是他们胆子大了，现在活动的组织工作基本是康复者们自己完成的，打电话联系活动事宜已经成为他们驾轻就熟的能力；其次就是策略多了，能够很好地解决村里的公共事务，他们开始采用集体讨论、分工合作、书信表达、互助互惠等策略；最后就是沟通平台广了，每个村里都有一些威信高、能力强的老人，通过电话或手机，他们彼此间交换信息、分享经验、议事商讨，你一言我一语共同为这个群体争取更好的生活。

（资料来源：《H机构通讯》，2012年第4期）

这一段充满专业而理性的话语会促使人们理性思考：康复者们到底需要什么？人们到底该如何为他们提供帮助？或许他们需要的只是人们把他们当"正常人"看待。

3. 明信片、折叠宣传单

为了更便捷、更生动、更日常化地宣传正确的麻风知识和推广H机构的理念，消除麻风恐惧心理，H机构制作了多套明信片和两种折叠宣传单，它们都起到了很好的宣传作用。

笔者重点介绍其中三套明信片，它们分别为金叔的《清明上河图》画作、康复者的图像、康复者孩子们的图像，三套明信片分别宣传了三种不同的主题思想，每张明信片都印有H机构的通信地址、简介和使命，其使命用大字显示，即"创造一个平等、没有麻风歧视的世界"。很多人反映，H机构的使命很鲜明，很容易让人记住，也很有感召力。

金叔的《清明上河图》（图6-11）塑造了康复者身残志坚的形象，传递出康复者依然有他们的才干和能力的信息。第一张明信片这样写道"残缺的双手拥有多大的力量？通过这幅色彩鲜亮的画作，你就会领悟到，康复者们身体遭受的折磨永远无法抹去他们心中对生活的向往，非常规的颜色描画的是心中特有的色彩。"

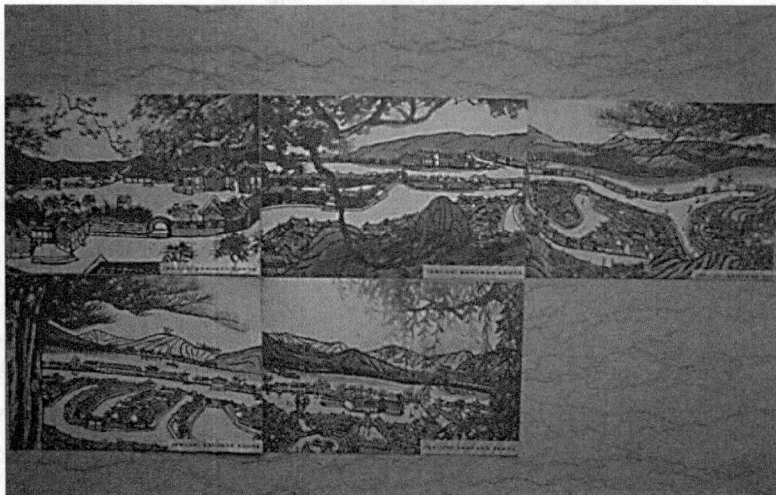

图 6-11　金叔的《清明上河图》明信片

"康复者的图像"明信片（图 6-12），是用康复者的日常生活照制作而成的，展现了康复者自强不息、勇敢坚持、热爱生活的人生态度。他们要的不是同情，而是理解和接纳。

图 6-12　"康复者的图像"明信片

　　"康复者孩子们的图像"明信片（图6-13），是用孩子们的生活照制作而成的，反映了孩子们天真纯朴、独立倔强、渴望知识的内心世界，第一张明信片上这样写道："淳朴天真的笑容一直都在脸上，哪怕只是居住在人迹罕见的深山麻风康复村，孩子们健康而倔强，独立而令人心疼。"

图 6-13　　"康复者孩子们的图像"明信片

　　这些明信片上的画面和文字非常打动人心，给人想走近他们的冲动，极大地消除了人们对麻风病患者的恐惧心理。

　　H 机构还制作了两套折叠式宣传单，其中一套的主题是"H 机构故事"，另一套的主题是"H 机构项目"。"H 机构故事"重点展示了麻风病康复者的被歧视、被误解的生存境遇，H 机构的成立背景，H 机构的理念、服务网点，以及加入 H 机构的方式等。

　　"H 机构项目"重点展示了 H 机构正在开展的服务项目：社会心理康复项目、流动假肢车间项目、流动视力保护项目、社区发展项目、医疗互助项目，以及助学项目、乡村公益之旅项目，让人们更清楚地了解 H 机构的服务，也给了人们选择公益的很多可能性。在乡村公益之旅项目介绍中这样写道："行走中学习，旅途中感悟。乡村公益之旅旨在通过动员社会公众走进麻风康复村发展演变故事中，激发社会公众参与公益事业的意识及行为，改善麻风康复村村民的生活质量，使其生命质量得到提高。每年，您都可以选择报名参加，我们将在春、夏、秋三个季节举办不少于三次的乡村公益之旅。广东韶关、从化康复村、云南大理山石屏康复村等待您来感悟生命之旅。"社区发展项目中这样写道："遵循参与式发展理念，运用专业的社工手法，动员及鼓励康复者通过自己的劳动，共同改善经济状况，促进村民健康和麻风村的和谐发展。只要您有农业、畜牧业等技术知识，就可以进入到康复村中，教康复者如何更好地种植和养殖，为他们的经济的发展贡献一份力量。"这些宣传都可以很好地消除麻风恐惧心理，调动社会资源，提供社会支持。

6.1.2　生动活泼的趣味宣传教育

除了持续的正规宣传外，H 机构的社工还会深入到普通民众的日常生活中开展不同类型的趣味教育。H 机构重点选择在高校、社区、康复村周边以图片、讲座、义卖、广场演出、发放麻风知识小册子、媒体报道等形式进行各种类型的社会宣传教育活动。这些形式不是固定不变的，而是根据对象、地点和时间不同而不同，随着经验的积累，形成了几种有特色和成效的宣传教育模式。

1. 高校参与式宣传教育

大学生是祖国未来的主力军，对社会发展有着极大的潜在影响力，H 机构一直非常重视高校宣传，让更多大学生了解、关注麻风病康复者，消除误解和隔阂，使其建立起宣传麻风康复知识的意识，参与到 H 机构的志愿服务中去，消除麻风歧视，共建和谐社会。

在不断地探索、反思、创新中，H 机构形成了独具特色的高校参与式宣传教育模式：H 机构社工先去影响高校公益社团（如志愿者协会、义工协会、社工协会、红十字会等），给他们做培训教育，让他们先进行麻风村探访或其他活动，消除他们的误解和担忧，然后让他们承办自己高校的宣传教育活动，H 机构仅提供幕后支持，让他们用自己的参与式行动影响更多大学生。考虑到大学生年轻、有活力、敢于挑战、愿意接受新事物的特点，整个宣传教育以体验式活动为主，效果良好。笔者以 2011 年的高校宣传为例更具体地介绍这一模式。

宣传主题：3 月 11 日是国际尊严尊敬日，旨在消除对麻风病不应有的歧视和偏见，让全人类特别是麻风病康复者重拾尊严和得到尊敬。2011年的这一天，广东省 H 机构联合广州市扬爱特殊孩子家长俱乐部与广州慧灵智障人士服务机构，举办了主题为"我们都一样"的公益宣传活动，向社会公众展示和传播了特殊群体与普通人没有什么不同的信息，他们一样地生活，一样地学习，同样经历喜怒哀乐。消除歧视和误解，在特殊群体和特殊群体之间、特殊群体和普通公众之间、普通公众与普通公众间搭建互相理解、互相尊敬的桥梁，传播尊严、尊敬的理念。该活动在社会上得到极佳的反响，于是 H 机构社工就以"我们都一样"作为高校宣传主题。

活动方案：宣传活动分为室内和室外两种方案，各高校公益社团可根据所在学校具体情况及天气情况选择一种方案。

室外方案。A.主题图片展览：以主办机构服务对象的日常生活、工作、学习为内容，展示、传达特殊群体与普通人无异的生活和情绪，使普通公众对特殊群体加深了解，消除偏见和误解。主题活动现场在展览图片旁边放置机构宣传资料以供公众取阅，并安排志愿者做适当的介绍和答疑。B."关爱康复者，你我同齐行"接力传递：以摆摊处为起点，发起4支接力小队，随机说服4位同学参与接力传递，向其介绍麻风康复常识并让其在卡纸上写上一句祝福语和签名，然后沿路向下一位路人介绍相同的知识和提出相同的请求，以1小时为限，在卡纸上写上最终要交回摊位的时间，由最后一位拉力者带回，作参与推动心墙环节的嘉宾。C.互动活动：通过设置互动活动（如残疾人生活体验），邀请现场公众共同参与，让学生亲身体验特殊群体的日常生活，在体验中消除隔阂，加深了解，传递"我们都一样"的主题思想。（由各高校公益社团自行设计，H机构社工提供一些参考和指导）。D.拆除心墙：误解、偏见等皆因心中有一堵墙。活动中设置象征隔阂的心墙装置，心墙上布满让人感受不到尊严、尊敬等错误的行为信息，社会公众、特殊群体通过拆除这堵心墙，推翻这些行为，树立相互尊敬的思想。心墙推翻后是布满互相尊敬的爱心行为知识。心墙：由纸箱叠成，一面为偏见墙，另一面为尊敬墙，可先由现场参与人员写下自己原先的偏见，粘在一侧纸箱，砌起偏见墙，然后拆除偏见心墙后，重新砌起尊敬墙（由各高校公益社团自行设计，H机构社工提供一些参考和指导）。E.主题标签：获得设置三种标签："尊严""尊敬""我们都一样"。公众每参与一项互动活动，即可获得一种标签，集齐三种标签即可获得纪念礼品一份。或做成徽章形式，公众通过活动收集主题徽章以作纪念。通过这个设置，传播"我们都一样"的主题思想。F.爱心收集摊：摊位一"今天你志愿了吗"H机构志愿者招募：摆放志愿者招募资料，接受现场填表加入志愿者队伍，悬挂"今天你志愿了吗"的装饰板，供过往者拍照；摊位二"今天你盖章了吗"一元一章捐赠活动：过往者只需捐赠一元即可获得H机构盖的志愿章图案；摊位三"认捐活动"：《H机构通讯》认捐，方式：设置摊位陈列往期的《H机构通讯》，供大家阅读，让他们了解《H机构通讯》的意义所在，并在一旁放置捐款箱，认捐一本《H机构通讯》3元钱；康复者明信片认捐：明信片为经挑选过后的20款有代表性的麻风康复村人或景图，每张 1 元，过往者每捐一元即可获得一张明信片。

　　室内方案。A.主题图片展览：同上。B.主题故事聆听："康复者的故事"，采用电台节目形式，由主持人讲述康复者的故事，并设置与现场观众互通话的环节，观看相关视频；"志愿者的心声"，邀请志愿者代表讲述服务经历、成长收获及相关服务知识，并号召有志者加入 H 机构志愿者队伍。C.小互动——直白初印象：与会人员每人派发一张纸片，写上第一次听到"麻风病康复者"时的真实感受，对于麻风病的第一印象感等。主持人提问，有关麻风康复常见的误区问题，通过此环节促使参与人员发现自身麻风康复知识的缺乏，认识自己可能存在的歧视，进而重新学习、思考，消除隔阂（互动环节高校社团可自行设计）。D.麻风康复小课堂：由 H 机构员工进行麻风知识小讲解，使高校学生加深对麻风病康复者的了解。E.拆除心墙：同上。F.主题节目表演：《我们都一样》手语表演（或其他节目，由高校社团提供节目及人员）。G.爱心收集摊：同上。

（资料来源：2011 年林社工工作报告）

活动成效明显，负责的社工这样评价这次高校宣传活动：

　　本次高校宣传教育活动正是通过图片展览、体验活动、现场咨询等形式来从感觉、直觉、想象、判断等方面引导参与者改变他们对麻风病康复者的态度及价值取向，消除他们对麻风病康复者的偏见与歧视。利用这次宣传活动获取了更多社会资源，不少大学生加入到了 H 机构的志愿服务队伍中。H 机构获得了更多大学生志愿者资源。对于公益机构来说，大学生是非常有发展潜力的群体，不仅因为大学生对公益接受程度高，更重要的是大学生这个群体可能成为日后公益机构的中坚力量，因而吸纳这个群体对公益机构壮大其队伍、提高人员素质有重要价值。此外，本次活动还开展了《H 机构通讯》认捐活动，虽然认捐数额不多，但也推广了这个项目，为项目的长久发展打下基础。其实，这类社会宣传活动通过前期、后期的报道，提高了公益机构在媒体、企业、爱心人士等群体的影响力，从而获取更多潜在社会资源。因此，宣传活动也是获取社会资源的一种形式，虽然不一定是效益最大的形式，但是作为公益机构应该尝试多种方式，重要的是要保持对资源的触觉。

（资料来源：2011 年林社工工作报告）

2. 普通社区福利式宣传教育

　　H 机构在普通社区的宣传教育中经历过很多挫败，比如，很多居民一听说麻风病就绕道而走，不愿听工作人员解说，也不愿驻足观看相关图片展览，宣传效果不佳。通过分析，H 机构工作人员认为普通社区中的民众一般都是中老年人，他们普遍不愿接受新事物，对与自己无关的事情一般不愿花时间了解，或者有的人对麻风病的偏见和歧视已经根深蒂固。H 机构社工不断调整自己的宣传策略，后来慢慢形成了比较成功的普通社区福利式宣传教育形式：送福利到普通社区，然后在人们享受福利的过程中宣传麻风知识，让他们观看麻风宣传片、图片，从而在不知不觉中改变看法，接受新信息。

社区福利有很多种，根据社区特点和 H 机构资源进行选择。比如，眼睛疾病的义诊和保健宣传。广州 A 眼科医院在医疗技术、经营管理服务患者、回报社会等方面成为眼科行业的典范，同时也是 H 机构眼科项目长期合作的伙伴，因此，H 机构与 A 医院携手走进社区，通过社区活动为公众提供相关眼科服务，同时让更多人了解、关注麻风病康复者，消除隔阂。活动现场设置主题图片展，展示 A 医院与 H 机构合作的眼科项目开展情况；现场体验活动，让公众免费进行眼部检查；主题互动活动，通过设置小游戏让公众亲身体验眼疾给生活带来的不便。眼睛疾病的义诊和保健宣传只是整个社区宣传教育的一部分，让更多人愿意驻足，然后通过图片展览、视频播放、宣传小策略、麻风知识问答游戏、志愿者现场解说等方式宣传麻风知识、消除社会歧视。

又如，在社区中的大广场开展皮肤病义诊、预防服务。皮肤病是一种常见病，很多人都很关心，在人们接受皮肤病义诊服务的过程中，工作人员便问他们是否听说过麻风病，对麻风病有哪些认知，然后送给他们一些宣传册子、明信片，请他们到周围的展板上了解更多这方面的信息。

再如，社区趣味运动会、社区演唱会等，它们都可以吸引很多居民的观看和参与，H 机构都组织过这些活动，并取得了良好效果。

3. 周边村互惠共融式行动教育

周边村的宣传教育除了采用普通社区的宣传教育方式外，颇具成效的是互惠式行动教育，即社工和志愿者通过自己的行动影响周边村民，邀请村民到康复村一起联谊，康复者赠送礼物给他们，达到彼此理解、包容、互助的目的。下面以 2009 年社工策划的 X 麻风村周边村宣传为例来说明这一宣传教育方式。

本次周边村宣传教育分为三个阶段：第一阶段是社工与周边村民日常互动，用自己的行动证明麻风病、麻风病康复者不可怕；第二阶段是一天集中式大型宣传；第三阶段是邀请周边村民走进康复村，与康复者一起同乐。

第一阶段：社工每次进村都要经过几个村庄，社工热情跟村民打招呼，并告诉他们自己是大学生，也是 H 机构的社工，是到麻风村提供服务的。刚开始，村民带着惊诧和怀疑的目光，社工就拿出自己的学生证、工作证，并将自己与康复者一起的生活照片拿出来与村民分享。村民慢慢相信社工，开始询问关于麻风病的知识和麻风病康复者的生活状态。

第二阶段：一天集中式大型宣传。由驻村社工与 H 机构宣传队一起策划进行，主要通过村内活动图片展、村内活动视频播放、派发传单、麻风知识解说、派发宣传赠品的方式宣传。周边宣传活动前评估较准确，通知得当及时，准备也充足，而且有了第一阶段的宣传教育的影响，宣传场面人头涌动，相当热闹。与村子的实际情况吻合，来参加的村民多是老人和小孩。老人大部分可以接受麻风病康复者，而且还表示不怕，愿意接受有关麻风病的知识，也愿意走近和帮助麻风病康复者。同时，社工发放一周后要进行的"长者技能展示"社区文化活动宣传单（图6-14），并邀请周边村民参加。

第三阶段：周边村民参与"自尊·自强·互融·共进——X 村长者技能展示"大型社区活动，该活动目标：促进长者与志愿者、周边村民等外来人员的互融、互乐，增强长者的自信心；展示长者的才能，使长者更加自尊自信，体现自己的价值；促进长者们的交流沟通及社区和谐；使长者与周边村民能互融共进，促进社会人士消除对麻风的歧视。内容：A.摊位游戏（套圈游戏、扔乒乓球游戏、水球射门游戏、折花……）；B.图片展、实习生与长者在康复村两个月的活动视频；C.技能展示，包括长者技能表演，志愿者表演，长者、志愿者大合唱，抽奖等。

（资料来源：笔者根据 2009 年刘社工的工作报告整理而来）

负责社工对此次活动作出如下评价。第一，提前做好周边宣传工作，邀请周边村村民共同参与活动。本次活动的亮点就是促进社会与麻风病康复者的互融共进，消除麻风歧视，与康复者最邻近的村庄对康复者的影响最大，消除歧视要从周边做起。社工对周边村做了多次宣传邀请工作，在活动当天还专门派了传星队到村外迎接村民进康复村，这对当天参与的周边村 73 名村民有很大作用。而邀请村民走进康复村，亲眼见证康复者的生活状况、志愿者与康复者同乐的现场，更能消除对麻风的歧视。第二，当天到来嘉宾之多的盛况让长者增添了自尊和自信，对消除周边村民对麻风康复者的歧视起到了一定作用。第三，长者当众展示才能，有利于消除长者的自卑感，增强自尊心和自信心。第四，当天活动对引进志愿者起到了一定作用。当天到来的志愿者除了一部分是以前来过的之外，很多都是第一次走进康复村的，摊位活动和长者探访促进了志愿者与长者的交流和情感的建立。

长者技能展示，期待你们的参与！

他们一直寻求着社会的平等，

　　他们一直坚守着生命的尊严，

　　　　他们一直努力争取着社会的尊重，

　　　　　　他们一直渴望着你们的认同……

★X 麻风村是一个美丽而宁静的地方，里面住着 33 位长者，多年来，他们一直试着走出康复村，同时，许多社会人士、志愿者也开始走进康复村，与长者同吃同住，共度欢乐。这里的长者自强不息，多才多艺。7 月 13 日，X 麻风村将迎来一次长者技能展示的盛典。众多热心社会人士、各大高校志愿者及各新闻媒体也都将会前来参加。

★长者技能展示

主题：自强·自尊·互融·共进——X 村长者技能 show

时间：7 月 13 日

地点：X 麻风村

内容：

1. 各高校志愿者摊位服务；

2. 长者技能展示；

3. 志愿者节目表演；

4. 到场观众抽奖，送礼品。

★到场人员：

华南农业大学、中山大学、暨南大学、广东商学院、广东药学院等各大高校志愿者，热心社会人士，以及媒体。

图 6-14　长者技能展示宣传单

6.1.3　消除歧视促进平等的社会倡导

1.　大众传媒的话语倡导

媒体是一个大众传播的手段，通过媒体的力量能让一件事情的影响力得到提升。H 机构在社会倡导中，经常借助电视、网络、报纸、博客等大众传媒的力量，2011 年 H 机构组织的活动被媒体报道 54 次，2012 年 33 次，这些报道对消除歧视、促进平等起到了很大的作用。H 机构近几年组织的康复者院村象棋大赛、品荔公益行拍卖会、3·11 活动等得到了很多媒体的关注，之后获得了很多热心人士的支援与帮助。

例如，2008 年 11 月 21 日，《南方日报》对麻风病康复者进行了长达 3000 多字的深度报道《走近清远麻风病康复者》，该报道传达了这样的理念："关爱他人，从一声问候开始"。报道如是写道：

> 欧伯是一个很乐观的老人，他很健谈，跟记者说起村子里的琐事、与志愿者之间的交情，也毫不忌讳地讲起他染病的情况、家庭情况。虽然欧伯讲述时语气似乎习以为常，但却能让我们感受到一些无奈与伤痛。欧伯说，身体的伤痛不是最痛的，让人最心痛的是旁人的冷言冷语与奇异的眼光。回避是他们保护自己的最好办法。他们不是不想融入社会，不是不想得到温暖，只是这看似简单的一句问候是如此难以得到。这个远离市区的村子，除了义工和主治医生，似乎没人会时常想起。他们大部分的快乐来自同病相怜的患者之间的交流，心底最真实的感受也只有彼此最清楚。老人说，每次有人过来看望他们，他们都开心好几天。那天，我们离开村子，刚回到家就收到了欧伯的短信，他说感谢我们的到来，感谢我们媒体对他们的关注。短信不短，言语中是无尽的感谢之情。看着短信，心里蓦然一阵悲凉。如果大家都习惯于走近他们，习惯于与他们沟通交往，或许老人不会觉得义工的到来是如此的珍贵。今天是世界问候日，这个节日却一直鲜为人知。不知是这节日的名气不够响亮还是大家已经被忙碌的生活所淹没，忘记了这样一个本该温情的日子。问候日只是一个提醒，其实要想拉近人与人之间的距离，有时候我们只需要一个简单的问候而已。

（资料来源：2008 年 11 月 21 日，《南方日报》，有改动）

又如，《羊城晚报》2013 年 5 月 9 日 A22 深度报道《麻风村远离尘世与外面的世界对望》，有图有文字，总字数达到 4000 多字，传递了 4 个信息，如下。

第一，麻风村是个被隔离的小山村。报道中这样描写：

> 除了地处深山偏僻处外，从表面看上去，潭山康复村里的生活似乎

与外界没有太大的区别。村子里有一排排建于 1989 年、供康复者居住的水泥平房，历经岁月侵袭，时至今日，其灰色外表依然释放着稳固安全的信息。青山绿水环绕房屋，清风徐来，老人们三三两两坐在家门口或打麻将、打牌九，或闲聊，素未谋面的人进到村子，老人们也没有任何防备之心，拉来凳子让来人坐下，回答来人的疑问。然而，这样"怡然自得"的生活是以远离社会为代价的，且一离就是 50 多年。他们中的很多人，没走出过那座闭锁的村庄。他们甚少知道外面世界的模样，外面的人也甚少知道他们的生活。每天早晨四五点钟，老人们起身，打打麻将、看看电视、做做饭、聊聊天，不管能否入睡，均是晚上九点到十点关灯上床。日子如此循环，日复一日。

（资料来源：2013 年 5 月 9 日 A22《羊城晚报》）

第二，大学生志愿者改变了康复村，让外界理解了康复者。报道写道：

大概是 2003 年前后，大学生志愿者先后进村，照顾、探看老人们。在这之前，除了同病相怜者与看守医生，他们很少看见正常人，只能自己承受当生命陷入疾病的泥潭后，那些锋利的歧视与沦陷后的挣扎。因此，潭山村的老人对这些好心人格外疼惜，专门为他们腾出了 4 间房。现在基本上每个月，都有热心人士到村里来。一位老摄影师曾感慨："变了，真变了！"原来，在他过去拍摄的老照片里，潭山村有一种难言的凄凉，村里的老人面对社会总有强烈的自卑、胆怯。如今，小山村里的老人们笑意多了。老人们感受到的关爱和照顾越来越多，心理上对陌生人的隔膜与防备越来越少。第一次见面，老人们就询问是否在村里过夜，并亲自帮忙搬长凳、木板、床垫、席子，帮初来者铺设床铺。来者离开时，还派公家的三轮车把他们送到镇上坐车。

（资料来源：2013 年 5 月 9 日 A22《羊城晚报》）

第三，康复者最大的心愿就是到外面走走。报道写道：

让老人们津津乐道的是，他们为数不多的出游经历。几年前，北京师范大学珠海校区的师生曾把老人们接到珠海，带他们游历了北京师范大学珠海校区、孙中山纪念堂等地，还带他们远眺澳门。2012 年元宵节，在当地电视台的组织下，佛山的义工团体还陪同老人们到禅城行通济，体验民俗。之后，关注行通济新闻的顺德热心人士梁德智，包车把这群人接出来，到禅城，到番禺，到东莞，请他们痛痛快快地出山游了一次广东四大名园。老人们讲述这些经历时，还会拿出出游时拍下的照片指给来人看。谈起心愿时，在深山里深入简出了几十年的老人们还是不约而同地说出："想到外面多走走。"他们对外面的世界有着强烈的好奇。不过，这群对外面的世界充满好奇的老人又不想回到外面的世界。他们渴望了解外面的世界，却再也无法融入外面的世界。

（资料来源：2013 年 5 月 9 日 A22《羊城晚报》）

第四，康复者的首要需求是解决生活及医疗问题。报道写道：

> 广东省目前有 67 个麻风康复村，居住了约有 2500 人，这些人的平均年龄在 70 岁以上，多有残疾。在冯伯看来，潭山麻风康复村的情况在省内的麻风康复村中还算是比较好的，在非珠三角地区，解决生活及医疗问题仍是麻风康复对首要的需求。例如，德庆有一个康复村，就是五六年前才通水电的。

（资料来源：2013 年 5 月 9 日 A22《羊城晚报》）

2. 公共领域的活动倡导

联合倡导。为了使社会倡导更有力量、倡导事件得到更多的社会关注，类似机构可以联合起来进行倡导。成功案例：3 月 11 日是国际尊严尊敬日，国际尊严尊敬日旨在消除对麻风病不应有的歧视和偏见，促进麻风病康复者过上有尊严的生活，并成为受人尊敬的人。2011 年 3 月 11 日、2012 年 3 月 11 日，H 机构联合另外两家服务于残障人士的机构一起在大城市比较繁华的超市广场共同举办"我们都一样"的国际尊严尊敬日系列活动，活动包括主题图片展、主题论坛、主题公开活动。这样的活动能够让广大的普通市民近距离地感受麻风病患者、残障人士的喜怒哀乐，走进他们的世界，了解更多。机构联合倡导能够给社会带来很大的反响，依靠各自在不同领域的影响力和公信力，使公益活动得到更广泛的关注。

利用国际力量，进行全球倡导。从 1999 年开始国际理想协会将每年的 3 月 11 日确定为国际尊严尊敬日，号召世界各地麻风康福机构在这一天举行以尊严和尊敬为主题的社会宣传活动，消除公众的麻风歧视和偏见，促进人类对麻风病康复者的尊敬并让其过上有尊严的生活。H 机构积极响应，每年都精心策划相关活动。2011 年 3 月 11 日，H 机构联合其他俩家服务机构举办了主题为"我们都一样"的公益宣传活动。由国际麻风救济会联合会的成员组织倡导的一年一度的国际麻风节（每年元月最后一个星期天），很快得到全世界人们的拥护和各国政府的认可和响应，全世界至今已有 150 多个国家和地区举行纪念活动，从而使其成为全球性的节日。1987 年 11 月 27 日中国麻风防治协会决定：自 1988 年起，"国际麻风节"也作为"中国麻风节"。1996 年卫生部称之为"世界防治麻风病日"，并每年发布我国的主题，各地都广泛开展宣传麻风防治及关心麻风病患者和康复者的活动，H 机构都会积极参与，进行联合倡导。2011 年国际麻风节，全球 100 所大学的校长聚首北京大学，签署关于消除麻风歧视、倡导关注麻风病患者和康复者的"2011 全球呼吁"，H 机构秘书长应邀专程赴京出席了这个庄重的仪式。

公益活动倡导。H 机构近几年策划了大量社会倡导的公益活动，产生了积极的社会影响。比如，公益自助游、慈善拍卖会等。"品荔公益游"是 H 机构发起的一次与众不同的公益旅游拍卖活动，通过邀请企业与个人预先以拍卖形式认购荔枝树，然后在荔枝成熟季节进村品尝采摘荔枝，同时探访村里康复老人，为他们解决一些具体的困难，完成一些公益任务，它是 H 机构及企业社会责任的体现，也是公益领域的一项创新。

6.2　麻风病康复者形象再造

由于长期的空间隔离和社会隔离，麻风病康复者与普通民众之间缺乏交往机会，普通民众对麻风病康复者的印象还停留在几十年前：患有麻风传染病、被抛弃被隔离、残疾的身体、可怕的面容、缺乏才能等。这些刻板的形象进一步阻碍麻风病康复者回归主流社会，使其难以为公众所接纳。为了改变这种现状，社工需要创造麻风病康复者与普通民众的交往机会，重塑麻风病康复者在普通民众心目中的形象，社工主要从让康复者走进公众生活、发掘与展示康复者才艺两方面行动。

6.2.1　让康复者走进公众生活

H 机构社工每年都会组织一些康复者走进公众生活的社会活动，比如，城市一日游、康复者参与社会宣传和社会倡导等。笔者以 2008 年社工策划的 X 麻风村康复者城市一日游来说明麻风病康复者形象是如何实现再造的。

　　　社工策划本次城市一日游的目的：丰富长者精神文化生活；增加长者以群体身份与各类社会群体在对等地位对话的机会；实现长者自我肯定；创造长者间、长者与社会的交往机会。参观内容：黄花岗七十二烈士陵园、华南农业大学校园、陈家祠等。

　　　社工的前期动员：不少长者热衷于外出旅游，想看看外面的世界，而有部分长者因为身体的限制而不能外出，初期确定参与的长者中，又有长者想法摇摆不定，有一些忧虑，使得他们犹豫不决，如有些长者担心自己走得慢，会影响整个队伍的前进。对于这些长者，社工了解长者真实的想法纷纷作思想开导与精神支持，使得这些长者最后都决定去旅游。

　　　社工的前期工作准备：招募了志愿者进村陪同长者旅游，但在旅游的当天乱起了台风。这对于社工来说，面临一场重大抉择，是取消旅游还是继续旅游，个中有太多的东西要去衡量、取舍了，最终，社工经过与长者们商量决定按原计划出发。幸好，在出发和去烈士陵园参观时都是阴天，到华南农业大学和陈家祠有阵雨。长者们的情绪一直都比较高涨，并没有因雨而受多大影响。最后，因为大雨而提早返回，在下车时，出现了当日最大的风雨。很多长者都淋湿了，社工、志愿者为了带领长者们回村，照顾一些坐轮椅的长者，几乎全程都没能撑伞，全都湿透了。

　　社工成效评估：此次的旅游，目标达成。长者在进入到旅游景点的时候，并没有什么顾忌，他们会自由地、自主地观看景点，有的长者还在休息时观看市民下棋，融入到他们之中去。长者们表示看到了很多好东西，开了眼界，增长了见闻。不足的地方也不少。最大的阻碍就是来自台风，在协商后，决定出发。一路上，社工一直都关注长者们的情绪，及时处理。返村后，社工马上组织志愿者探访每一位去旅游的长者，看他们是否安好，做好情绪的处理，让长者马上洗澡换下湿衣服。

　　社工反思：社工看到长者因为出游而被雨打湿，心里极其难过、自责。晚上，社工带着留下来的志愿者进行长者探访，察看长者们的情况。正在社工难过自责之时，所有的长者都对社工的工作给予了极高的评价。长者们表示，这点雨他们一点都不怕，他们是经历过风雨的人，他们能够经受得起，他们还是很健壮的。听长者们都这么说，社工突然觉得："在潜意识里，我是不是把他们当作了弱者了呢？"其实，长者们说得对，他们经历过风雨，他们比我们想象的要强得多，他们也会关心我们，也会为我们做很多的事情，他们不是弱者，至少在这一点上是这样的。另外，更重要的一点是，在紧急的关头，长者们互助的意识自然而然地就表现出来了，在雨中，很多长者都是互相扶持着回村的，还有长者回去后，拿出很多雨具，送来给我们社工和志愿者。长者们的这些行为充分体现了长者们的常态性（正常化）：有互助的意识和行为能力，有关心他人、帮助他人的能力。社工要正确看待这一点，以便更好地评估以后的工作，从而能够更好地发掘长者的潜能。

（资料来源：笔者根据 2008 年于社工的工作报告整理而来）

　　2008 年，于社工在工作报告中记录了这样一个小故事，进一步说明让康复者走进公众生活是如此重要。

　　社工与长者齐齐去赶集，简单的行为，重大的意义。

　　在大城市、农村去逛街或赶集是一件多么平常的事啊。但对于麻风病康复者来说，去赶集就是意义重大的事情了。走出康复村，不是每一位长者在每一个时期都可以做得到的，因为很多长者身体残疾，要过海、要坐车，才能到集市，那可是一件很困难的事情，这也是很多长者四五十年没有离开过康复村的原因之一。为数不多的长者会去赶集，这也是村子的希望所在，能够使人看到有活力的一面。长者一般是 4 个人、3 个人、2 个人合租一辆残疾车去的，有不少长者会自己骑电动车、单车去。他们都是分散地去卖自己的东西。集市里人多，绝大多数人都不会知道他们是康复者，自然也就不会歧视他们。而长者们常去的小店就会知道他们是康复者，但是店里的人员都会接受。

长者们在集市上通常都会匆匆忙忙的，买完必要的东西马上返回。因为工作比较多，在实习初期，长者邀请我们去集市，我们都拒绝了，当然当时也没有意识到跟长者去赶集对于他们来说，是一件那么重要的事情。到后来，我们终于答应与长者一起去赶集。长者们非常高兴，兴奋得不停地向我们介绍集市……

在集市上，长者们带着我们，一边介绍一边买东西，很热情地带我们去买我们需要的东西。我们和长者们一起挑水果，一起挑豆子……长者会向小店的老板宣扬："她们是大学生啊，和我们同吃同住的，今天带他们来集市买东西啊……"那一刻，长者真的很开心、很幸福。长者不认识字，或者是字太小，看不清，这样就需要我们协助长者买东西。

看到走在集市熙熙攘攘的人群中长者们，心中是那么的激动。其实，他们心中有抹不掉的自卑，这是事实，但至少他们走出来了，集市中的他们是那么的幸福和快乐……他们和我们都一样。

而在第七期活动中，由于工作非常繁忙，散步到了渡头，不少长者要去赶集，叫我们也一起去，但我们因工作实在太忙了，就拒绝了。这时，村长走过来，跟我们说："你们就陪他们去吧，以后机会也不多了，他们很想和你们去的。"听了这句话，我们心里一阵心痛，为长者的处境而痛，为以后机会不多而痛，为我们自己的自私而痛……最后，我们和长者一起去了集市，那也是实习期间的最后一次。

长期受人歧视、被人谩骂使得长者有消极自卑的情绪与心理。也许现在很多人已经可以接纳康复者了，但是，他们自己不再敢于面对世人。有一位长者说过："不是别人怕我们，而是我们怕别人。"这是多么沉痛的心理过程啊！

（资料来源：笔者根据 2009 年全社工的工作报告整理而来）

6.2.2　康复者才艺发掘与展示

1. 摄影艺术发掘与展示

多少年来，麻风病康复者们在被社会误解和遗忘的地方默默地生活。他们的悲与喜、泪水与笑声唯有独自品味。建立社会与康复者的认识和了解，以摄影作为沟通的桥梁，分享他们的生活，铭记他们的历史。H 机构社工为促进长者心理康复、建立自信，实现心理安宁与自我肯定为宗旨和目标，2009 年 4 月，H 机构社工成立由康复者组成的"人生·故事"摄影小组，以康复者自己的视角来展示他们的人生故事。以摄影来记载他们的生活，倾诉他们的世界，谱写他们的历史。

小组总目标：发掘、发展康复者摄影兴趣爱好，提高康复者的摄影技术和艺术修养，协助康复者通过相机记录他们眼中的世界，对外展现康复村的真实生活，促进康复者自我价值的肯定。分目标：引导组员学习新事物，使用高科技产品，提高组员的摄影技能；引导组员看待事物的角度，引入摄影这种艺术方式，让组员学习从艺术角度看待自己的生活；通过与社会其他志愿者群体的互动，提高组员的社交能力，增强组员的自信心；丰富康复者的生活方式，培养康复者的兴趣，发掘康复者的潜能。

2010 年 1 月 10～20 日，由 H 机构主办、广州青年摄影协会协办，在广州市文化公园展览馆 7 号馆举行了"生命之光——麻风病康复者摄影展"。本次影展，共征集了来自 6 个康复村的康复者、专业人士及志愿者精心创作的各类题材的摄影作品 1000 多幅，经过精心的挑选，共选出 100 幅优秀作品予以展出。该摄影展取得了很好的社会反响，很多观众在参观了影展后，对康复者竖起大拇指，有的观众表现出惊叹，有的表示有了走进康复村的冲动。

2010 年 3 月，《H 机构通讯》出版《摄影小组专刊》（图 6-15），该刊分为：前言、摄影小组成员介绍、摄影小组人物故事、后记等几个部分。前言中如是写道："艺术，可以移情，是自我宣泄与安抚伤痛心灵的最佳行为。现代科技的进步，数码相机的价廉易用，使康复者移情艺术追求梦想成为可能。开启快门，闪现生命之光。生活圈子的隔离，并不能淹没康复者们对美的追求，对艺术的憧憬，尽管他们之中的许多人都是第一次使用相机，尽管他们手脚不便以致每一次拍摄都要付出许多，但他们以顽强的生命力与过人的悟性，拍下一张张不一般的作品；尽管拍摄的只是他们身边生活的一花一草、一狗一猫、点点滴滴，因为经历的不凡，平凡的景物在他们的眼界呈现出不凡，这些映射出他们生活状态的影像与众不同，趣味天成，直觉、感悟造就了他们作品的率直、纯真与非凡。"这本摄影专刊成了康复者与普通民众心灵相连的载体。

此外，摄影小组还能通过摄影小组成员，给院村其他长者（即没有参与摄影小组的长者）及各康复社区带来外界的信息。摄影小组的成员回到村内还可以组织村里的摄影爱好者成立摄影小队，共同学习和分享。另外，摄影小组的作品也将在某些高校以摄影展的形式展出。社工还根据摄影小组的目标及形式，另外策划出关于麻风病康复者的公益广告制作比赛，此比赛素材由摄影小组提供，参赛对象是广州高校学生，最终夺冠作品可成为关于麻风病康复者的公益广告。

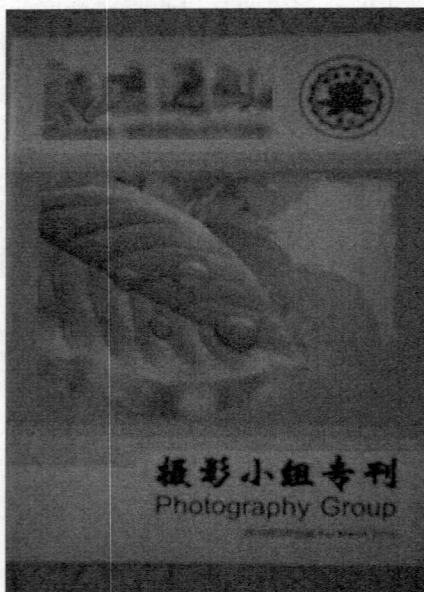

图 6-15　摄影小组专刊

2. 象棋艺术的发掘与展示

象棋是体现智慧的象征，现广泛流传于广大群众之中，它不仅仅是一种比赛项目，在康复村内，重要的是它能促进长者交往，是增进长者之间友谊的桥梁。现代社会，以棋会友，谈笑风生已成为象棋文化的重要组成部分。H 机构社工从2009 年开始，每年组织一次各麻风康复村之间的"象棋大赛"，通过象棋比赛，让长者展示自己的智慧，增加不同康复村长者之间的互动，促进康复者之间的交往，加深康复者之间的友谊，同时也通过媒体报道，让公众了解康复者的才艺，康复者之间的友谊，康复者与社工、志愿者之间的亲密互动，重建康复者在社会公众心目中的形象。

下面以 2010 年社工策划的"象棋比赛"展示康复者形象的再造过程。

活动总目标：呼应亚运精神与传承往届项目，通过较大规模的象棋大赛，集各重点院（村）的象棋爱好者参与整个活动，为他们提供以棋会友的机会，同时促进不同院（村）之间的交流，吸引社会各界的关注，从而促进社区的融合。活动分目标：增强各参赛村自身的凝聚力；为参赛长者提供以棋会友的机会，增进他们之间交流，从而增进他们的友谊；扩大东道村对外界的包容度；引起社会对麻风康复群体的关注。

活动实施情况及效果：

各村风采展板流动展示：将各参赛村能体现自己院村自然环境和人

文风采的照片粘贴在经装饰的展板上，每个院村一个版块，象棋大赛期间在东道村流动展示。该展示引起了部分长者的围观和讨论，东道村的个别长者看到自己到别的村探访的照片，心里甚是兴奋，到处向别人介绍；其他参赛村的长者在东道村看到自己村被拍下的风采，感觉亲切，宾至如归。以上情况表明，此项活动增加了各村参赛长者之间及参赛长者与东道村长者之间的话题，增进他们的交流和相互了解，营造东道村内和谐氛围。

亚运吉祥物传递：比赛前期，开展了亚运吉祥物传递活动，此项活动是 H 机构与广州亚组委志愿者部的一项合作。社工将亚运吉祥物及残运会吉祥物交给东道村代表，东道村代表再传递给其他参赛村长者，其他参赛村长者以村为单位相互传递，最后一个参赛村再传递给东道村的长者，东道村内部进行最后的传递。吉祥物传递结束后，主持人对吉祥物传递活动进行了简单的介绍，并委派工作人员表演亚运会中的部分项目，让长者竞猜。最后一道程序就是长者在传递活动的横幅上签名，H 机构向东道村代表赠送吉祥物。该活动吸引了东道村中将近 60% 的长者，长者们在传递亚运吉祥物的过程中相互间友好问候，竞猜环节积极回答，与主持人形成良好的互动，并在最后踊跃签名。除了调动起东道村的气氛外，活动还为参赛长者与东道村长者提供了一个正式见面的机会，他们传递的不仅是亚运的精神，还有彼此的情谊。本次活动融入亚运元素，让长者提前感受亚运气氛的同时，也让活动主题"一起来，更精彩"得到长者的进一步关注。

亚运知识问答：象棋大赛期间，将在医院阴凉处悬挂亚运知识问答题目，医院的休养员、工作人员、其他院村的参赛人员、义工等可以将答案告知服务台，答对者可换取小奖品。题目挂出的第一天，也是比赛正式开始的第一天，一天 5 轮比赛还没有结束，悬挂的题目已被长者解答完毕。此活动宣传和亚运知识的普及，营造了亚运氛围，同时加强了各群体间的交流。

小茶摊：比赛结束后，在榕树下开展康乐活动和唱歌班活动。到场长者（包括东道村与其他村的长者）共 40 人，被吸引过来的周边村民 2 人，工作人员 8 人。摊位结束后，部分长者仍自行组织唱歌。此活动以轻松的形式，为长者间的交流提供了平台。

友谊篮球赛：社工献给长者的一个助兴节目，深得长者认同。

大型闭幕式：场面出乎意料的盛大。仅是外面邀请来的两支义工队就带来了十几个节目，加上长者的表演，闭幕式超过 4 小时之久。由于礼堂容量不足，到场的长者有 73 人，东道村的到场长者超过该村长者总数的 60%，工作人员和部分嘉宾只能在门外守候。

（资料来源：笔者根据 2010 年梁社工的工作报告整理而来）

3. 文学家的发掘与展示

林伯，男，1929 年出生，现年 84 岁。1999～2004 年为 H 机构第二届理事会常务理事，2004～2007 年为 H 机构第三届理事会名誉理事长，2008 年成为 H 机构终身荣誉理事长，2001 年获得国际威利斯利奖，2008 年加入广州越秀区作家协会。他先后出版《苦难不在人间》《天使在人间》两本著作，另外，发表了很多文章、字画等。通过他的文学作品，很多普通民众认识了麻风病和麻风病患者，重塑了公众对麻风病康复者的形象。

林伯出生在广东江门的一个穷人家里，3 岁时父亲病亡，因为家境贫困常吃茶楼酒肆的剩饭剩菜，不幸染上麻风病，其二哥也染病早亡，家人流落分散。从 23 岁起，他先后被送进了近十家医院治疗，陆陆续续在麻风病院里待了 20 年。其间病变致双手勾残，等到病情康复后出院时，已是四五十岁的人了。老人回忆道："我从麻风病院里出来后，曾在居委会做抄抄写写的工作，后来失业了，只有上街靠卖字画为生。但许多人一看我的残手，马上扭头逃开……"于是萌发了著书立说，将麻风病患者鲜为人知的故事展示给世人的念头。白天他在街头卖字，晚上回到家中就忘我地埋头写书。从 20 世纪 80 年代初开始，老人三易其稿，书稿《苦难不在人间》（图 6-16）终于写成。他过去的一名学生，也是麻风病康复者的廖先生义务帮他誊清了书稿。他带着手稿，找过许多出版社和报社都没有结果。后来，他找到广东省作家协会，作家何先生看过其书稿，大感意外，惊喜之余，推荐给了花城出版社，于 1999 年公开出版，2000 年该书的繁体字版本《飞越麻风院》在香港发行，他把全部的稿费拿来设立了"H 机构康复者奖金"，用于鼓励勇于面对挑战、自立、自强的康复者。

2001 年，林伯获得了由国际麻风救济会颁发的威利斯利奖，并前往英国领奖，这个奖是专门表彰患者中面临巨大的挑战而英勇无畏地战胜困难的有影响力的人。

2010 年，林伯又在新世纪出版社出版了短篇小说集《天使在人间》（图 6-17），他在自序中写道："书中故事，每个元素都是我在人生经历中所见或所闻，把深有的感受提炼、升华，有些故事则是把多个典型糅合而成。通过这些故事，讲述麻风村和麻风病人经历着的一些事情，与其说是小说，不如说是我的真实见证和心里面真实的诉求。全书篇章着重倾诉病人的苦难，望读者听罢了倾诉之后，对麻风病人的生活和思想有更深刻的认知、理解、同情，不再对麻风病人存有偏见——这就是我最大的愿望。"

图 6-16　《苦难不在人间》

图 6-17　《天使在人间》

4. 民间画家的发掘与展示

金叔，男，1950 年出生，现 63 岁（2013 年）。12 岁入 X 医院治疗，8 年治好后回家了，然后 39 岁结婚，妻子比他小 13 岁，儿子上大学一年了。40 多岁时复发，一直不愿再入院治疗，后来手脚面容残疾变形，遭家人歧视，2005 年入院至今，感觉很不好。喜欢画画，而且画得很好，高兴时常给社工、志愿者送画，有一定的文化，但不高兴时就骂人、不理人。他性格孤僻，看不上其他康复者，觉得没有人能理解他，思想偏激，觉得社会很不公平，自尊心极强，终日不与人交往，对他人的评论很敏感，情绪暴躁多变。

　　刚开始社工用了很多专业的辅导方法，希望能改善他的状况，提升他的生活品质，发现成效不明显。后来社工用了"赋权增能"的方法，以他喜欢的绘画为突破口，分别从激发权能意识、发掘个人优势和培养个人能力三方面提升他的权能感，从而使其找到了自信。在此基础上，社工进一步发掘这位民间画家的潜能，通过志愿者网络和资源，给他办了个人画展，并通过新闻媒体报道，让他的绘画得到了外界的认可，改善普通公民对康复者的印象。

　　2012年4月18日至5月18日，在一群志愿者的帮助下，"风中之花——汉森病康复村老人金叔画展"在越秀区学而优书店里外空间展出。画展如是宣传："金先生，志愿者们称他金叔，一个土生土长的番禺人，今年七十岁上下。早年他不幸患上汉森病（麻风病），经过治疗，虽然已经康复，但依然对身体造成一定的损害，特别是那双手，只剩下拇指和食指。可是，就凭着这双手，凭着对故乡——岭南水乡的热爱，过去没有接受过绘画教育的金叔，在他住的房屋的柱子上、墙壁上、画纸上，画出了岭南水乡的山水、风俗、建筑、市井风情、生产劳动和人物，浓墨重彩，挥洒自如，真可谓原生态艺术（图6-18～图6-20）。看到金叔的画，几十年前的岭南水乡风光，如在眼前。让我们一同走进他记忆里的岭南水乡吧！"

　　《羊城晚报》2012年4月19日AII4对画家、画展进行了如下深度报道：

六旬麻风病画家终于成功展出个人作品，他甚至不敢相信——

"是不是真的展出了？"

图6-18　金叔的住所：廊柱、墙壁、门上都是画

图 6-19　金叔展示他心中的代表作

图 6-20　房间墙壁上画有《咏梅》

　　该画展吸引了很多民众观看，特别是一些怀揣公益心的志愿者和对绘画有兴趣的普通民众，观看金叔的画展后，大家无不表现出惊讶和惊叹，纷纷赞叹"金叔绝对是一名遗落在民间的杰出画家"。为这次画展提供了很大专业帮助的留学归国著名画家志愿者小莫说："我帮助金叔开画展，不是因为可怜他，而是欣赏他的画，他是被淹没的民间艺术家，很可惜没有被人发掘，我只是想把他的艺术呈现出来，让更多人欣赏。"该画展得到了很多媒体的报道，如新快报、羊城晚报、新浪网等著名报纸和网站都进行了报道，再造了康复者形象。

三年前，麻风病画家金叔根本想不到自己的画作能成功展出。4 月 18 日，"风中之花——汉森病康复村老人金叔画展"，在越秀区学而优书店内外空间展出。由于未亲眼见到画作展示，他甚至有些难以相信："是不是真的展出了？"

18 日中午，记者来到金叔居住的海心沙岛，这个位于番禺区大岗镇新沙村与细沥村之间的小岛被称为"麻风村"，是广州 5 个麻风病人聚居区之一。在这里，记者探究到一名麻风病画者的辛酸，尽管有了自己的画展，却要挑人少的时候去看；尽管热爱艺术，依然是其他麻风病人眼中的异类⋯⋯

活在画的世界里

18 日中午，风雨中的海心沙岛格外静谧，雨滴打在龙眼树和木瓜树上，溅起无数水花。

见有年轻人来探望，金叔和其余 20 多位老人一样，很雀跃。金叔身材瘦小，面色黝黑，脸上和衣服还沾有点点画漆。他今年 62 岁，麻风病让他的双手双脚溃疡，两只手都只剩下半截拇指能活动，其余部分被白色的纱布包裹着。

就是这双残缺的手，画出了一幅幅生动的画。

金叔的房子就在村口，他住的那栋小楼虽已有一定岁数，但在他的画笔下别样生辉，柱子、墙面、房门，画满了色彩斑斓的画作。进入他简陋的房间，映入记者眼帘的是他画在墙壁上的《咏梅》，朵朵梅花让房间顿时充满诗情画意，"前年画的，花了一天时间"。

除了四面墙壁被画作铺满，小屋里还堆满了金叔的作品。就连蚊帐上面，也放着几摞画。地上和桌面，凌乱地摆满颜料瓶和画笔。生活用品，却很少见到。他兴奋地从角落里拖出一个巨大的箱子，小心翼翼地打开，整整一箱，都是他的画。

画作卖过不少钱

金叔的家在番禺黄阁镇大井村，他很小的时候就爱上了画画。"阿爷也喜欢画画，我跟着他一起画。我只喜欢画画，没什么理由，就是中意"。

由于家庭条件并不好，不能跟着老师学画，就自己"练笔"，看见什么画什么。随着年龄增长，金叔画得最多的是山水风景图。20 多岁时，金叔把自己的画作拿出去卖，"市桥、莲花山、番禺好多地方我都去过，卖了不少钱"。说到这里，金叔的神色有些得意。

见记者仔细观赏他的作品，金叔兴致盎然地把"家藏宝贝"一幅幅拿出来，"这些都是一套的，要几张连在一起才好看"。《古珠三角》《番禺农村水乡情》《八鹤晨图》……金叔将心中的"岭南风情"画于纸面。在不少画作上，有他用红色画笔描出的"某某某"印章，旁边还写上"岭南美术创作"。

金叔说，他画画从不打草稿，挥手就来，也没有"灵感"一说，都是根据自己的记忆和想象来画。他去过的地方虽不多，但脑海中的风景却绵延不断。他还说，"木棉花是最有爱的花"，只有木棉花落地才会发出"啪"的声响，是他心中的英雄花。

办画展心愿得偿

1973 年，23 岁的金叔患上麻风病，来到海心沙岛 X 医院治疗。5 年后，他治愈出院，娶妻、生子、画画。然而，没有想到的是，2006 年，金叔病情复发，再次来到 X 医院接受治疗。

或许是旧病复发对金叔的打击太大，同在岛上接受治疗的老人都认为他孤僻乖戾、爱发脾气。金叔独居一处，不与其他老人同住宿舍楼，极少与其他老人交流。记者来到岛上时，别的老人聚在一起打牌、听粤剧、聊天，金叔却默默待在自己昏暗的房间里。

在这个岛上，金叔像个异类。

其他老人说，金叔大部分时间待在自己的小屋内，极少与大家一起。只有在谈起他的画作时，他才会提起兴致。记者主动提出请他一起去和其他老人聊天，他连连摆手摇头："聊不到一块去。"谈起以前的朋友，他说："以前有很多朋友，但得了这个病，都不敢见朋友了，他们会介意……"

然而，在金叔身上，还有另一个开朗的他。在和记者接触的几个小时里，他不仅热情耐心地展示自己的作品，还唱起他那个年代的歌，甚至主动拿起最喜爱的一幅画，让记者为他拍照。面对镜头的他，露出了腼腆的笑容。同行的志愿者告诉记者，此前，他一直很抗拒拍照。

三年前，金叔说想开个人画展。三年后，在志愿者们的帮助下，金叔的画展在越秀区学而优书店内外空间展出。金叔有些难以相信，他几次问记者："是不是真的展出了？你见到了吗？"

由于多年在岛上过着"世外桃源"的生活，金叔已经不太能适应人多嘈杂的环境。帮助张应全开画展的志愿者告诉记者，下周会找时间专车接老人去看展，不过，他们会避开喧闹的人群。

（资料来源：2012 年 4 月 19 日 AII4《羊城晚报》，人名和地名用了化名，有改动）

6.3　构建社会支持网络

H 机构通过各种方式，嫁接资源、发动志愿者，为他们构建社会支持网络。

6.3.1　构建不同康复村之间的互助网络

H 机构采用康复者会员制度，让来自不同康复村的康复者走到一起，互帮互助，携手前行，共同发展。

1. 医疗互助

为了保障康复者们在重病时及时获得救治，减轻他们在重病情况下就医时的负担，H 机构于 2003 年 12 月开始实施医疗互助项目，医疗互助金来自社会热心人士的捐款及康复者自身投入的每人每年 30 元，这种资金来源结构不仅可以帮助康复者们解决实际问题，还倡导了康复者之间的互助精神。

2010 年，在各院（村）会员及当地院（村）项目负责人的大力配合与支持下，项目的管理和执行工作高效有序完成，得到院（村）会员们的普遍认可。医疗互助项目负责人说道："医疗互助项目的设立，只是一个启动器，它不单单是缓解康复者因疾病带来的资金压力，也给康复者一个释放和展现心里的爱的契机，因为自己的一点点付出而带给其他康复者帮助，这份喜悦是难得的，如 M 康复村，最初对于医疗互助项目并不了解，只有一半的康复者参与，而经过一位村民的亲身体验后，康复者看到的不再是自己的小空间、自己曾经的一点点小付出，也许就是今天挽救同村康复者的重要基石，在当地医院的大力协助下，M 康复村全体村民共同参与了医疗互助项目。"

2. 精神互助

在 H 机构的推动下，机构会员人数不断增长，每年 H 机构都会组织各种类型的会员活动，有些活动就是为了达成彼此的沟通、理解和关怀，形成精神互助。比如，节日活动、城市一日游、院村互访等。

H 机构每年都组织一系列主题会员活动，比如，2010 年以"包饺子、拜新年"为主题的会员活动，在工作人员的组织下，志愿者、康复者齐动手包饺子，在参与者分享自身包饺子技巧的过程中推动沟通与互融。D 麻风村的一位老人告诉大家："40 多年，没吃到过饺子了，更没想到可以吃到自己包的饺子，虽然我包的家乡特色饺子都不知道分给谁了。"话语中充洋溢着开心与骄傲。

城市一日游活动旨在让康复者走进社会，在平等享有社会公共设施的过程中认知社会的接纳，提升自身的自信心，同时，通过城市一日游中工作人员、志愿者与康复者互动的形式,向社会公众传递平等、接纳的信息。城市一日游活动中,一位康复者告诉工作人员:"今天走进了农贸市场和饭店,在市场上买菜和在饭店吃饭,一切都像正常人一样,我们每个人打心里觉得舒服"。在城市一日游的过程中,负责交通任务的出租车司机(志愿者)讲述道:"和老人家一起外出走走,吃顿饭,他们就会把尔当成家人一般亲切,坐在我旁边的老人一遍遍问我介意不介意和他们同桌吃饭。当我说不介意的时候,我能够特别明显地感受到老人家的欣喜,没想到一顿简单的饭菜能有这么大的意义。"

院(村)互访活动致力于提高康复者的人际交往能力,增进麻风村之间感情交流,促进麻风村之间的和谐交流发展,让康复者了解到不同地区康复者的生活情况和院(村)环境,更为重要的是康复者通过院村互访活动,学习了其他康复村先进的管理和运作经验,为日后自己康复村管理积累了知识。同时,互访活动促进康复者保持与社会的接触,增加社会新知,有利于促进康复者的人脉网络的扩展和心智发展。康复者亲身体验了外界社会的变化,表现出无比的兴奋和激动,这有利于日后激发他们的生活自信。

3. 能力互助

H 机构还通过各种活动提升他们的个人能力、集体能力,如院村管理能力、写作水平、象棋水平、摄影水平。

H 机构推动多个麻风村成立院村管理小组,并针对其提供了日常财务记账、如何组织小组会议、村民大会等培训,提升管理小组的组织管理能力,促进其对自身院(村)事务的合理有效管理。针对由康复者组成的《H 机构通讯》通讯员开展了写作培训,并对每年的《H 机构通讯》进行讨论,制定出改版方案。

摄影小组:在 H 机构的推动下,成立了"人生·故事"摄影小组,每个村选择三个代表组成,定期组织摄影技术的培训、外出摄影、经验交流等小组活动,促进了这些康复者的自我肯定。由于资源的有限性,并不能让所有康复者都有机会参加,只是每个村选择三个有兴趣又很热心的代表参加。然后,让这些代表回到自己的村后,将自己的摄影技术和感受传递给其他康复者,丰富康复者的生活方式,培养康复者的兴趣,发掘康复者的潜能。

象棋大赛:从 2009 年开始,每年都组织麻风村之间的象棋大赛。象棋是体现智慧的象征,现广泛流传于广大群众之中,象棋不仅仅是一种比赛项目,在麻风村内,重要的是它能促进康复者交往,是增进康复者之间的友谊桥梁。以棋会友,谈笑风生已成为现代社会象棋文化的重要组成部分。自 2009 年开始,H 机构每年组织院(村)之间的象棋比赛,让康复者展示自己的智慧,增加不同麻风村康复者之间的互动,促进康复者之间的交往,加深康复者之间的友谊,也强化自己对康复村的归属感。

6.3.2　构建周边村对麻风村的支援网络

由于"污名化"，周边村对麻风村充满了恐惧和排斥，而周边村又是麻风村最容易获得的社会资源，H机构通过各种方式消除周边村对麻风村的误解，构建了周边村对麻风村的支持网络。

1. 通过周边村宣传教育，消除歧视

H机构专门成立了周边宣传队，定期在周边村进行宣传教育，宣传的形式有：村内活动图片展；村内活动视频播放；派发传单；麻风知识解说；派发宣传赠品。目标：展示康复者的精神面貌和生活状况；让村民了解麻风知识，了解康复者的生活状况和健康状况；促使麻风病康复者在周边村生活的正常化，消除村民对他们的歧视，并在必要的时候提供支持。

2. 开展社区融合活动，促进共融

为了让周边村更深入地了解麻风村，H机构定期在麻风村组织社区融合活动，邀请周边村民参与同乐，活动内容通常有：摊位游戏（套圈游戏、扔乒乓球游戏、水球射门游戏、折花……）；图片展、社工与康复者在康复村的活动视频；康复者技能表演；志愿者表演；康复者、志愿者、周边村民大合唱；抽奖等。

3. 开展惠及周边村的康复服务，推动共享

自2010年起，H机构将眼科项目进一步拓展，不单单支持麻风病康复者的眼部疾病预防，更将周边村非康复者贫困人口纳入到服务范围中，是一种推动康复者融入社会的新尝试，也是推动全人类平等的一种体现。该项目之行的地点是云南省M县，在当地最热闹的市集，进行麻风知识的宣传并发布手术信息，募集符合条件的麻风病康复者及当地贫困人群参与，活动得到当地政府的大力支持，并协助项目对符合免费手术条件的贫困人口进行筛查。这是一次麻风病康复者与非康复者共同参与、推动平等享有社会服务权益的体现。

该项目也极大地促进了康复者与非康复者的相互理解与融合。接受手术者赵先生的儿子说："家里条件不好，没钱看病，还要照顾两个孩子读书，看着我爹每天一样的表情，心里真难受。两年来，我们夫妻两个总要留一个在家，照看老人，这些都不算什么，怕的是我爹自从眼睛瞎了以后就不说话，总把自己关起来，两年来我第一次看到他笑。这次出来做手术，也打开了我父亲的心结，他一直很忌讳麻风病，怎么都不肯和麻风病康复者一起动手术，我把宣传资料拿回去和他讲解，还带他到现场观看，现场很多人，有医生、大学生志愿者，工作人员在听到我们的情况后，专门和我爹讲了麻风知识和麻风病康复者的情况，我爹看到活

动现场大家都不怕，都一起吃饭的情境后决定自己也参与手术。"

X 麻风村的康复者大都反映这几年周边村村民不再歧视他们了，还经常主动送一些蔬菜、水果等农产品之类的东西给他们，有时还主动到麻风村与这里的康复者一起打打牌、下下棋等，也会吃康复者送给他们的东西，感觉是邻居了。

阿天是周边村的一位村民，现为 X 麻风村的污水处理厂的工作人员（2010 年开始，已经 3 年多了），每天都要到村里工作，工作之余都会与康复者一起打牌、打麻将、下棋等，也经常给康复者们从外面购买东西，康复者们都欢喜地称他为"干儿子"。

> 笔者：你一开始言怕他们吗？
>
> 阿天：刚开始我也很害怕，以前听我们村的老人家说得很恐怖，起初不中意这份工作，后来看到很多大学生志愿者经常到这里来，我也就抱着试试看的心态接受了这份工作。跟这里的老人家接触后，感觉没有什么，他们都很好，很好客很友善，还经常碰到很多大学老师、学生与老人家一起玩、吃饭、睡觉，就完全放心了，我现在很喜欢这份工作，能够帮到他们，我也感到很快乐。
>
> （资料来源：访谈资料，访谈编号为志愿者 Z7，2012 年 11 月 20 日）

阿娴是周边村的一位姑娘，小的时候随父母到田间劳作时认识了这里的老人家，觉得老人家都很慈爱，以前还给她东西。后来长大了，到外地读书，也就慢慢淡忘了这里。工作后因为从事志愿者服务，儿时的麻风村和康复者重新回到了她的世界，她现在经常周末在不上班时就会一个人到麻风村，协助康复老人购物，帮忙做一些力所能及的事情。

> 笔者：你从什么时候开始来麻风村？
>
> 周边村的阿娴：我 26 岁，就住在对岸，小时候跟爸爸妈妈在麻风村附近干活，认识这里的老人家，他们对我很好，记忆深刻。后来我家的土地租给了别人，就很少过来了。直到去年，在微博上通过一个偶然的机会认识了某高校一位志愿者，就跟他们一起来探望老人。后来，我就经常自己一个人过来了，有空就来，反正很近，就像自己家族中的老人，给他们提供一些力所能及的帮助。
>
> （资料来源：访谈资料，访谈编号为志愿者 Z8，2012 年 11 月 25 日）

6.3.3　构建志愿服务支持网络

志愿者及其组织是一种庞大而有爱心的社会资源，H 机构非常重视志愿者资源的有效管理和利用，通过对志愿者及组织进行分层管理，构建类别化、层次化的志愿服务支持网络。

1. 嫁接志愿者组织，协助自主提供持续支持性服务

有些志愿者组织本身资质很好，有自己的专长领域和运行模式，管理服务都很规范。对于这类组织，H 机构采取的策略就是：发现它、给它提供信息、提供必要的建议，在前期提供必要的协助，然后就由它自主提供持续支持性服务。

比如，X 医疗志愿服务社，这是一家香港基督教医疗机构，主要通过招募基督教医疗志愿者提供医疗服务，服务地区包括中国香港、中国内地及东南亚。自1999 年 H 机构引进后就一直持续支持到今天，他们的服务内容随着服务对象需求的变化而变化，服务内容包括：①伤口护理，医疗人员定期到不同村落，为村民洗伤口和提供护理服务，因为麻风病令康复者不同程度失去对痛楚的感觉，所以在生活中经常会受到碰撞及火烧的伤害，身体各处都有伤口，有时深及见骨，一群充满热诚的医护人员便利用他们的假日，抽身前来麻风村，定期定点为他们消毒、洗净伤口；②缝纫工场，这是特别为只受轻度感染、四肢方便的康复者而设，他们大部分是妇女，给他们提供缝纫训练，制作百家被、轻便袋、围裙、化装袋等，把制成品售卖，让他们可以自力更生。一方面增加收入，另一方面帮助他们融入社群，增强自信心；③探访，通过在节假期探访，与村民握手，送上一些小礼物，为他们表演节目，一同玩游戏活动，以减少康复者们的孤独与伤感，为他们苍凉的晚年带去关怀、欢乐、接纳和希望；④"仁爱之家"，L 康复村，位于广东省的偏僻山村，村内住了约 130 人，村民生活困苦，由于受到歧视，康复者的子女都被拒绝入学，几经周折，终于在 2002 年有学校应允让孩子们入学读书，机构就在附近租了一间房屋作为学生中心，把他们的子女送来，以方便上学，这幢三层高的楼，定名为"仁爱之家"，有 12 名康复者的子女及贫困家庭的儿童住在一起，他们终于有一个较理想的环境读书、生活，志愿者们盼望一点点的关怀能造就他们，使其将来回馈社会。现在有一位当地的阿姨作为厨师与他们同住，负责煮饭，一位从香港来的阿姨作为家长同住。

又如，J 工作营，这是一个在日本、韩国等国际志愿者的推动下于 2004 年在中国南方成立的志愿者组织，致力于将工作营植根在中国并形成一个全球工作营网络，该志愿组织秉承国际工作营的宗旨：走进工作营，天下一家亲。该组织致力于以工作营的方式开展志愿者活动，刚开始主要与 H 机构合作在麻风村开展工作，后来慢慢独立自主运行。该工作营在麻风村开展的主要工作有：①工程，即建造厕所、厨房、修路、修房屋、引水工程等；②交流，即工作营定期在不同麻风村举办联谊晚会，让志愿者与村民一起参与，并吸引周边村村民参与，提供了一个康复者与志愿者、周边村村民彼此理解、交流的桥梁；③同伴教育，即有些麻风村也有年轻人，他们大都是康复者的孩子或孙子，因为社会歧视和贫困，他们缺少教育，为此这些大学生志愿者会收集一些阅读材料给他们，教他们如何自

我照料，带他们到城市参观等，与他们做朋友，让他们拥有希望和自信，帮助他们树立正确的世界观、价值观；④社区宣传，即为了消除社会歧视，并呼吁更多来自社会的关注，J 工作营会与各地志愿者组织举办工作营图片展，通过这些活动让人们了解村里的真实情况，理解麻风村及工作营。

2. 发掘企业志愿资源，共同策划慈善公益项目

随着慈善事业的发展，越来越多的企业有意愿加入到慈善事业，有些企业还成立了慈善公益部门，对于这类企业志愿资源，H 机构采用动员、协商的方式，与这些组织共同策划慈善公益项目。

比如，H 机构与 J 拍卖行合作的品荔公益游项目：S 麻风村有一片上百棵 40 多年树龄的荔枝园，原本承包的果农在 2010 年因合同到期而撤资，只能靠村民自己打理。在此居住的 26 名村民均为年逾 70 的康复者，年迈、残疾及资金短缺的状况使荔枝园的管理成为一个问题，因村民没有能力采摘，也无法运送果实至市场出售，产量达至两万多斤的荔枝将面临烂于树上的困境。经过实地勘察，利用广东人夏季喜欢去城郊采摘荔枝的传统，H 机构萌发了把采购荔枝与做公益捆绑起来变成公益旅游活动的想法。经过多次研讨，H 机构最终形成了"慈善拍卖会+市郊一日游"的初步方案，然后积极寻找合作伙伴。这时 J 拍卖行正好有意涉足慈善事业，于是一呼即应建立合作伙伴关系，共同主办"品荔公益游"慈善拍卖会。筹集资金以解决 S 麻风村荔枝园管理问题和为麻风病康复者安装假肢的问题。

项目成立了专项筹委会，由以 H 机构项目部为主的跨部门合作机制下的员工及 J 拍卖行负责拍卖会的主拍卖师组成，根据工作进度定期召开筹委会议。受资助的服务对象根据 H 机构生理康复组走访麻风村时的需求登记及康复者来电登记来确定。J 拍卖行免去竞拍人的保证金、委托人和买受人的佣金，8 名员工以志愿者的身份参与拍卖会的举办工作，承办竞拍工作。J 拍卖行更是用子公司名誉参与拍卖，捐赠了金额不小的资金。买受人支付全部价金后，在荔枝成熟的两周采摘时间内，可提前与 H 机构商定进村采摘时间，H 机构工作人员协助相关采摘、媒体跟进等工作。资金投入使用后，由 H 机构假肢技师开展康复者假肢安装工作。资金的具体使用情况每季度在 H 机构网站公开，供公众监督。2011 年，"品荔公益游"项目筹集资金可满足 33 名康复者的假肢安装需求。

该项目从 2011 年启动，2012 年更完善，H 机构将把该项目作为每年的一个重头常规项目开展下去。

3. 广泛招募志愿者，提供不同类型的支援服务

还有大量的学生、社会人士，他们不从属于某个志愿组织，却愿意参与志愿服务或尝试体验志愿服务，H 机构也努力调动这部分资源，发挥他们的智慧。H 机构通过网站、微博、QQ 群、社区宣传等各种途径招募志愿者，并对他们进行必

要的培训、指导,建立激励机制,根据不同康复村的需要开发不同的志愿服务项目。根据康复村康复者的需要,也根据志愿者的个人特长和需要,H 机构设置了5 个志愿服务板块:①社区服务部落,主要工作包括探访康复者、院(村)环境建设、卫生打扫、倾听与陪伴、协助举办院(村)康乐活动、农田维护、经济建设支持等;②公平贸易支持部落,主要工作包括产品线上线下包销、产品推广、渠道拓展、透过产品推广实现公平贸易;③综合支持部落,主要工作包括司机、翻译(客家话、英语、粤语)、采购、文艺指导、为其他部落活动开展提供支持等;④设计部落,主要工作包括商标设计、徽章设计、包装设计、(环境)空间设计、网站设计、图文排版等;⑤活动部落,主要负责大型活动策划,如 3 · 11 活动、品荔公益游、院(村)康乐活动、象棋大赛、生日会、志愿者部落联谊会等。

6.4　重建逻辑:社工促进康复者与公众之间合理交往

重建过程中,社工充当麻风知识的宣导者,向社会公众宣传正确的麻风知识,并用社会公众容易接受的话语进行宣传和教育,比如:麻风病可防可治不可怕;麻风病是一种传染性极小的传染病;麻风病已经成为历史;麻风病在我国已经基本得到控制。在宣传过程中,社工用图片、视频、小册子等方式,让麻风病的正确知识深入人心,并用社工或志愿者与康复者的亲密互动图片、活动情景等生动的方式,向公众传递"麻风病不可怕"的正确观点。

社工还充当康复者的代言人,向公众表达他们的需要,例如,麻风病康复者需要的不只是物质帮助,他们更需要得到别人对他们的尊重、理解和认同。社工组织康复者的外出活动,让康复者走进公众生活,让公众真正认识这群特殊老人,他们不是公众想象的那么可怕,从而使他们之间产生交往,在交往中发挥话语建构的功能,消除社会歧视。社工还通过发掘和展示康复者的才艺,如举办摄影展、画展、出版文学作品等,通过这些作品的展示,消除人们头脑中的刻板印象,建构对康复者的正面形象。

此外,社工还创造机会和平台,让社会公众走进麻风村,与麻风病康复者产生亲密互动,建立社会公众对麻风病康复者的支持网络,为康复者提供必要的社会资源和心理支持。

第7章 行动后 X 麻风村康复者的
生活世界：融合型

2012年8月11~20日，笔者带着4位曾经的实习社工到 X 麻风村小住了10天，跟康复者同吃同住，笔者掩饰了自己研究者的身份，只说来"陪伴"他们。笔者将相关的访谈提纲放于心中而选择一种更加自然的方式观察、了解他们现在的生活状态，用自然谈心的方式理解他们的生命历程和感悟。笔者想通过这种方式收集资料，分析他们在接受10多年社会工作服务后的生活世界，同时检视和反思这10多年的社会工作行动。总体来说，行动后 X 麻风村康复者的生活世界呈现出融合型特征，但也还存在一些问题和不足。

7.1 融合型生活世界的特征

7.1.1 美好的康复者生命世界

1. 整体生活满意度高

经过 H 机构13年的社会工作服务后，X 麻风村康复者的整体生活满意度较高，笔者的评估方式是他们自己的总体评价和笔者的现实观察。目前，健在的23名康复者中有5名自认为生活满意度很高，13名康复者对现在的生活表示较为满意，4名康复者认为生活满意度一般，只有1位康复者认为生活状态不稳定，他自己的回答是"不满意"，笔者的观察是该康复者有时很友好、很开心，有时闷闷不乐、不搭理人，活在自己的世界里，详见表7-1。

表7-1 X 麻风村康复者的整体生活满意度情况

编号	书中称呼	性别	年龄/岁	生活满意度	编号	书中称呼	性别	年龄/岁	生活满意度
K1	陈叔	男	65	很满意	K8	乾叔	男	63	较满意
K2	高姨	女	66	很满意	K9	光叔	男	88	较满意
K3	珠姨	女	71	很满意	K10	章叔	男	71	较满意
K4	田伯	男	79	很满意	K11	牛伯	男	70	较满意
K5	程婆	女	96	很满意	K12	梁叔	男	61	较满意
K6	涛姨	女	77	较满意	K13	秀婆	女	85	较满意
K7	姜公	男	85	较满意	K14	旗叔	男	72	较满意

续表

编号	书中称呼	性别	年龄/岁	生活满意度	编号	书中称呼	性别	年龄/岁	生活满意度
K15	方叔	男	71	较满意	K20	长叔	男	71	一般
K16	旗伯	男	75	较满意	K21	阳婆	女	90	一般
K17	程伯	男	80	较满意	K22	蓝伯	男	53	一般
K18	森伯	男	78	较满意	K23	金叔	男	62	不稳定
K19	据叔	男	73	一般					

注：根据笔者 2012 年 8 月的访谈资料和观察记录汇总而来，书中称呼为化名

2. 康复者综合能力提升明显

H 机构通过康复者自身和环境的改善，大大提升了康复者的综合能力，包括自我掌控力、与人沟通的能力和倡导社会公平的能力，通过这些能力的提升达到自我概念、自尊感、成就感、满足感的增强。笔者从身体状况、文化素质、社会爱好/特征、性格特点、邻里关系、对外关系等角度来评估 23 位康复者的综合能力状况，详见表 7-2。

表 7-2 23 位康复者的综合能力状况

编号	书中称呼	身体状况	文化素质	生活爱好/特长	性格特点	邻里关系	对外关系
K1	陈叔	左手截肢装了假肢，生活可完全自理	能自行阅读	有一些医学知识，是医生助理	热情、大方、开朗	很好，是社区领袖，但也有少数几位康复者对其不太满意，他能理解	很好，主动热情，与外界交流最多
K2	高姨	腿有截肢，双手损伤严重，生活可自理	不识字	喜欢看电视	热情、乐观	很好，喜欢沟通，乐于助人	很少，一般都是丈夫（K1）代为交流
K3	珠姨	残疾较轻，生活完全可自理	有一定的阅读能力	喜欢打牌、唱歌	大方、开朗、乐观	很好，能主动帮助其他人	积极、主动参与社工、志愿者组织的活动
K4	田伯	残疾较轻，生活完全可自理	能自行阅读	喜欢种菜、外出	乐观开朗，助人为乐，善于交往	较好，但因与志愿者关系太好遭到其他康复者嫉妒	很好，经常自己骑车外出，与志愿者保持较密切联系
K5	程婆	年长，行动缓慢，生活可自理，头脑清醒	不识字	打麻将	有规律地生活作息，心态较好	较好，康复村最年长的人，话不多，勤快干净，大家都很尊重她、帮助她	语言表达不太清晰，不主动与外人交流
K6	涛姨	残疾较轻，生活完全可自理	不识字	聊天	配合者，会关心身边人	较好，总是笑容可掬	不会很主动，但会配合参加活动
K7	姜公	双脚截肢坐轮椅，生活可自理	能自行阅读	阅读、聊天	乐观、健谈、乐于助人	很好，一直是村里比较受尊重的人	较少主动与外界联系，会配合参加活动
K8	乾叔	右腿截肢装假肢，生活完全可自理	能自行阅读	喜欢种菜、果树等	外冷内热，乐于助人	与室友关系较好，用行动维护集体利益，但不善言谈	较被动，但用行动表达感谢如送果蔬给社工、志愿者

续表

编号	书中称呼	身体状况	文化素质	生活爱好/特长	性格特点	邻里关系	对外关系
K9	光叔	残疾较轻，生活完全可自理	能自行阅读	喜欢听粤曲、拉二胡、打牌	热情、开朗	较好，经常跟其他康复者一起打牌，脾气有点火爆，有不满会表达出来	沟通能力好，能自如与社工、志愿者交流
K10	章叔	右手和右脚麻木没感觉，生活可自理	能自行阅读	喜欢下象棋、看报纸、关心时事	乐观开朗，善于交往	较好，会互相帮助，且热心于社区公共事务	沟通能力好，能自如与社工、志愿者交流
K11	牛伯	残疾较轻，生活可完全自理	识字少	喜欢看电视	热情、乐于助人	乐于助人，曾是村长，与几位康复者有心结	沟通能力好，能自如与社工、志愿者交流
K12	梁叔	左脚前半个脚掌截肢，生活可自理	能自行阅读	唱歌、下棋	热情、开朗、健谈	一般，刚来到麻风村半年，还在融合中	很好，主动热情，与外界交流较多
K13	秀婆	驼背很严重，生活可自理	识字少	每天固定割草，喜欢打麻将	沉默寡言，干净，生活安排有序	较好，年龄较长，大家比较尊重她	会参加社工、志愿者活动
K14	旗叔	生活可完全自理	能自行阅读	喜欢打牌	独立，不合群	一般，不太关心他人和集体	表达能力较好，能与社工、志愿者良好互动
K15	方叔	一只眼失明另一只怕光，生活可自理	能自行阅读	种植农作物	比较慢热、自卑	较好，会互相帮助	不太主动，但能配合参与活动
K16	旗伯	右手及双脚畸形，右眼看不到，生活尚可自理	不识字	喜欢听收音机、下棋、打牌	有点贪小便宜	较疏离，对其他康复者有较多不满	不太主动，但能配合参与活动
K17	程伯	四肢健全，小腿处有轻微的溃疡	不识字	喜欢下象棋	有比较健康的生活习惯	较疏离	不太主动，但能配合参与活动
K18	森伯	听力不太好，生活可自理	能自行阅读	下象棋	善于交谈，以儿子为傲	与三位康复者较好，其他较少交流	有外出，能配合参与活动
K19	据叔	双脚截肢，生活可自理	识字少	爱好象棋、听收音机、看电视	比较封闭，贪小便宜，不喜交往	喜欢以大笑、"吹水"的方式应付别人的问题，不够真诚	不太主动，但能配合参与活动
K20	长叔	双手和双脚溃疡致畸形，生活基本可自理	不识字	无特别兴趣爱好	善良，主动打扫公共卫生	其他康复村认为他弱智，常取笑他	不善交流，但能配合参与活动
K21	阳婆	双脚溃疡较严重，生活可基本自理	不识字	早晚各一次散步	不太讲卫生，不善言谈	较疏离，其他康复者不太喜欢她	不善交流，但能配合参与活动
K22	蓝叔	肢体情况良好，生活完全可自理	能阅读，表达清晰	种植农作物、养殖鸡鸭	较沉默，总在默默劳动	较疏离，不喜欢麻风村	经常外出，能配合参与活动
K23	金叔	手脚面容残疾变形，生活可自理	能阅读、写作	画画	性格孤僻，思想偏激	较疏离，他不喜欢麻风村，其他康复者也不喜欢他	很多志愿者关心他，协助他开画展，但交流要看心情

资料来源：根据笔者 2012 年 8 月的访谈资料和观察记录汇总得出，书中称呼为化名

从表 7-2 呈现的状态可见，现在所有康复者的身体基本没有什么严重的疾病，生活基本都可以自理，这说明 H 机构提供的生理康复项目产生了良好效果，也与 X 医院提供的医疗服务较好有密切关系。当一个人能掌控自己的身体、安排自己的生活时，他（她）就有了基本的生活满足感。他们与人交往、互动的能力也大大提高。从每个人的邻里关系、对外关系中发现，很多康复者热情、大方、主动，懂得与邻里建立好的互动关系，常有互帮互助的行为，有些康复者虽然还不够主动，但在社工和志愿者的鼓励下都能配合参与活动，懂得感恩。

7.1.2　和谐的社区生活世界

H 机构通过一系列的社区服务活动，旨在营造社区意识，促进邻里互助，发展康复者自我管理、自我服务、对外交流的能力，成效明显，形成了和谐的社区生活世界，主要表现在以下几方面。

1. 美丽的"世外桃源"

干净整洁的康复社区。2005 年，在政府的支持下，麻风村的基础设施进行了更新换代，物理空间环境大大改善：康复村有三栋楼，其中一栋为公共活动区，二楼文娱室里有电视、DVD、音响等设备，其余两栋楼为宿舍楼，新宿舍楼下也有电视、DVD、音响等设备。公共活动区和新宿舍楼前空地还加盖了锡铁顶棚，使其连为一体。那里可提供场地和桌椅，雨天也可以开展活动。村里有一大一小两处宣传栏，还有麻将、象棋等娱乐设施。村里宿舍旁边有一片草地，有两个雅致的小亭，也有石桌椅，村里绿化比较好，村子周围有大树，树下有休息的桌椅。在社工驻村之前，康复者缺乏社区意识，公共卫生较差，康复者会在公共场所随地吐痰，吃饭时会将菜汁、骨头等撒在地上，随意丢弃垃圾，个人卫生也不够好等。现在这些现象都没有了，康复者会自觉搞好自己的个人卫生，还会自觉维护公共卫生，自觉清扫公共空间，这里变成了"世外桃源"。

很多志愿者到 X 麻风村后都感叹"这里真是一个世外桃源"，康复者听到这样的赞美后也非常开心，这也激励他们继续维护自己的社区，更加热爱自己的社区。

2. 丰富的日常生活

过去康复者文化素质低下，兴趣爱好不多，生活单一，每日就是吃饭、睡觉、发呆。现在的日常生活变得丰富了很多，常见的休闲活动有打牌、打麻将、下棋、读报、听收音机、看电视、拉二胡、画画、种果树和蔬菜、割草、养鸡鸭猫狗、聊天、散步等，这些都可以满足他们的精神需要，陶冶情操。同时，这些也吸引了很多志愿者的到来，志愿者感觉这里像是世外桃源，充满温情，觉得到这里来探访康复者是一种幸福，这样，康复者与志愿者之间产生了一种双向良性互动。特别是周末，通常都有志愿者到访，麻风村，志愿者的到来会进一步丰富麻风村的日常生活。志愿者韩老师就是这里的常客，几乎每个月都会来麻风村住上一两天，下面是笔者与韩老师的一段对话：

　　笔者："韩老师，你是怎么知道这里的？通常多久来一次？"

　　韩老师："我于 2011 年参与一次志愿者活动知道了这个麻风村，认识了这群老人家，现在我不再跟随志愿组织了，隔一段时间我就邀约几个好朋友到这里度周末，跟他们一起聊聊天、打打牌、下下棋，感觉像是走亲戚，我没有感觉自己有多伟大或在帮助他们，我们的帮助是相互的，我在与他们一起享受生活。"

（资料来源：访谈资料，访谈编号为志愿者 Z4，2012 年 11 月 25 日）

3. "一家人"的社区氛围

他们的邻里关系、互助精神较好。日常生活中常有互帮互助的行为，比如，外出时帮助不能外出的康复者购买需要的物资，把自己做的得好吃的东西与其他康复者分享，将自己种植的水果、蔬菜送给有需要的康复者等。大部分康复者都会有几个特别要好的朋友，经常一起聊天谈心，特别是住在同一间房子的康复者关系相对较好，像家人一样，日常生活中都会相互照应。康复者朱伯说："之前陈婆在我生病的时候特意跑到医院给我洗衣服，现在她年纪大了，也要我来照顾一下了。例如，我帮她带着她女儿给的手机，如果她女儿打电话来，我就拿给她听。"

懂得感恩，善待志愿者。对于社工、志愿者的到来，康复者都非常欢迎，并懂得感恩，志愿者走的时候总是会送东西给志愿者以表达感谢。笔者每次去麻风村回家时，他们总是让笔者带走各种各样的水果、蔬菜，几乎所有的康复者都出来送笔者到很远，令人感动。探访过一次的志愿者通常都会选择继续探访，因为他们感到受到重视、被需要。某高校志愿服务队队长说：

　　我们的服务队都喜欢探访这里的老人家，而不喜欢探访老人院的老人家，这里的老人家很淳朴、懂得感恩、很喜欢我们，而老人院的老人家很挑剔、抱怨多、不懂感恩、对我们提出很多不合理要求。

（资料来源：访谈资料，访谈编号为志愿者 Z3，2012 年 12 月 25 日，有改动）

7.1.3　支持性的外部生活世界

经过 H 机构多年社会资源的动员与链接，现在已经有大量的志愿者、周边村村民、其他村的康复者走进 X 麻风村提供不同类型的社会支持，而这些康复者也有很多机会走出来参与社会活动，与不同的人群打交道。笔者主要从康复者的角度来理解周边村落、志愿者、X 医院、H 机构及社工、党和政府等重要支持主体为 X 麻风村康复者提供的相关支持。

1. 周边村民不再歧视

X 麻风村坐落在孤岛上，附近有一个自然村落，目前岛上鱼塘已归附近村落所有，康复者与附近村民的关系也是在近十年才有所改善，尤其是 2009 年，康复村举办 50 年庆典的时候，附近很多村民真正意义上第一次踏进岛上，与康复者有了正面沟通。周边村落对于康复者来说是很重要的支持系统，村民的歧视与不接纳很大程度上会影响到康复者的日常生活与出行，甚至会使其产生自我怀疑和否定。康复者大都如是说：

> 原来他们（附近村民）从来不到我们这里来，做工（在岛上工作）水都不敢喝，现在对我们很友好。
>
> 周围人现在都会自己到麻风村来，不再歧视我们了。
>
> 之前去外面小店买吃的，店家也会不理我。如果要买吃的，只能打包带走，不让你在那里吃的，那时候外面还是很歧视的。现在就好很多了，有了这么多学生、志愿者来到这里，外面的人也不怕我们了。

（资料来源：访谈资料，康复者集体访谈，2012 年 8 月 18 日）

2. 志愿者像亲人

自 1999 年 H 机构引入的香港 X 医疗志愿服务社，为康复者带去了志愿者的第一波福音，发展至今，J 工作营、T 慈善基金会、P 义工联等十多家志愿服务组织定期到麻风村里进行探访。X 麻风村中大部分康复者都是在年轻的时候就患上了麻风病，被迫隔离，基本上处于未婚状态，更无儿无女。如今，康复者步入老年阶段，原生家庭的亲人逐渐老逝，家庭系统的支持也越来越缺乏，志愿者团体的探访恰恰弥补了这个不足。虽然志愿者团体不能够长期陪伴在康复者的身边，但定期如亲人般的慰问探访也能给年迈的康复者带来生气与希望，一定程度上弥补了家庭支持系统的缺失。在访谈过程中，康复者都给予志愿者团体非常正面积极的评价。大多数康复者如是表达：

> 志愿者甚至比我们的亲人还好，有些亲人都害怕我们的病，但他们不但不歧视，还和我们一起吃饭、玩乐。
>
> 你们这些志愿者、学生很好！对我们很好，就像亲人一样，我们很感激也很开心。

（资料来源：访谈资料，康复者集体访谈，2012 年 8 月 18 日）

3. X 医院的医疗、物质支持很大

X 麻风村一直由 X 医院管理，大多数康复者都表示医院给了他们很大的医疗

和物质上的帮助。从 H 机构的 2007 年社会心理康复项目协议中，也可以看到当初项目的部分运作费用就是由医院支持提供的。H 机构之所以选择 X 麻风村作为他们最早的服务村，也是因为该医院主管医生的积极接应。康复者普遍认为：

　　　　其实医院给了我们很多照顾。

　　　　很好，能及时看病就医，每天来查房，但精神关注不足，康复村的

自我管理权不足。

（资料来源：访谈资料，康复者集体访谈，2012 年 8 月 18 日）

4. 党和政府是他们的再生父母

在麻风村里，康复者除了能够得到每月固定的经济补贴外，还能得到医护照顾。几乎所有康复者都认为那是政府给他们的照顾与恩赐，非常感激党和政府。康复者普遍如是表达：

　　　　很感激党和政府，他们是我们的再生父母。

　　　　共产党对我们很好，我不信教也是因为这个，共产党是不可以信教

的，那她对我这么好了，我怎么可以信教，做出跟她相反的事情呢？

（资料来源：访谈资料，康复者集体访谈，2012 年 8 月 18 日）

5. H 机构和社工像天使

在访谈过程中，康复者对于 H 机构及社工充满着感激之情，感觉他们像天使一般。康复者普遍表达说：

　　　　H 机构长期帮助我们，从假肢、眼科手术、溃疡护理到院村互访、

象棋大赛等，他们像天使。

　　　　H 机构一直在为我们工作，帮我们消除歧视，他们到社会上去宣传，

让外面的人知道麻风病，让他们没那么害怕我们。

　　　　没有 H 机构，就没有我们的今天。

（资料来源：访谈资料，康复者集体访谈，2012 年 8 月 18 日）

7.2　社会工作行动反思

H 机构在 10 多年的社会工作行动中，虽然取得了很多成效，但也还存在一些问题和不足，主要表现如下。

7.2.1　家庭系统的重建被忽视

对中国人来说，家庭在每个人心目中都有着非常特殊的位置，对个人的影响也是非常深远的，因此不可忽视家庭。家庭分为原生家庭和新生家庭。原生家庭

是指父母的家庭，儿子或女儿并没有组成新的家庭，这样的家庭泛指原生家庭。新生家庭就是夫妻自己组建的家庭，不包括夫妻双方的父母。随着个人的成长，每个人都会经历从原生家庭到新生家庭的过渡，这是家庭系统的连续体，个人在不同的家庭形态中扮演着不同的角色，满足不同的需要，也承担不同的责任，良好的家庭关系是促进一个人顺利成长的主要因素。

对于麻风病康复者来说，他们的家庭关系呈现出这样的特点：①有些因从小患病而被迫隔离，导致终身未婚；②有些婚后发现患病而被迫离婚；③有些婚后发现患病后仍然保持着婚姻关系；④有些在医生的协助下两个康复者组建婚姻，没有子女。X 麻风村康复者的家庭关系状况详见表 7-3。

表 7-3　X 麻风村康复者的家庭关系状况

编号	书中称呼	性别	年龄/岁	新生家庭关系状况	与原生家庭（家族）的关系
K1	陈叔	男	65	56 岁时与另一康复者（K2）结婚，生活幸福	有 2 个哥哥、1 个弟弟，家境一般，会接济他们，也因此产生家庭间的小矛盾
K2	高姨	女	66	2003 年与另一康复者（K1）结婚，生活幸福	现与姐姐的孙子有较为密切的联系
K3	珠姨	女	71	入院前有 2 个孩子，但患病后被婆婆逼着与丈夫离婚。1990 年与村里另一康复者再婚，夫妻关系很好，2007 年丈夫去世	较和睦，一起吃饭
K4	田伯	男	88	结过婚，但觉得与妻子无感情，一直分居，与子女关系不太密切	与侄女关系较好，有回家
K5	程婆	女	96	入院前丈夫已过世，独立抚养 3 个女儿，3 个女儿都嫁人了，偶尔会来探望她	疏离
K6	涛姨	女	77	1974 年主动与另一康复者结婚，有养女	疏离
K7	姜公	男	85	入院前已成家，有 3 个子女，关系密切	疏离
K8	乾叔	男	63	未婚	与兄弟关系良好，会经常回家看他们
K9	光叔	男	79	入院前有妻子与子女，与家庭关系较好	疏离
K10	章叔	男	71	1964 年结婚登记，1967 年因为患病被迫离婚，没有子女	关系很好，经常一起聚会
K11	牛伯	男	70	未婚	疏离
K12	梁叔	男	61	未婚	有老母亲和哥哥一家，但其余亲戚都不理他
K13	秀婆	女	90	结了婚才患病，有 2 个儿子和 1 个女儿，儿子去世后，女儿每年都有来看望她	疏离
K14	旗叔	男	72	未婚	现在基本上都在外照顾老母亲
K15	方叔	男	71	2004 年经他人介绍结婚，妻子是再婚，已有 3 个子女，现在关系良好，经常去外面的家	是养子，养父母已去世
K16	旗伯	男	75	1980 年代与另一康复者结婚，两年前妻子过世	十多岁的时候父母去世了，大姐已移民美国，偶有联系
K17	程伯	男	80	已婚，有 6 个孩子，现在时不时会回家	疏离
K18	森伯	男	78	妻子已过世，与儿子关系较好	关系较好
K19	据叔	男	73	妻子在他来康复村的前几年去世，每月会回家 2～3 次与儿女团聚	疏离
K20	长叔	男	71	未婚	父母双亡，独子

编号	书中称呼	性别	年龄/岁	新生家庭关系状况	与原生家庭（家族）的关系
K21	阳婆	女	85	与另一康复者结婚，丈夫已过世	无子女，节假日侄子会来探望她
K22	蓝叔	男	53	未婚	较密切，自己会把种的东西给他们，他们也会给他钱
K23	金叔	男	62	有妻子与读大一的儿子，夫妻关系不好，较少回家	疏离

由表 7-3 可见，个人的生活满意度跟家庭关系情况有很大相关性，陈叔和高姨是目前 X 麻风村中唯一一对健在的康复者夫妻，因为同为康复者，每天生活在一起，彼此照顾，笔者能够深切感受到他们彼此的关爱和支持。高姨一直向笔者夸赞陈叔照顾母亲很有心，高姨一直都有胃病，近来由于病得严重，先后在市中心医院和中医院住过院，一直都是陈叔照顾她，每天的饭菜也都是由陈叔从饭堂打回家吃。总之，有家庭系统支持的康复者普遍幸福感比较高，下面是几位有家庭支持的康复者，谈到他们的婚姻、家庭时，他们是这样表达的：

陈叔一脸幸福地说：我本来一直没有结婚，2003 年，阿高入院，需要将高姨妈妈接到康复村住并照顾她，但是按医院的规定是不可能的，只有结婚，女儿女婿都住在麻风村，母亲才可以一起住。这么老了说结婚都不好意思，其实就是彼此照顾，帮帮高姨。老母亲 2010 年去世，95 岁。

（资料来源：访谈资料，访谈编号为康复者 K1，2012 年 8 月 13 日）

珠姨很自豪地说：我 1980 年与班老师结婚，他很有水平，别人都叫他班老师，他比我大 12 岁，性情温和、通情达理、稳重踏实，一直在麻风村担任管理者，他像我的父亲，给了我很多温暖和关爱，也教我认字读书，我很依赖他。后来他身体不好了，我也照顾他，我们相互照顾、关怀。

（资料来源：访谈资料，访谈编号为康复者 K3，2012 年 8 月 15 日）

涛姨无限怀念地说：我 1974 年和冯伯结婚，是真正领证的那种，不知道我们两个谁没有生育能力，反正是不能生孩子。后来在路边捡了个女儿养，冯伯对她很好的，总是会耐心教她各种事情，而我属于比较凶的，她做错事情我就直接骂人了。冯伯人很好的，又有学识对人又热情，就是不知道为什么那么早走了（2009 年突然去世）。那年送他去医院的时候，真的好难过，那天其实就是我误事，为何要那么迷麻将呢？他也是的，不舒服也不说。

（资料来源：访谈资料，访谈编号为康复者 K6，2012 年 8 月 16 日）

姜公很感激地说：我与妻子是 20 岁时候结的婚，婚姻属于是盲婚。与妻子很小的时候有见过面，但后来会成事是因为在我 20 岁那年，爷爷和爸爸清明回乡下拜山见到她，于是就带回来结婚了。我老婆是一个很勤快的人，也很积极，她一个人养大3个孩子，到后来也在村里合作社当上了经理。我大儿子今年65岁，小儿子60岁，二女儿在香港，在我生日的时候还特意从香港带礼物回来跟我庆祝。我现在只要腿脚方便都会回家，一个月会有5天假期，虽然医院不限制自由，但多于5天的话饭堂也要收菜金，所以我一般都是回5天的。

（资料来源：访谈资料，访谈编号为康复者K7，2012年8月17日）

光叔很兴奋地说：我的老婆还在，儿子长大了，除了孙子外，我还有个4岁的曾孙呢，她已经会给爸爸打电话了！我每个月都会回去的，大概有20天待在家里，10天待在麻风村。儿子那里才是我的家，我只是当这里是疗养院而已。

（资料来源：访谈资料，访谈编号为康复者K9，2012年8月18日）

从以上故事可以看出，和谐的家庭对个人的正面影响是非常大的，直接影响个人的生活满意度。然而，还有不少康复者的家庭关系不和谐，以致严重影响到了他们的生活满意度，从下面几位康复者的家庭故事中可见一斑。

金叔说：我39岁结婚，老婆比我小13岁，她很嫌弃我，经常与我骂架，我有家也回不去，老婆不让我回去，还嘲笑我住高楼，比家里条件还好，就不要回去了，可是我想回去，我不愿在这里住，我是有家的人。儿子上大学了，我都不知他在哪个大学，他们都不告诉我，担心我去找他，影响他，让他没有面子。我和老婆几次都准备离婚的，但是考虑儿子，最终没有离婚，现在也跟离婚差不多了。

（资料来源：访谈资料，访谈编号为康复者K23，2012年8月15日）

蓝叔说：进来康复村之前还跟同队的一个女的拍拖，当时我已经给了她一辆单车了，要200多块呢。还跟她去吃饭，送东西。当时如果不是没够年龄，可能就结婚了。所以如果患病迟一到两年，就肯定结婚生孩子了。但在我的病治好了之后，出去见她，她就嫁人了。我们是九队嘛，她嫁给了七队的人。回去的时候还是会看到的，现在还有点头打招呼。

（资料来源：访谈资料，访谈编号为康复者K22，2012年8月15日，有改动）

梁叔说：我家里还有90多岁的老母亲，一个大哥和大嫂及他们的子孙，一家14口人住在一栋大房子里。我大嫂就害怕我跟哥争家产，但是她想想啊，我一个人又有政府养，我为什么要跟他争啊。我现在有事就会回家，像这两天牙痛就回去看病咯。我要给伙食费给大嫂，她也不肯收。我有8个侄子，但真正来看我的就只有2个，其余都是点头打声招呼就算了，只有我的大嫂会照顾我，其他人就当我不存在。

（资料来源：访谈资料，访谈编号为康复者 K12，2012 年 8 月 16 日）

　　珠姨说：我 29 岁患麻风病，当时孩子还很小，大的 5 岁，小的 3 岁。当时社会对这个病很歧视，我（的病情）本来不严重的，治好了可以在家里住的，但是我婆婆坚决让我到麻风院，还强迫我和老公离婚，就这样我就到了 X 医院，也与老公离婚了。我老公很帅，两个儿子也很帅，本来我可以很幸福很幸福的，就因为这个病一切都没有了。（注：珠姨一直回避这段历史，之前社工的档案中也没有这个记录，笔者和她周旋了很久，她才说出了这段历史，而且一直跟我说要保守秘密，笔者想这对她来说是个巨大的创伤，她想要忘记。）

（资料来源：访谈资料，访谈编号为康复者 K3，2012 年 8 月 16 日）

　　从以上故事可以看出家庭的不和谐、不理解、不支持对个人的创伤是非常大的。由于人手的限制和意识不足，H 机构在 13 年的社会工作服务过程中，较少提供重建家庭系统这方面的服务，这是个非常大的遗憾和不足。笔者曾就这个问题与 H 机构陈秘书长讨论过，他如是说：

　　主要是 H 机构的资源太有限了，这需要大量的人力、财力和物力，社工的专业性也不强，我们担心花了很大的成本，不见得能产生好的效果，于是就把有限的资源放到麻风村的社区发展上，把这里建设成他们的家园。

（资料来源：访谈资料，访谈编号为社工 S1，2012 年 12 月 13 日）

7.2.2　社工的专业性不足

　　X 麻风村的康复者虽然面临一些共同的生活境遇，但他们又都存在差异，比如，不一样的家庭背景、不一样的患病年龄和经历、不一样的性格特点、不一样的文化素质、不一样的社会阶层等，这些都会影响他们的康复效果。另外，H 机构社工因为时间和资源不足，更因为专业性不强，主要以群体为重点提供服务，个别化关注不足，少数康复者的生活满意度仍然不高，主要体现在下面几位康复者身上。

　　据叔，男，1938 年出生，2012 年 74 岁，2007 年因双腿要截肢入住 X 医院，双腿装上假肢，行动一般需要依靠轮椅。关于他犯病的情形及感受，他不愿意跟社工详谈。他结过婚，老婆过世，现有两儿一女，其中一个儿子在公安局工作，现在的孙子大的有 18 岁。自己有一部电动车，偶尔开着电动车回儿子家住，回去也没有什么活动，在医院这边种有南瓜，多的话就带点回去，一般都是回家住一晚，一个月回家 2～3 次。性格比较封闭，贪小便宜，不善于与别人交往，喜欢以大笑、"吹水"的形式应付别人的问题，爱好象棋、听收音机、看电视。他和长叔两人住在一间房，也喜欢找长叔开玩笑。曾做过截肢手术，但自己不满意，常要依靠轮椅，而当时的社工工作刚结束需要离开，一直都没有人特别关注或给他做心理辅导，可能因为这样，他现在很少主动与人交流，即使跟村里的熟人说的话也不多。

（资料来源：根据访谈资料和观察记录综合而来，访谈编号为康复者 K19，2012 年 8 月 13 日）

　　长叔，男，1941 年出生，2012 年 71 岁，2005 年入住 X 麻风村，入住前已患麻风病多年。未婚，父母双亡，独子，没有任何亲友，属于所在大队五保户。中度残疾，双手和双脚溃疡致畸形。生活基本可以自理，没有阅读能力，不会数数，表达能力和沟通能力较差，不善于与人交往，没有特别的兴趣爱好。通过观察与其他康复者提供的信息，笔者了解到长叔在村中是被取笑的对象，被部分康复者认为是智障人士。由于在治病期间长叔的皮肤变得过度黝黑、也不会数数、表达能力差等而被村中部分康复者所取笑。其中，与长叔互动较为密切的是章伯，章伯与他聊天的语气多为调侃式的，有时候也会拿他开玩笑说："快点学数数啊，连数数都不会，别人会笑你是猪头的！"对于这种调侃，长叔有时候会拒绝或者表现出不满。长叔在村中是一个很乖的人，每次在有活动需要布场，或者是村中有需要打扫的时候，长叔也愿意听唤使，村中的人很喜欢他这一点。另外，在麻风村中与其他康复者的互动，促进了长叔的再社会化。根据其他康复者提供的信息，长叔在来到麻风村之后变得"精明多了"，他之前就是"一团饭"，什么也不会，来到这里之后没那么容易被骗，涉及用钱方面事情也不会轻易"听话"。笔者想，在长叔之前的生活中缺少与人相处的机会，也缺乏学习的平台，来到 X 麻风村之后有了再社会化的机会，在这里长叔积累了更多与人相处的经验。当社工问到"喜欢以前的生活还是喜欢现在的生活"的时候，长叔表示更喜欢以前的生活，因为以前没有人拿他开玩笑，现在别人都拿他开玩笑他不喜欢。虽然这里的生活有了保障，但是被取笑的角色让长叔不满，他也希望被尊重。

（资料来源：根据访谈资料和观察记录综合而来，访谈编号为康复者 K20，2012 年 8 月 14 日）

　　阳婆，女，1927 年出生，2012 年 85 岁，较早一批就居住在 X 麻风村的康复者，在虎山居住的时候曾经结婚，老伴去世后精神不好，非常喜欢小朋友。无子女，节假日侄子会来探望她。她会把平时志愿者来的时候带的礼物放起来不吃，等侄子来的时候给他吃。双脚溃疡，比较严重，每天都需要换药。坚持每天早晚两次散步，身上汗味比较重，其他康复者对她挺嫌弃的，她也因此很不开心，她说："反正没什么的，经常都是自己一个人吃饭散步的，他们总是说我发神经，随便他们啦，我都那么大年纪了，也不想那么多了。"阳婆在群体中是属于被排斥的人，主要是因为她个人卫生比较差，溃疡也严重。她也不爱和人交流，自然而然大家都渐渐疏远她了。阳婆有的时候会精神恍惚，不记得自己有没有洗澡，有时候散步回来一身汗晚上也不洗澡，汗味很重但是她自己会觉得已经洗澡了。她应该有长年头疼的毛病，所以不喜欢洗头，社工曾经劝说她洗头，她就说："不能洗，一洗就头疼。"

（资料来源：根据访谈资料和观察记录综合而来，访谈编号为康复者 K21，2012 年 8 月 16 日）

　　蓝叔，男，1959 年出生，2012 年 53 岁，1990 年患病入住 X 医院，入院时尚未结婚，但有正在交往的对象，1992 年治好病后因为手脚不干净，会偷东西，所以村里的人不欢迎他回去。他说："当时，我病好了准备出院，可是村里就开始传些流言蜚语了，生产大队那边说我在这里手脚不干净，还把这话传到了我二伯父那里，当时二伯父就打电话给我说，如果你要这样不干净的话，就别回了。当时虽然医院只证明事发那几天我刚好在虎山，但是从那件事中我就看出生产大队那边不想让我回，那就不回了。反正出去也是孤单一个，又没有伴，就不如留在这里。另外，在外面生活也是不容易的，大姐她们都有了自己的家，父母又不在了，住哪里都是一样。"治好病后留在 X 医院生产队工作了 12 年，后到医院药房帮忙配制药水 8 年，2012 年开始主要负责搞公共卫生、剪草、照顾村里其他不能自理的康复者，从工作开始就没有真正放过假，他说："我现在要照顾三兄弟（三位刚来康复村不久的康复者，有智障，生活不能完全自理）、剪草、看船、搞公共卫生，一个月才 1600 元。这里如果没有我，真的不知道怎么办，我因为要照顾他们，连每年的旅游都不能去了。从开始工作到现在都没有放过一天的假期，真的很累。现在的生活条件好了，就是少了个对象，有了就好了。"蓝叔是村里最年轻的康复者，而且他进医院的时间已经发明了特效药，虽然当时麻风病已经有药可治，但是外界对于 X 医院的歧视还是很严重的，大家都觉得那是一个发疯院。蓝叔很勤劳，站在他的角度想想，一天到晚都是在工作，伺候一大群可以作为自己父亲辈的长者，缺乏同龄人，更缺乏日常娱乐，真的很辛苦。除了在康复村能够获得比较高的"纯利润"之外，如果有更好的出路，应该也是会回到原来居住的地方。他觉得这个村不是他的家，只是一个打工的地方，虽然已经住了 20 多年。他的生命截止到目前为止，前半段是挥洒青春的，后半段是固守岗位。除了这个病本身给他的打击之外，附带的歧视、生活突变、婚姻也给了他很大的冲击。

（资料来源：根据访谈资料和观察记录综合而来，访谈编号为康复者 K22，2012 年 8 月 15 日）

金叔，男，1950 年出生，2012 年 62 岁。12 岁入 X 医院治疗，8 年后治好回家了，然后 39 岁结婚，妻子比他小 13 岁，儿子上大学一年了。后来 40 多岁时复发，一直不愿再入院治疗，后来手脚面容残疾变形，遭到家人歧视，2005 年入院至今，感觉很不好。喜欢画画，而且画得很好，高兴时常给志愿者送画，有一定的文化知识，性格孤僻，思想偏激。他说："我很小就犯病了，后来好了，结婚生子。没想到再犯病，没有人会两次犯病的，为什么偏偏是我，上帝对我很不公平。好马不吃回头草，我不愿来这里治病，只是自己抓了些药吃，后来越来越严重了，我不愿相信。""有时看到自己的手伸不直，很难受很辛苦，恨不得用刀把它剁了，我连自己都不喜欢，更何况别人，别人嫌弃也是正常的。"金叔说起来就感到很气愤，觉得自己非常不幸。金叔有着特殊的才能，他回忆说："我家很穷，读书到初中，从小喜欢画画，后来别人也请我做祠堂、房屋的设计，画画。我从没有经过专业训练，都是自己琢磨的。画画是我唯一的精神寄托，不高兴就画画。"但是他的才能没有得到社会的认可，对社会感到很失望，他说："画家是什么，很多著名的画家，活着的时候连自己都养不活，别人愿意买他的画。死了以后，他的画才得到承认，很多人靠卖他的画发财。这就是社会，一个不公平的社会。"他的特殊经历不断强化了他的某些观点，"回家后一直也被村里人歧视，找工作总是受阻，工作不稳定，家庭收入低，我家是特困户，但是领到的补贴也不多。"他对自己回家后遭遇的经历充满怨言。他对在康复村的待遇也很不满"他们对我都不好，医院安排我住在危房，他们住新楼房，连新来的智障三兄弟都住好房子，我就一直住在这个破房子里，这样对我很不公平的，哪天我要杀了他们。这里的很多康复者也很不好，当面一套背后一套，你有利用价值就对你好，没有利用价值就对你不好，我不喜欢他们，他们也不喜欢我。"他对社工、志愿者的感受："没有什么感受。志愿者来搞搞活动，也就是一个表演，高兴都是一时的，表演完了一切也就恢复原样，内心还是一样痛苦。有时我感觉有些人来看我们，就像美国人看非洲人一样，你来干什么，我也不知道。"笔者感觉他内心非常纠结，他在不断探试别人是否真心对他好，其实他很渴望别人真心对他、理解他、关怀他。他还说："我不快乐，社会对我不公平，这里对我不公平，老婆也对我不好，所有人都对我不好，也许哪天我就自杀了，也许会杀人。"他是村里的异类，有时很高兴，有时很麻

烦，跟别的康复者吵架，挑剔志愿者。2012 年 4 月，志愿者给他举办了
一个画展，很多人参观，并得到了一笔版税，他非常高兴，觉得获得了
认可。以前社工做过他的个案，根据社工反映，他的变化是巨大的。以
前经常骂人，性格怪，对抗别人，没法与人相处。现在大部分时候能和
睦与人相处，不再那么孤僻，会主动与别人交流，但是经常真真假假。
笔者有几次跟他单独相处，感觉他动了真感情，比较真诚、真实。

（资料来源：根据访谈资料和观察记录综合而来，访谈编号为康复者 K23，
2012 年 8 月 15 日）

以上几位康复者，社工都有关注到，而且也都曾当作个案进行过服务，但是
效果不佳，没有达到预期效果，这反映了社工的专业性不足。

7.2.3　社工行动在无意识中制造了新的不公平

社工也是人，是人就有情感、有偏好，有些康复者很懂得与社工相处，社工
也就不自觉地为其提供更多、更好的服务，他们的生活状况就会更好，而另外一
些康复者很内向，不懂得向社工争取资源，社工会在无意间忽视他们的需要，这
样社工行动在无意识中制造了新的不公平，需要社工不断惊醒和反思。以下几个
康复者的故事可见一斑。

田伯，男，1924 年出生，2012 年 88 岁，是 X 麻风村的明星人物。
1952 年患病，1957 年入住 H 麻风村，进村前已婚，育有一子一女，当
时儿子 5 岁，女儿 2 岁。1967 年治愈出院并回到生产大队工作，7 年后
独自出海谋生，直至 1990 年入住 X 医院，在这之前一直与妻子分居，
妻子两年前去世。他心胸开阔、乐于助人，"在这里我能帮都会帮的，
像前几年棋叔摔倒跌断了手也是我带他去住院的，还陪他住院。还有村
里面一些人要去外面的医院也会找我，因为我比较认识外面的路。我不
怕吃亏的，他们叫到我，都会帮"。他对社工和志愿者也非常热情，总
是喜欢单独招待他们，深爱社工和志愿者喜欢，于社工说："我很难不
更喜欢田伯啊。"很多志愿者一到康复村直接就去找田伯，志愿者小麦
把自己的宠物狗带到康复村让田伯帮她养着，她几乎每个星期都会来 X
麻风村，跟田伯的关系非常亲密，以致遭到了一部分康复者的嫉妒和不
满，认为他在做小动作，让本来是来探望集体的志愿者都到他家去了，
这损害了集体的利益，影响了他与其他康复者之间的关系。

（资料来源：根据访谈资料和观察记录综合而来，访谈编号为康复者 K4，2012
年 8 月 14 日）

珠姨，女，1941 年出生，2012 年 71 岁，是 X 麻风村的另一明星人
物。1970 年入住 H 医院，入院前已婚，有两个儿子，当时大儿子 5 岁，

小儿子 3 岁。1986 年转入 X 医院，1980 年与另一康复者班伯结婚，班比她大 12 岁，2007 年班去世。残疾较轻度，生活完全可自理，有一定的阅读能力，表达能力很好，乐观开朗，乐于助人，善于与人交往，喜欢打牌、唱歌。其他康复者对珠姨的评价也很高，"非常热心、大方、与人为善，能唱能跳、活泼开朗，是康复村的活宝"。社工、志愿者对珠姨的评价是"能歌善舞，积极主动，热情大方，懂得感恩，是康复村的明星人物，总是拿东西回赠来访者，很容易关注到她，也很喜欢她"。于是，社工和志愿者也就在无意识中给了她更多资源和关注，同样也遭到了其他康复者的嫉妒和排斥。

（资料来源：根据访谈资料和观察记录综合而来，访谈编号为康复者 K3，2012年 8 月 17 日）

　　陈叔，男，1947 年出生，2012 年 65 岁。1970 年入住 H 麻风村，1973年转入 X 医院，入院后一直协助医院工作，如拿药、煲药、药品分类，到现在可以独立完成打针、开药、护理、消毒等工作，医务助理工作 32年，现在每月有 1100 元工资。谈到工作，他的感受是"我做医务工作已经 32 年了，我一直都是勤勤恳恳、任劳任怨、公正无私的，几任院长都很信任我。我也不断学习、钻研，从没有出过什么问题，医院的几个拿牌的护士还经常出事故，他们有时也会嫉妒我，说我没有牌照要免我职。有时也觉得很辛苦，想不干了，可是这里又没有人愿意到这里工作，我就继续干着"。康复者和医务助理双重身份，使得他能成为中间人，协调康复者与医生之间的矛盾，也能有效维护康复者的权益，深得康复者的尊重，使他成为了康复村的领袖。很多时候，医院都是通过他发放相关物资和信息，社工和志愿者也通过他了解信息、传递信息，这样的身份，让他觉得很有权力感、能力感和满足感，但同时也给他带来了生活困惑和烦恼，他说："我对大家都很好，别人有什么需要帮助的地方，我都会帮忙，有时用自己的钱为他们加菜。志愿者来了，我也会用自己的钱给他们加菜。我经常帮忙搞公共卫生，其实不是我的职责，这应该是蓝叔做的，但我不那么斤斤计较。但是我们有几位康复者比较计较、不宽容，对我有意见，认为我有工资就应该多干，有时故意挑剔，让他们来药房拿药都不来，要我送到他们家里，让我感到有些委屈。"

（资料来源：根据访谈资料和观察记录综合而来，访谈编号为康复者 K1，2012年 8 月 13 日）

7.2.4　社工服务因资源不足而减弱

因为资源有限，2010 年驻村社会工作服务项目在 X 麻风村结束，现在提供的只是一种简单的维持性服务。笔者观察发现，随着服务的减少，康复村的状况发生一些倒退现象，比如，各类兴趣班、学习班，甚至院村间的活动也由于缺乏带领人而无法举办。和工组社区自治组织的解散也与社工服务不足密切相关，具体分析参见第 7 章。

康复者谈到 H 机构的服务时大都表达这样的观点：

> H 机构社工这几年来得少了，我们很想念他们，他们走了以后，我们这里也冷清了很多，我们很希望他们经常来，特别是实习大学生是我们每年的希望，大学生带给了我们很多欢乐，可惜这几年没有了。

（资料来源：访谈资料，康复者集体访谈，2012 年 8 月 18 日）

H 机构秘书长陈先生谈到机构发展时说：

> 一个康复者自助组织所遇到的发展瓶颈，主要体现在成员老化和数量的逐步减少，服务需求也在逐步减少，从而缺乏发展的动力和能量；机构必须寻找新的服务领域和方向，否则，将面临着服务的萎缩和资源筹集上更严峻的困难；资源不足，面临着资金逐步减少和资源筹集上的困难；专业人员相对也不足，专业服务能力难以持续提升。

（资料来源：访谈资料，访谈编号为社工 S1，2012 年 12 月 5 日）

X 医院的戴医生谈到 H 机构服务的不足时说：

> H 机构提供的服务有时没有系统跟进，有时跟进不到位，存在脱节情况，甚至会忘记，需要我打电话提醒。比如，H 机构实习社工建立的和工组是很好的，受到我院广大康复者的认可，可惜持续时间不到两年，实习结束后就脱节了，下一批实习生没有继续跟进并改良。H 机构在 2010 年后很少派人到我院服务了，希望能得到 H 机构更多的帮助。

（资料来源：访谈资料，访谈编号为医生 Y，2012 年 7 月 20 日）

从以上三种表述中，笔者发现服务的供给和需求之间存在着一定的差距，社会工作服务常常因为资源不足而减小甚至终止，而不是因为服务对象的需求满足而结束，这是有违社工精神和伦理的。如何更好地保障社工服务的持续性？服务机构、基金会、政府福利政策的制定者都应该好好思考这一问题。

第 8 章 结论与讨论

8.1 结　论

8.1.1 将麻风村康复者的生活世界层次化

生活世界是现代哲学、社会学中使用频率比较高的一个概念，马克思、胡塞尔、海德格尔、许茨、赫勒、哈贝马斯等均使用过这一概念。马克思眼中的生活世界是以实践为基础的物质生活与精神生活的统一。胡塞尔的生活世界包含着我们常用的日常生活的范畴，它不是理性化、课题化或主题化的具体的意义构造，而是前科学的、非课题化的生活成果。海德格尔是在本体论或存在论的意义上把生活世界确定为主体间性的世界。维特根斯坦没有直接用生活世界的概念，而是用生活形式或世界图式的概念，它们具有相似性，都是一种命题体系或文化结构，他将其比喻为"思想的河床"或"背景"。许茨主要关注日常生活世界，他将其强调日常生活世界是由经验给定的，认为社会实在是由众多"有限的意义域"构成的，日常生活世界也是其中一种"有限的意义域"。

哈贝马斯在前几位哲学家的基础上，对生活世界的理解做了某种综合与完善，他认为生活世界是人们进行一切交往行为和理解活动的境域，也是一个可直观的、完全适于经验分析的、具有可信性的世界，因此是可信的、透明的，同时又是不容忽视的、预先论断的网（Habermas，1984：86）。进一步讲，它是人们通过主体间的符号互动来建立的，属于日常生活中开放性、交互性的认知行动结构，是人类一切生活实践的基地（Habermas，1984：128）。正是生活世界的先在，为交往行为提供了可能，而生活世界的永恒在场，也表明了它的确然性与有效性。哈贝马斯还认为，生活世界可以通过文化或者知识的更新、通过创造社会团结、通过塑造负责任的行动者使自身得到再生产，这种再生产过程通过符号化的社会交往来完成，通过这种符号化的交往，人们使文化得到了更新，使有不同看法的人或组织团结起来，使个人成为社会团体中的合格成员，成为有个性、负责任的人（王晓升，2006：93）。

本书受到上述几位哲学家对生活世界理解的启发，针对隔离群体，从重建的角度，对生活世界作出如下界定：生活世界是隔离群体生活其中的境遇，是隔离群体与主流群体交往的结果，通过一定的社会行动，促进隔离群体与主流群体的交往合理化，重建和谐的生活世界。因此，本书的生活世界不完全等同于哲学意义上的概念，而是日常生活中的一种话语表达，接近于"生活情景"，但也有哲学概念上的一些特点，本书使用生活世界这一概念，是希望能与哲学意义上的"生活世界"进行对话和讨论。

笔者在借鉴生态系统的理论观点的基础上，也结合了 H 机构的社会工作实践经验，从重建的角度出发阐释对麻风隔离群体的理解，将 X 麻风村康复者的生活世界划分为康复者生命世界、康复村社区生活世界和康复村外部生活世界三个部分，使生活世界更具层次化，这样划分的理由如下。

（1）康复者是生活世界中的动力部分，是交往行为中的主体，如果要重建一个更理想的生活世界，需要激发人的主体性和能动性。社工通过与康复者直接交往，可以改善康复者的身体、心理和灵性部分，重建一个充满能力感和意义感的生命主体，从而促进康复者积极参与生活世界的重建，发挥他们的主体性作用。

（2）麻风村是康复者每天在场的生活世界，对康复者的影响是直接的。社会工作行动前，麻风村是一个隔离的村庄，与外界没有交往行为，是一个毫无生机的社区生活世界。社工通过促进康复者之间交往，重建社区文化、再造社区生活、培育社区组织，从而重建一个充满生机的社区生活世界，为康复者提供生活养分，提升康复者的生活品质。

（3）麻风村的外部环境是一个充满麻风歧视的生活世界，外部群体拒绝走进麻风村，也拒绝与康复者交往，使麻风村成为一个孤岛、缺乏资源和支持。社工通过促进康复者与公众合理交往，消除社会歧视，促进社会融合。

（4）这三个部分呈现的问题不同，社会工作的重建策略也不同。将生活世界层次化，有助于社会工作行动目标的确定和行动过程的开展。

X 麻风村康复者生命世界、麻风村社区生活世界和麻风村外部生活世界三个部分之间相互影响、彼此促进，共同构成 X 麻风村康复者的生活世界。康复者生命世界的改善，有助于重建一个富有生机的社区生活世界，也有助于消除社会歧视重建一个平等的外部生活世界；社区生活世界的改善，为生活其中的康复者提供滋养，从而促进康复者生命世界的进一步改善，也能进一步吸引社会公众向康复村提供更多的关怀和支持，进一步促进人们的固有观点的改变；外部生活世界的改善，有助于进一步打破麻风村的隔离形态，促进麻风村与外界的联系，为麻风村的改善提供资源和支持，也进一步提升康复者的自信心和权能感，从而改善康复者生命世界。

8.1.2　社会工作重建生活世界的过程

2000 年之前，X 麻风村是一个隔离型村庄，经过 H 机构 13 年的社会工作服务后，麻风村变成了一个初具融合型特征的村庄。社会工作通过重建生活世界的行动，促进了麻风病康复者与外界的社会交往，从而实现社会融合。因此，社会工作重建生活世界的过程就是麻风村从隔离走向融合的过程，这中间的发生逻辑就是交往合理化。

1. 重建之前：X 麻风村呈现隔离状态

麻风村通常建立在偏远的高山或岛屿上，形成空间上的隔离，使得麻风病康复者与社会公众之间没有了交往空间。这种空间隔离会强化歧视文化，向社会传递出特殊的符号意义，从而使康复者与公众形成心理隔离、丧失交往动机。隔离还导致麻风病康复者接受新事物新知识的渠道不畅，他们的知识水平有限，语言沟通能力相对较差，导致交往能力低下。交往空间的缺失、交往动机的丧失和交往能力的低下共同建构了交往断裂的社会事实。

交往断裂使麻风病康复者产生了强烈的不被需要、不被认可、不被尊重的感觉，从而感觉他们的生命没有意义，加上随着年龄的增长、麻风后遗症的发作，慢慢形成了充满无能感和无意义感的主体生活系统。交往断裂使麻风村成为一个无人问津的孤岛，没有外界资源和支持，麻风村就是一个"老弱病残"特殊边缘社区，是被社会遗忘的角落，康复者是被社会排斥到这个狭小的、缺乏资源的居住空间的，康复者对自己居住的社区缺乏认同感和归属感，互助意识淡薄，互助能力低下，这样就形成了一个没有生机的社区生活环境。与社区生活环境对应的是充满麻风歧视的外部生活环境，因为交往断裂，人们对麻风病康复者的印象还停留在过去的年代里，还认为麻风病具有高度传染性，麻风病患者样子恐怖，甚至还有"道德污名"，认为这群人是不值得同情和支持的，人们拒绝接触和走近他们，排斥他们。

总之，重建前，X 麻风村呈现隔离状态，康复者过着隔离、孤独的生活，对社区缺乏归属感，康复者之间的交往较少，与外部世界基本没有交往。X 麻风村康复者的生活世界也呈现分离状态：康复者主体与麻风村社区之间是弱联系，外部环境完全排斥 X 麻风村及康复者，使 X 麻风村处于隔离状态，详见图 8-1。

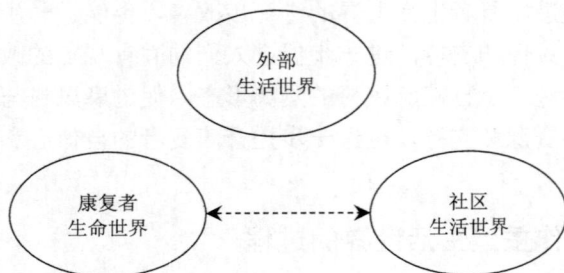

图 8-1　重建前 X 麻风村康复者的生活世界

2. 重建前期：以康复者生命世界及社区生活世界的重建为主

2000 年社会工作者刚进入麻风村时，发现康复者缺医少药，很多人都有残疾，手足有严重溃疡，内心非常自卑，缺乏交往动机，觉得生活没有意义，对社区没有归属感和认同感，因此，服务前期社会工作者把重点放在康复者主体及麻风村社区生活世界的重建上。社工通过与康复者的深度交往，建立充分的信任关系；通过话语建构，使康复者重新认识自我，消除自卑心理，赋予生命以新的意义，打破封闭的自我心灵世界，重建充满权能感和意义感的康复者生命世界。

社工促进康复者之间的交往，通过话语建构，让康复者重新认识自己的社区，增强康复者的社区意识，提高社区参与能力和自治能力，再造社区生活，重建一个富有生机的社区生活世界。

同时，社工也通过周边村宣传，消除麻风歧视，促进麻风村与周边村的融合。社工还通过志愿者的发动，加强志愿者对麻风村的支持。

这个阶段，X 麻风村康复者的生活世界呈现的形态如图 8-2 所示。

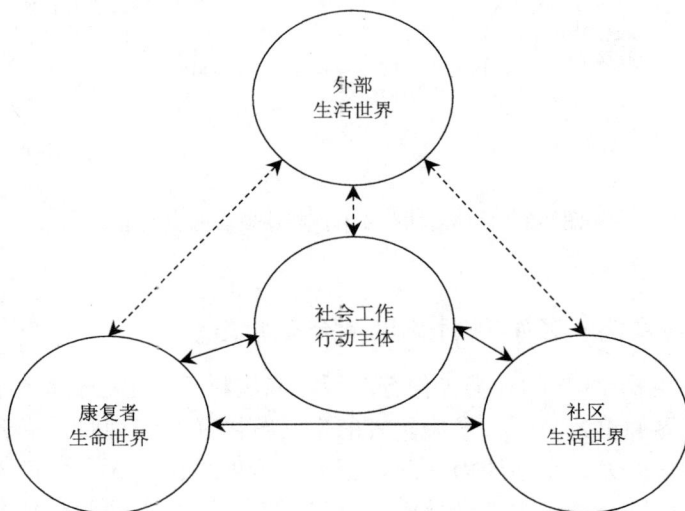

图 8-2　重建前期：X 麻风村康复者的生活世界

3. 重建后期：以外部生活世界的重建为主

经过前期的重建后，康复者的个人需求基本得到了满足，社区状况也大大改善，康复者的主体意识、权利意识得到了提升，交往动机和交往能力大大增强，他们的需求发生了变化，已经有了明显的平等尊重、社会参与的需求。于是，2010 年以来，社工大大减弱了对康复者生命世界及社区生活世界的重建，把重点放在了外部生活世界的重建。社工通过自身与社会公众交往，作为麻风病康复者的代言人，通过权利倡导，利用话语构建，消除麻风歧视，重建正确的、理解的、平等的、支持的社会文化，重建一个没有麻风歧视的外部生活世界。另外，社工还通过资源链接的方式，构建了麻风村的社会支持网络。在这个过程中，社工通过康复者生命世界、社区生活世界和外部生活世界之间的相互影响和作用，打破了康复者与外界的隔离，促进了康复者与社会公众交往合理化，详见图8-3。

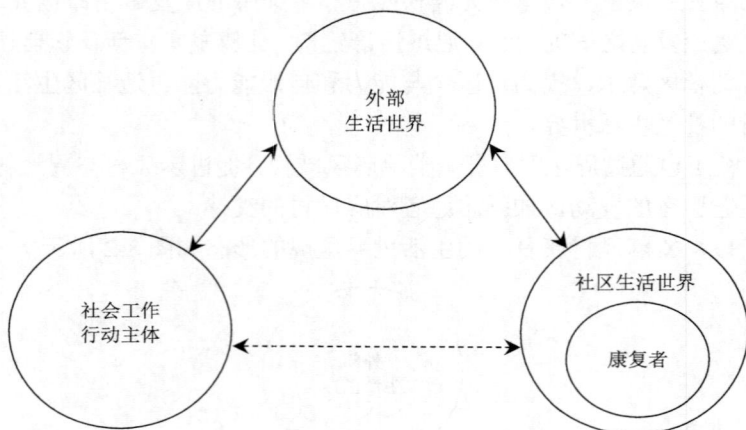

图 8-3　重建后期：X 麻风村康复者的生活世界

4. 重建之后：X 麻风村呈现融合型状态

经过 H 机构 13 年的社会工作行动后，麻风村呈现出融合型生活世界雏形。通过生活世界的重建，扩大了康复者的生活范围和知识视野，提升了他们的权利意识、参与能力、交往能力，现在康复者能够自由、大方地出入麻风村，主动与周边村村民交往，主动到外面的世界看看，还会主动关心社会问题、时事政治。通过生活世界的重建，麻风村的社会支持网络初步形成，比如，社区内部康复者之间的互助日常化，麻风村之间的互助制度化，周边村对麻风村的支持常态化，志愿者对麻风村的支持多样化。通过生活世界的重建，麻风歧视大大降低，X 麻风村逐渐成为了一个开放的、普通的、自由的村庄，人们不再"谈麻色变"，康复者也不必掩饰自己的身份，到麻风村探访、游玩的志愿者或普通村民越来越多。总之，通过生活世界的重建，X 麻风村逐渐从隔离走向融合，详见图8-4。

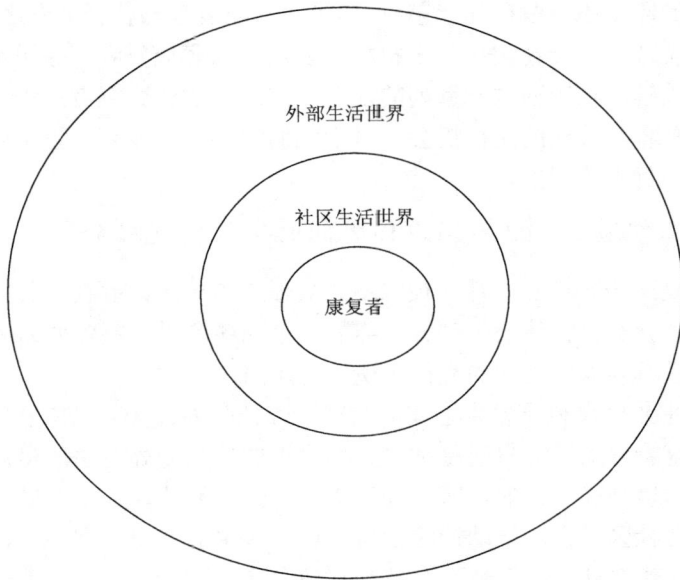

图 8-4　重建之后：X 麻风村康复者的生活世界

8.1.3　社会工作重建生活世界的逻辑

哈贝马斯指出，生活世界的结构包括文化、社会和个性三个因素，是文化共同性、社会统一性与个体社会化的有机统一。生活世界可以通过文化或者知识的更新、通过创造社会团结、通过塑造负责任的行动者使自身得到再生产。这种再生产过程通过符号化的社会交往来完成，通过这种符号化的交往，人们使文化得到了更新，使有不同看法的人或组织团结起来，使个人成为社会团体中的合格成员，成为有个性、负责任的人（王晓升，2006：93）。本书认为社会工作重建生活世界的逻辑表现为以下三方面。

1. 社会工作利用公共领域的社会交往推动文化更新

社会工作利用公共领域，通过话语及辅助性的媒介，消除不合理的麻风歧视，重建正确的、平等的、理解的、支持性的社会文化。

第一，利用公共领域进行正确麻风知识的宣传，消除麻风歧视。为改变社会对麻风病历史沿袭的刻板印象，呼吁人们正视麻风病康复者的需求并接纳他们，H 机构从成立之日起，一直致力于向社会传递科学的、正确的麻风知识，倡导社会平等的理念与精神，从而消除社会歧视文化，重建接纳的、平等的和谐文化。

第二，利用公共领域倡导平等的、理解的、支持性的社会文化。由于长期的空间隔离和社会隔离，麻风病康复者与社会公众之间缺乏交往机会，社会公众对麻风病康复者的印象还停留在几十年前。为了达成康复者与社会公众之间的理解，形成平等的、支持性的社会文化，H 机构主要从麻风病康复者形象再造、社会倡导两方面进行重建。社工通过一系列的社会参与活动，让康复者走进公众生活，创造麻风病康复者与公众的交往机会，展示他们的心声和才艺，重塑麻风病康复者在普通民众心目中的形象。

2. 社会工作通过促进不同群体之间的交往实现社会团结

X 麻风村是一个长期被排斥、被隔离、被孤立的社区，要使该村能够融入主流社会，成为社会有机整体的一部分，需要一个循序渐进、慢慢融入的过程，社会工作通过促进不同群体之间的交往实现社会团结。

第一，促进 X 麻风村康复者之间的交往达致社区内部团结。X 麻风村是个特殊的社区，康复者普遍认为自己是被迫赶到这里的，是无处可去的最后选择，大家没有真正把这里当成自己的家园，社区意识不强。为此，社工开展了一系列的社区活动，营造社区意识，推动社区参与，让社区生活变得丰富多彩、有情趣、有意义。这些活动都有效地促进了 X 麻风村康复者之间的交往，达致彼此理解和互助，实现了社区内部团结。

第二，促进 X 麻风村与其他麻风村之间的交往达致康复村之间的团结。H 机构采用康复者会员制度，力求将协会发展成康复者自己的家，让来自不同康复村的康复者走到一起，通过交往行为，实现不同康复村之间互帮互助、携手前进和共同发展的目标及康复村之间的社会团结。

第三，促进 X 麻风村与周边村的交往达致麻风村与周边村之间的团结。由于长期的污名化，周边村对康复村充满了恐惧和排斥，H 机构通过各种方式消除周边村对康复村的误解和歧视，如组织共融式社区活动、公益活动等，促进 X 麻风村与周边村村民之间的交往，并产生互助行为，达致麻风村与周边村之间的社会团结。

第四，促进 X 麻风村与志愿者的交往达致 X 麻风村与更广阔的社会的团结。志愿者及组织是一种庞大而有爱心的社会资源，是社会的优质社会群体，他们分布在社会的各种团体中，他们的思想和行为可以影响更多的人，H 机构非常重视志愿者资源的有效管理和利用，通过对志愿者及组织进行分层管理，构建类别化、层次化的志愿服务支持网络，促进 X 麻风村与志愿者的交往，从而达到麻风村与更广阔的社会的团结。

3. 社会工作通过交往行为塑造负责任的行动者

要使正确的麻风知识得到更新，使公平公正、互助和谐的社会文化得到传播，使社会团结得以实现，需要一群有责任心和行动力的行动者，并能影响更多的社会公民。H 机构一直很重视这方面的社会教育和培育，通过交往行为塑造负责任的行动者。

第一，塑造有理想、有行动力的社工。H 机构创始人杨教授就是一位德高望重、有理想、有行动力的引领者，杨教授从 1958 年（30 岁）开始从事麻风病治疗工作，从此一辈子没有改过行，也因此对麻风病患者及康复者怀有深切的同情和关爱之情，1996 年成立了广东省 H 机构。1999 年杨教授的学生陈先生接任了秘书长，继续将杨教授的理念发扬光大。H 机构非常重视机构文化和员工价值观的培育。H 机构经常通过正规会议、论坛或者非正规的闲谈、茶聊等方式，讨论机构文化、管理、价值观、信念等议题，在这些沟通交流中，H 机构社工的信念得到了升华和巩固，他们带着信念走街串巷、上山下乡，将自己的正能量传播出去。

第二，培养有交往资质的康复者。哈贝马斯认为，资质是指以相互理解为目标的言说者把完美构成的语句运用于现实生活中，并使二者相吻合的能力。H 机构一向重视康复者的交往资质的提升。H 机构倡导助人自助的理念，通过综合康复项目激发康复者参与社会活动的积极性，使康复者得到自我认同。H 机构是康复者的利益代表，也是他们争取权力的代言人，协会一直很重视康复者的话语权、参与权和决定权，协会以会员代表大会作为最高权力机构，通过选举产生理事会和常务理事会。除此之外，社工以身心灵理论为指导，分别从身体重建、心理重建和灵性重建三方面入手，重建康复者生命世界，提高他们的生命质量，从而激发与提高他们的交往动机和能力。社工还通过一系列的小组活动、社区活动、社会参与活动，强化提升了康复者自我意识、权利意识、参与能力、交往能力，从而促进社会的改变与和谐文化的形成。

第三，培育有社会责任感的志愿者。志愿者是一种有活力、有爱心的优质社会资源，H 机构一直非常重视志愿者资源的有效管理和利用，培育更多有社会责任感的志愿者。首先，H 机构通过培训让志愿者真正理解、接纳、喜欢和认同康复者，并强化与提升他们的社会平等意识和社会倡导能力；然后，通过他们的社会行动和参与，将这种"平等理念、和谐思想"传播出去，扩散到社会的各个角落，从而逐渐实现消除社会歧视，促进社会融合的目标。

8.1.4　社会工作重建生活世界的策略

重建生活世界是一个较漫长的行动过程，只能利用一切资源，寻找机会，采用循序渐进的方式进行。根据本书研究，社工把生活世界划分为康复者生命世界、社区日常生活世界、外部生活世界三个子系统，不同子系统采用不同的策略进行重建，但这三个系统又不是截然分开的，不同时期重点不同，但也会同时进行，相互促进。

1. 社工与康复者合理交往，重建康复者生命世界

对于康复者个体而言，社工以身心灵理论为指导，通过社工与康复者交往，分别从身体、心理和灵性三方面入手，重建康复者生命主体，提高他们的生命质量。

身体是生命的物质承载物，是生命的最基本组成部分，身体的残缺会影响心理和灵性的健康发展。2000～2005 年，H 机构重点开展生理康复项目，包括综合性足部护理、流动视力保护、假肢康复三个子项目，尽最大可能修复身体功能，提高个人的自我掌控力，从而提高生命质量。

2006～2010 年，H 机构把在 X 麻风村的工作重点转移到对康复者心理和社会需求的辅导与满足上，开展了一个以社工为主体的麻风社区长者综合服务项目，该项目致力于促进麻风康复社区的可持续发展，协助长者自主追求内心世界的和谐，让他们以更好的、自我实现的状态享受充实而有意义的生活，安享晚年。社工通过亲密互动消除康复者的自卑心理、关注优势建立他们的自信心、增强权能提升自我效能感等行动策略，实现了康复者的心理重建。

灵性是人性的一部分，是人的潜能开发达到较高阶段后出现的一种精神状态，是人追求、表达、实践自己终极关切的一种能力。很多康复者在身体和心理的双重压力下，不能接受现状，产生了强烈的无意义感。随着项目的逐步推进，社工的表现令康复者非常愉悦，自信心不断增强，康复者与社工的信任关系进一步深化，康复者对社工的感情越来越深，甚至把社工当成自己的家人，获得了新的生活体验，对生命有了新的诠释。社工通过发掘、赞赏、肯定、鼓励、发扬等行动策略实现了康复者的灵性重建。

2. 社工促进康复者之间合理交往，重建富有生机的社区生活世界

社区本身就是一个日常生活世界，对生活在其中的个体来说，社区是具有一定资源的支持性环境，社区资源越丰富越有助于个体发展。社区资源包括社区资产和社区社会资本，是可以发掘、培育和再造的，从而达到社区日常生活世界的重建的目的，为康复者创造具有滋养型的生活环境，让康复者过上幸福快乐的生活。重建 X 麻风村社区日常生活世界的社会工作行动主要体现在 2006～2010 年社区长者综合服务之中，2006 年主要是调查探索年，制定服务的逻辑框架，尝试性做了少量服务，深入的社会工作服务是 2007～2010 年，主要行动策略体现在以下几方面。

第一，社区调查与评估。2007 年两位社工通过一对一的访问调查，了解各康复者的基本信息，把握各康复者的性情，建立了"社区平面图""康复者档案""社区档案"和"康复者 24 小时生活表"。社工在制作这些图表的过程中，积极招募康复者参与，通过运用参与式发展的专业技巧带动部分康复者共同完成，为

康复者间、康复者与社工之间创造了交流的机会，增加长者间交流的话题，制造日常会话的机会，也是康复者参与社区事务的表现。

第二，社区意识的强化。社工开展了一系列的社区活动，强化社区意识，重建社会文化，主要分为三个阶段。第一阶段，社工重点通过"好村民评选"社区活动，达到社区内部归属感、认同感的营造；第二阶段，社工重点通过"长者技能展示"社区活动，塑造本社区形象，获得外社区的赞赏与认同，从而强化社区内部自我认同；第三阶段，社工重点通过"X 麻风村 50 周年庆"社区活动，挖掘本社区历史和文化，获得外部社会认可，从而进一步强化社区自我认同。

第三，社区生活再造。社工通过一系列的小组活动、社区活动等，让社区生活变得丰富多彩、有情趣、有意义。X 麻风村是一个单调、封闭、缺乏社区资源的社区，要创造一个更有生活情趣的社区，需要挖掘和拓展社区资源，社工在 2007～2010 年每次的驻村服务中，都很重视社区信息园地的创建和更新。信息园地，就是在社区公共空间的墙壁上建立一个公共宣传栏，通过定期更新信息，使康复者增加对外界社会的了解，并宣传一些老人日常疾病的护理和预防的一些知识，倡导一种健康的生活方式。为了丰富康复者的社区文化生活，提高休闲生活质量、开阔眼界、提高综合素养，社工培育和发展了各种类型的趣味性、教育性和发展性小组和社区活动。其中具有代表性的小组和活动有散步小组、唱歌小组、语言学习小组、象棋小组、摄影小组、读报小组、举办生日会、开展四川救灾研讨会、组织"共度端午，齐忆传统"活动、"同心同德建社区，关怀尽展互守望"社区活动。

第四，社区自治组织建设。和谐工作小组是在社工的推动下创建的社区自治组织，该组织经历了创建和发展阶段，在社区自我管理、自我服务中发挥了很大作用。但该组织只运行了一年半的时间，最终解散，其中的问题与教训也值得反思。笔者带着反思和探究的心理，对社工的工作记录进行了仔细研读，并与几位重要前线社工进行了研讨，经过综合分析，笔者认为和工组解散的原因有：社工的支持和培育不够；公信力不够；灵魂人物的流逝；康复者整体权利意识提升。

3. 社工促进康复者与公众合理交往，重建支持性的外部生活世界

由于空间隔离和社会隔离，麻风病康复者与普通公众之间缺乏社会交往，使得麻风康复群体长期受到社会歧视、社会排斥，社会支持断裂。

首先，社工通过社会宣传、教育与倡导，改变人们对麻风知识的错误认知，建立新的知识和观念，并倡导公平的社会文化，让麻风病康复者享有普通公民的社会权利。社工的具体行动策略有：通俗形象的正规宣传；生动活泼的趣味宣传教育；消除歧视促进平等的社会倡导。

其次，由于长期的空间隔离和社会隔离，麻风病康复者与其他普通民众之间

缺乏交往机会，普通民众对麻风病康复者的印象还停留在几十年前：患有麻风传染病、被抛弃被隔离、残疾的身体、可怕的面容、缺乏才能等。这些刻板的形象进一步阻碍麻风病康复者回归主流社会，难以被公众所接纳。为了改变这种现状，社工需要创造麻风病康复者与普通民众的交往机会，重塑麻风病康复者在普通民众心目中的形象，社工的具体行动策略有：让康复者走进公众生活；发掘与展示康复者才艺，最后，社工通过一系列的活动和发动，构建麻风村之间、麻风村与周边村、麻风村与志愿者之间的联谊、互助与支持。具体策略有：构建麻风村之间的互助网络；构建周边村对麻风村的支援网络；构建志愿服务支持网络。

8.1.5　社会工作重建生活世界的成效

经过 H 机构 13 年的社会工作行动，X 麻风村康复者的生活世界已呈现出融合性特征，实践证明社会工作行动在重建生活世界中富有成效，具体体现如下。

1. 康复者主体意识和权能增强

康复者自我认同度提高。社工以身心灵理论为指导，分别从身体重建、心理重建和灵性重建三方面入手，重建了康复者生命世界，提升了他们的自我认同度与生活满意度。目前，所有康复者的身体基本没有什么大的疾病，生活基本都可以自理，23 名康复者中有 5 名自认为生活满意度很高，13 名康复者对现在的生活表示较为满意，4 名康复者认为生活满意度一般，只有 1 位康复者的生活状态不稳定，他自己的回答是"不满意"，笔者对这名"不满意"康复者的观察是他有时很友好、很开心，有时闷闷不乐、不搭理人、活在自己的世界里。

康复者互助能力增强。社工通过一系列的小组活动，培养了康复者的互助精神和群体意识。很多康复者热情、大方、主动，懂得与邻里建立良好的互动关系，常有互帮互助的行为。有些康复者虽然还不够主动或者被动，但在社工和志愿者的鼓励下都能配合参与活动，懂得感恩。

康复者的社区意识和社区参与增强。在社工驻村之前康复者缺乏社区意识，公共卫生较差，康复者会在公共场所随地吐痰，吃饭时会将菜汁、骨头等撒或丢在地上，随意丢弃垃圾，个人卫生也不够好等。现在这些现象都没有了，康复者会自觉搞好自己的个人卫生，还会自觉维护公共卫生，自觉清扫公共空间，很多志愿者到 X 麻风村后都感叹"这里真是一个世外桃源"，康复者听到这样的赞美后也非常开心，这也激励他们继续维护自己的社区、更加热爱自己的社区。

康复者懂得创造丰富的社区生活。过去康复者兴趣狭窄，生活单调，吃饭、睡觉、发呆成为他们的主要生活内容。现在他们的生活热情大大增强，会主动创造丰富多余的社区生活，如打牌、打麻将、下棋，读报、听收音机、看电视、拉二胡、画画、种果蔬、养鸡鸭猫狗等。他们还会用这些活动为载体，与志愿者互动，建立与志愿者的良好互动关系，让志愿者感觉自己不是在帮他们，而是来走亲戚。

康复者的社会参与意识和能力也得到提高。社工通过组织外出游玩、社会宣传、教育和倡导等活动，扩大了康复者的生活范围和知识视野，强化和提升了他们的权利意识、参与能力、交往能力。现在康复者能够自由、大方地出入麻风村，主动与周边村村民交往，主动到外面的世界看看，还会主动关心社会问题、时事政治。

2. 社会支持网络初步形成

社区内部康复者之间的互助日常化。他们的邻里关系、互助精神较好，日常生活中常有互帮互助的行为，比如，外出时帮助不能外出的康复者购买需要的物资，把自己做的好吃的东西与其他康复者分享，将自己种植的水果蔬菜送给有需要的康复者等。大部分康复者都会有几个特别要好的朋友，经常一起聊天谈心，特别是住在同一间房子的康复者关系相对较好，像家人一样，日常生活中都会相互照应。

康复村之间的互助制度化。H 机构采用康复者会员制度，让来自不同康复村的康复者走到一起，互帮互助，携手前进，共同发展。为了保障康复者们在重病时及时获得救治，减轻他们在重病情况下就医时的负担，H 机构实施了医疗互助项目，大部分康复者都加入了该项目。H 机构每年都举行麻风院（村）互访活动，增进麻风村之间感情交流，促进康复村之间的和谐交流发展，让康复者了解到不同地区康复者的生活情况和院（村）环境，学习其他麻风村先进的管理和运作经验。H 机构推动多个麻风村成立院（村）管理小组，并针对其提供了日常财务记账、如何组织小组会议、村民大会等培训，提升管理小组的组织管理能力，促进其对自身院（村）事务的合理有效管理。

周边村对麻风村的支持常态化。X 麻风村位于孤岛上，附近有一条自然村落，目前岛上鱼塘已归属附近村落所有，现在周边村民常来 X 麻风村，给他们送东西，协助他们购买物资，也与康复者一起玩乐，接受康复者的水果、蔬菜等礼物。

志愿者对麻风村的支持多样化。1999 年 H 机构引入的香港 X 医疗志愿服务社，为康复者带去志愿者的第一波福音，发展至今，J 工作营、T 慈善基金会、P 义工联等十多家志愿服务组织定期到麻风村里进行探访，几乎每个星期都有志愿者单独或有组织的来探访康复者。志愿者的支持呈现多样化的特点，有的支援物资，有的提供劳务服务，有的带来欢乐，有的提供资金改善环境，有的组织出去游玩。

3. 麻风歧视大大降低

麻风歧视已经形成了几千年，要想彻底消除不是一件容易的事情，随着 H

机构不遗余力地宣传、教育和倡导，麻风歧视已经大大降低，特别体现在某些群体中。

高校大学生歧视较少。大学生是祖国未来的主力军，对社会发展有着极大的潜在影响力，H 机构一直非常重视高校宣传，让更多大学生了解、关注麻风病康复者，消除误解和隔阂，让大学生们树立宣传麻风康复知识的意识，参与到 H 机构的志愿服务中去，消除麻风歧视，共创和谐社会。在不断地探索、反思、创新中，H 机构形成了独具特色的高校参与式宣传教育模式。现在，广州的几个名校都有专门服务麻风病康复者的志愿者组织，他们定期探访麻风村，组织社会宣传活动，也组织康复者到大学参观、游玩，这些高校中的大学生对麻风知识大多有了正确的认识，通常不会歧视康复者。

周边村民基本不再歧视。社工和志愿者通过自己的行动影响周边村民，邀请村民到麻风村一起联谊，康复者赠送礼物给他们，达到彼此理解、包容、互助的目的。现在 X 麻风村的周边村民都很友好，不再歧视康复者，并且还会主动与他们交往，为他们提供必要的协助。

知识分子反歧视行动力强。知识分子接受新知识的能力通常比较强，而且拥有一定的资源和地位，他们的反歧视行动力强。H 机构近几年策划了一系列公益活动，如公益自助游、慈善拍卖会、品荔公益游等，这些活动的参与者大都是企业的白领群体、高校老师、志愿者领袖，他们的行动力很强，用自己的行动参与社会倡导，反对社会歧视，产生了积极的社会影响。

8.2　讨　　论

8.2.1　对交往行为理论应用的反思

哈贝马斯在综合研究马克思、韦伯、卢卡奇、霍克海默、米德、迪尔凯姆、帕森斯等学者的理论后，创造性地构建了交往行为理论，该理论极具建设性和综合性，由此，引起了大量学者对该理论的研究和讨论。在众多赞美声中，也出现了一些针对该理论的局限性的批判和反思，主要集中在以下几点：第一，理想的交往情境难以实现，限制了理论的应用价值；第二，对语言的认知存在偏差，过分夸大语言的重要性；第三，对马克思生产范式的误读。本书在实践层面与交往理论展开对话，建构了交往理论的应用框架和行动策略，笔者也对交往行为理论的应用做了几点反思性讨论。

1. 社会工作行动是一种交往行为

哈贝马斯认为，交往行为指行为者之间以语言为媒介的互动，是两个及以上具有语言能力和行动能力的主体之间的内部活动。行为者将语言作为理解各自生活状态和行动计划的工具，期望在行动上达成一致。交往行为不同于目的行为，是一种言语行动，它们之间的区别在于：有效的行为协调不是建立在实现个人计划的目的理性基础之上，而是建立在交往行为的理性力量基础之上，这种交往理性表现在交往共识的前提之中。（哈贝马斯，2001：60）言语行为，总是与真实性、正确性和真诚性三个有效性要求相关联，这三个有效性要求又同客观世界、社会世界和主观世界相互关联，即在论及客观世界时，陈述应当是真实的；论及社会世界时，陈述应当是正确的；论及主观世界时，陈述应当是真诚的。在现实的交往过程中，只要符合三个有效性要求，就是交往理性。而社会工作是以利他主义为指导，以科学知识为基础，运用科学方法进行的职业性的助人服务活动（王思斌，2011：5）。

　　社会工作是一种科学，其科学知识主要来源于心理学和社会学两个学科，它与客观世界相连，社会工作者在服务行动中的言说体现真实性。利他主义是社会工作的基本价值，无私是利他主义价值观的核心，也是社会主义的基本价值，责任和服务是利他主义社会工作价值观的行动落实（王思斌，2011：80）。这说明社会工作在服务过程中向社会传递友爱、奉献、无私、具有责任感等高尚品质，并用行动促进社会公平、和谐，这种对社会世界的陈述是正确的。根据美国社会工作协会的伦理守则，社会工作的专业伦理包括对案主、同事、机构、自身、专业、社会 6 个方面的伦理责任，无不体现论及主观世界的真诚性原则。因此，根据交往行为的定义，社会工作行动是一种特殊的交往行为。

　　本书发现，社工通过与康复者交往，用平等、真诚地态度聆听康复者的心声，理解康复者的生命感受，能激发康复者的权能，从而实现康复者生命世界的重建，使康复者从无能无意义感中解脱出来，建立了自己的权能感、意义感。通过与社会公众交往，社工还真实地、正确地宣传麻风知识，倡导公平公正、互助和谐的社会文化，在一系列的宣传教育、社会倡导活动中，越来越多的人消除了对麻风病康复者的歧视，转而理解、尊重、支持他们。社工还通过促进康复者之间、康复者与社会公众之间的交往，达成了他们彼此之间的理解与互助，实现了更广泛的社会团结。

2. 社会工作有助于理想交往情景的实现

　　在日常生活中，不同群体之间很难产生交集，特别是优势群体与弱势群体之间没有机会对话，也就不可能产生交往合理化，使交往行为理论被批评为乌托邦理想。社会工作者作为弱势群体的代言人，可以通过社会教育、宣传、倡导，消除社会公众对他们的误解和污名，从而愿意走近和接纳他们，形成理想的交往情景，从而促进交往合理化。例如，本书研究的隔离麻风病康复者长期被普通民众误解、污名，隔离麻风病康复者几乎没有机会与其他群体交往互动，H 机构通过一系列的社会工作行动，形成了一些理想的交往情景，如麻风村公益游、义工活动现场、麻风病康复者城市一日游、画展、公益活动广场、拍卖会现场、社区宣传广场等，使隔离麻风病康复者群体与其他群体之间产生了交往行为，大大消除社会排斥、歧视，一个没有麻风歧视的世界正在逐步形成。因此，社会工作让交往行为理论的乌托邦理想成为一种现实可能性。

3. 社会工作可以生产新的语言

哈贝马斯自始至终没有对"语言是如何产生的"进行探讨，这也是哈贝马斯交往行为理论的一个重要缺陷。借鉴马克思的理论，"语言是一种实践的、既为别人存在并仅仅也为我存在的、现实的意识。"（《马克思恩格斯选集》第 1卷，1995：81）因此，语言不是先验的，而是在实践中不断生产的。社会工作作为一种实践活动，语言也是社会工作者的重要工具，社会工作可以在实践中不断生产新的语言，进一步发挥语言的工具作用。例如，在本书中，社会工作者在"我们都一样"的公益倡导活动中，有一个拆除心墙的游戏环节，墙的一面写着很多对麻风病康复者歧视的话语，如传染性、丑陋、麻子、不道德、可怜、可悲、弱势等，另一面写着对麻风病康复者接纳友善的话语，如正常、平等、尊重、宽容、接纳、友善、坚强等，这些语言的重新建构，极大地促进了人与人之间和谐友好的交往关系的实现。

4. 交往媒介的拓展

哈贝马斯认为，语言是一种交往媒介，通过这种媒介，言说者和听者实现了一定的基础性界分，这种界分主要表现在 4 个方面：第一，主体将他自己从作为参与者的第三者态度出发而从自己客观化的环境中界分了出来；第二，主体将他自己从作为参与者的自我变更态度出发而对从其遵从或背离的环境中界分了出来；第三，主体将他自己从作为第一者的态度出发而从加以表达或掩饰的他自己的主体性中界分了出来；第四，主体将他自己从语言自身的中介中界分了出来（哈贝马斯，1989：67）。

对于上述 4 个方面，哈贝马斯分别概述为"外在自然""社会""内在自然""语言"。"外在自然"指成年主体能够感知、并操纵在现实中客观化了的那一部分；"社会"指成年主体可以在某种非遵从性态度中加以理解的现实中前符号化结构的那一部分，如制度、传统、文化价值等；"内在自然"指主体的全部欲望、感觉、意向等；语言是哈贝马斯引入的一个特殊领域，语言在交往行为表达的施行过程中保持着一种半超越状态，它将自身作为现实中独特的部分呈示给言说者和行为者。因此，哈贝马斯正是以语言的可领会性为基础，建立起了以语言为交往中介的交往模型。

本书发现，随着科技的发展，交往媒介还是主要以语言为主，但可以拓展到图片、视频等辅助性的东西，这些东西虽不能单独发生作用，但能对语言起到补充性的说明，甚至有些东西无法用语言来表达，比如，一个"渴望理解的眼神"的画面比一句话语更能打动人，更能让观看者认同或理解。

8.2.2　隔离式康复模式的利弊与建议

隔离式康复模式，就是远离家庭、脱离自然社区、封闭式、集中式的康复方式（卓彩琴等，2011）。根据本书研究该模式有其存在的价值和优势，但也存在一定的弊端，下面对隔离式康复模式的优势与弊端进行总结，从而对该模式的合理选择提出建议。

1. 隔离式康复模式具有一定优势

第一，整合医疗资源，提高康复质量。在一个相对封闭的机构或社区中，将有限的医疗资源集中起来，提供系统的、专业的、多层次的治疗、照顾、教育、训练等，有助于控制病情，提高康复质量。比如，新中国成立后，采用隔离式康复模式救治麻风病患者，至 1980 年底，全国有麻风病院 62 处，防治站 343 处，麻风村 794 所，共 1199 处，专业防治技术人员 9000 多名，登记的现症患者大都得到了治疗（其中 47%为收容隔离治疗），传染病患者收治率达 80%～100%（袁萌芽等，2007）。由此可见，当时的隔离康复对麻风病的治疗和控制起到了非常积极的作用。又如，很多老人院的医疗服务、生活照顾、娱乐设施等都很方便、齐全、合适，适合于老人安享晚年，很多老人也主动选择入住老人院。

第二，能较好地保障公共安全。当年在全民恐惧麻风病、排斥麻风病患者的情形下，隔离式康复模式的确起到了保证公共安全的作用。现在麻风病已经成为一个类似于流行感冒的低速传染病，对社会的危害很小，解除隔离也是一种必然。但是，当代社会还存在一类其他的危害公共安全的疾病，如精神病，为了更好地保障公共安全，对这些病患施行隔离式康复也是合理的，西方的"去机构化"和"再机构化"运动充分证明了这一点。第二次世界大战后，欧洲各国对国内社会秩序的高度重视，战争创伤导致的精神病患上升，很多发达国家在政府的支持下建立了大量精神病院，20 世纪 40～50 年代达到高峰，随之出现医院人满为患、医护质量低、患者权益受侵等问题，引起了社会的广泛关注和批评，到 20 世纪 60 年代演化成风行欧美的"反精神病学""去机构化""非住院化"等社会运动（谢斌，2011）。其核心理论认为精神病学在本质上不是医学，而是社会建构的结果，是针对少数离经叛道者的"污名"，而精神病院则是针对这些人实施社会控制的场所，是"国家的耻辱"（Fisher et al.，2009）。在这些运动的推动下，加上政府为了节省精神疾病医疗费用，专科精神病院的数量和规模开始不断削减。随着去机构化运动的发展，很多意想不到的结果开始涌现，大量患者"被解救"出精神病院后，家庭和社区无法为其提供所需要的照顾和治疗资源，患者常常病情复发后肇事闯祸、流浪街头等问题又成为社会的关注热点（Sharfstein et al.，2009）。同时，"新长期住院"患者增多，这些患者虽不在传统的大型公立精神病院长期住院，却在不同社区康复机构之间流转，并未真正回归社会。意大利在"回顾去机构化 30 年"发现，回到社区的病患者生活境遇并不比 30 年前好多少，而且患者家属承受了更沉重的照料负担（Barbui et al.，2008）。同时，私立精神病收容机构的床位数则迅速增加，另外，监狱成了"最大的精神病院"——2004 年美国监狱中的精神病患者达到 125 万人（Kaplan，2008）。另外，在美国，随着床位减少，多数专科精神病院床位被肇事患者占据，一般病情复发需要住院的患者难以入住，甚至出现患者为入院而故意伤人的极端现象，英国公众则要求修改精神卫生法，以强化对精神病患者的强制收治，因此，有专家分析认为，21 世纪以后西方国家又步入了"再机构化"的轨道（谢斌，2011）。

第三，同质性社区带来的群体认同感和安全感。隔离式康复模式通常把同样境遇的人集中在一起进行康复，如麻风院（村）、老人院、精神病院、儿童福利院、戒毒社区等。这些群体通常是社会的弱势群体，很容易遭到社会排斥、歧视，散居在社会中反而让他们感到自卑、无助和失落，没有安全感。如果将他们隔离起来形成一个特殊的小社会，他们会同病相连、相互理解、彼此支持，从而获得群体认同感和安全感。比如，20 世纪 80 年代一些麻风病康复者在"回家运动"中主动选择不回家，而是永久性地留在麻风村，他们认为在麻风村才能找到归属感和安全感。又如，一些特殊孩子不愿在普通学校就读，害怕被嘲笑、歧视，宁愿选择在特殊学校就读。

2. 隔离式康复模式具有一定弊端

第一，导致社会排斥与污名。隔离式康复模式首先是一种空间排斥，限制了被隔离群体的生活空间，使他们缺乏了普通公民应有的空间选择自由。然后，这种空间隔离也会阻碍被隔离群体的社会参与，如政治活动参与、经济活动参与、文化活动参与等，最终导致全面的社会排斥。这种全面的社会排斥又会导致对该群体的污名，从而为他们重新融入社会制造了巨大屏障。比如，麻风病患者在隔离模式下治疗，社会公众对疾病不了解，擅自臆测，流言四起，从而在社会上引发了高度恐惧，伴随而来的是社会排斥和污名，这些患者治好后也被冠以脏污、可怕、丑陋、麻子等负面形象。康复者无力改变这种现实，只能默默忍受这样的社会形象，甚至内化这种歧视文化，将自己隐姓埋名于社会边缘。

第二，导致家庭支持网的断裂。家庭作为个体初级关系网络，是个体获得基本社会支持和资源的基础平台，而隔离式康复模式通常将康复者与家庭分离，从而导致家庭支持网的断裂，甚至是家庭排斥，给康复者带来巨大的心灵伤害。比如，隔离的麻风病康复者常常面临来自家庭的离弃、否认、淡漠和感情疏离等，产生了沉重的心理压力，很多麻风病康复者即便治愈了也不被家人接纳，而是永久性地与家人分离了。又如，很多精神病患者因为与家人分离，精神需求得不到满足，拒绝治疗，康复效果不佳。

第三，非人性化的管理。为了节约成本、提高效率，隔离式康复模式通常都是医疗为本的程序化模式，在规定的时间内做规定的事情，个人没有选择权、自由权，是一种非人性化的管理。时间久了，康复者的心理、精神需求便得不到满足，导致心理、精神问题，从而影响康复者的生活品质。

3. 隔离式康复模式的选择建议

根据上述分析，隔离式康复模式有其明显的优势与弊端，中国需要对隔离式康复模式进行合理选择，笔者建议：

第一，建立隔离与非隔离的双向流通模式。患者或康复者的需要是不断变化的，有些时候需要隔离康复，有些时候需要非隔离康复，比如，精神病患者在病发时需要隔离康复，精神疾病得到控制后的心理、社会康复就更需要非隔离康复。所以，有必要建立精神病院、中途宿舍、社区康复一体化的康复模式，这也是很多发达国家的经验。

第二，坚持非隔离康复模式优先原则。人性关怀与经济成本两相比较，人性关怀应该优先，除非国家穷困到无力保障，因此应坚持非隔离式康复模式优先。在选择隔离式康复模式时，应该由权威部门组织专家评估是否必要，这些专家团队中应该包括政府人员、医生、心理专家、社工等，对于很有必要的病患才采用隔离式康复模式。

第三，在靠近普通人群的地方建立隔离式康复机构。空间隔离往往阻碍了康复群体与其他群体之间的互动和理解，从而导致全面的社会隔离。如果在靠近普通群体的地方建立隔离式康复机构，就为不同群体之间的交往创造客观条件，从而通过交往达成理解，减少社会歧视。

第四，在隔离式康复机构中引入社会工作者，促进社会融合。社会工作者的专业使命就是消除社会歧视，促进社会融合。社会工作者会通过一系列的社会行动，如建立社会支援网络、社会教育、社会倡导等，提高康复者的社会参与意识和能力，消除其他群体的排斥与误解，促进社会融合。

8.2.3　发展社会工作是促进中国和谐社会建设的重要途径

"社会主义和谐社会"是中国共产党于 2004 年提出的一种社会发展战略目

标，是指一种和睦、融洽并且各阶层齐心协力的社会状态。自 2005 年以来，中国共产党进一步提出将"和谐社会"作为执政的战略任务，"和谐"理念便成为建设中国特色社会主义过程中的价值取向。"民主法治、公平正义、诚信友爱、充满活力、安定有序、人与自然和谐相处"是和谐社会的主要内容。本书研究发现，社会工作行动可以重建生活世界，让 X 麻风村从隔离走向融合，因此发展社会工作是促进中国和谐社会建设的重要途径。

1. 通过社会工作增强弱势群体权能

弱势群体是指一个国家或地区，在一定历史时期内所形成的社会结构中，参与社会生产和分配的能力较弱、经济收入较少的社会阶层。从现实情况看，弱势群体的社会地位低下、话语权不多、诉求能力有限、经济基础薄弱、心理素质脆弱，只有善待他们才能体现社会公平公正。本书证明，社会工作在增强弱势群体权能方面有自己的优势。

增强权能就是增强个体掌控自身生活和心理的能力，从而提升自我效能感、权能感和幸福感。社工可通过与弱势群体直接交往提供个性化服务，利用优势视角、增权理论，根据每个个体的优点、缺点、资源制定差异化的增权策略。笔者认为，社工可以从以下三方面入手。

第一，激发权能意识。弱势群体普遍存在自信心不足、能力意识不强的特点。导致这种特点的原因是缺乏参与的权利和机会、不愉快的失能经历等。因此，在社会工作服务中，社工应当多聆听他们的故事，理解他们的感受，引导他们反思，使他们对自己有正确的认知，从而激发权能意识。在服务过程中，社工是一个聆听者和鼓励者，在聆听过程中表达同理心，鼓励他们自我分析，肯定他们的分析能力。社工与服务对象是伙伴关系，一起讨论问题、分析原因、制订计划。

第二，发掘个人优势。人都有优点和不足，社工需要聚焦于服务对象的优势，寻找各种支持和资源，探求符合其个人愿望和兴趣的各类活动。引导服务对象重视其现有优势，并动员服务对象通过实际行动来实现自身愿望，相信生活并不是之前所想的那么苦闷和悲惨，相信凭借自己的能力也能改善生活。

第三，培养个人能力。社工充分利用服务对象的优势和资源发展相关能力，促进他们建立自信心和权能感，从而激发其学习的热情和动力，增强自己其他方面的能力。能力分为三个层面：驾驭自我的能力、与人合作的能力、影响社会政策的能力。

2. 通过社会工作促进社会团结

哈贝马斯认为，随着经济的发展，社会分工越来越细，生活世界不断被系统所侵蚀，人们之间的交往理性变成了工具理性，人与人之间的关系发生了异化，这是当代资本主义社会危机的根源。这一现象也正发生在中国,中国虽然是社会主义国家,但还处于初级阶段,近 30 多年来也是以经济建设为重点,引发了很多社会问题,其中社群隔离、交往异化便是其中的一个突出问题,严重影响了社会团结与和谐,社会工作在促进社会团结方面可发挥自身优势。

在日常工作、生活中,不同群体之间很难产生社会交往,特别是优势群体与弱势群体之间缺乏对话、交流的平台和机会,使得他们之间产生相互排斥甚至敌对,严重影响到社会团结。社会工作者天然是为弱势群体服务的,可以作为弱势群体的代言人,通过社会教育、宣传、倡导,消除优势群体对弱势群体的误解和污名,从而使其愿意走近和接纳他们,促进他们之间的社会交往,促进社会团结。

随着社会分工的不断精细化,不同利益群体越来越多,即便都是优势群体,群体之间的隔离仍然很严重,影响到彼此的理解与合作,甚至产生彼此看不起的情形,如从事科学研究的知识分子与从事经济发展的企业精英之间常常彼此看不上。社会工作者可以通过社区服务这个机会,利用日常生活空间,让不同利益群体之间产生交往、互动,从而促进彼此理解与合作,促进社会团结。

3. 通过社会工作创建和谐文化

随着市场经济的发展,效率、竞争曾一度成为了一种主流社会文化,人们在这种文化的主导下,生活异常艰辛,工作压力非常大,即便是处于社会上层的优势群体,也会时时担心位置被取代,利益被剥夺,更不用说社会的弱势群体。和谐是一种新的价值观、理念,从 2004 年党提出建设社会主义和谐社会的目标以来,和谐便成为一种主流社会文化。作为一种话语表达,很多人都认同并接受了,在社会生活中也产生了积极的作用,近 10 年来,我国公益事业的发展就是例证。但是,"和谐"是一个很抽象的概念,再加上思维和行为惯性,和谐文化远没有深入到大多数人的骨子里,他们甚至说一套做一套,知行不一,社会工作可以在创建和谐文化中发挥作用。

社会工作可以推动话语伦理的践行。哈贝马斯认为一个合理社会与普遍的话语对话分不开,主张规范语用学的有效性"一种理想化的普遍预设和行为规则",使之对个体目标实现起规范作用,它涵盖所有形式的交往行动,是建构交往合理性的前提。在工具理性主导了很长时间的社会里,每个人都担心自己吃亏、受骗,都不愿主动或先行遵守话语伦理。社会工作者可以用自己的行动向社会传播话语伦理,还可以通过宣传、教育、倡导的方式,让更多人理解并践行话语伦理。

社会工作可以促进公共领域的实现。在哈贝马斯看来,公共领域是介于私人领域和公共权力之间的社会领域。在公共领域中,人们可以就公共利益和社会规则进行讨论,在讨论中,人们不必求受制于传统习俗和教条,也不屈服于政治强权,规范和合理性的问题通过自由辩论和理性反思来解决(Habermas,1991)。

我国是社会主义国家，很长时间以来，把主要精力放在发展经济和政府管理上，社会发展比较弱，形成了一个强政府弱社会的社会形态，人们缺乏利益诉求表达的机会，特别是社会的弱势群体，几乎没有参与社会发展决策的任何权利。社会工作可以通过大众媒体、公益论坛、研讨会、社区自治组织、志愿组织等平台，对"和谐"议题进行讨论、对话、交流，然后达成共识，并推动和谐理念在行动中展现。

参 考 文 献

（宋）周密. 1988. 癸辛杂识（后集）. 吴企明点校. 北京：中华书局.

（清）屈大均. 1975. 广东新语. 香港：中华书局.

（清）慵纳居士. 1981. 咫闻录.//笔记小说大观. 第 2 编第 6 册.台北：新兴书局.

（万历）雷州府志. 万历四十二年刻本.

（康熙）新会县志. 康熙二十六年刻本.

（乾隆）潮州府志. 光绪十九年刻本.

（乾隆）福州府志. 乾隆十九年刻本.

（乾隆）龙溪县志. 乾隆二十七年刻本.

（同治）广东通志. 同治三年刻本.

（同治）福建通志. 同治七年刻本.

安斯康. 1969. 论确定性. 布莱克威尔出版公司：141-142.

陈丽云. 2009. 身心灵全人健康模式：中国文化与团体心理辅导. 北京：中国轻工业出版社.

陈苇，宋豫. 2001. 新婚姻法专家指导丛书. 结婚与婚姻无效纠纷的处置. 北京：法律出版社.

陈向明. 2000. 质的研究方法与社会科学研究. 北京：教育科学出版社.

成凡. 2004. 法学知识的现状偏差——以麻风病为切入点. 法制与社会发展, (6)：114-129.

邓顺古，梁军林，李春根，等. 2005. 住院与社区麻风治愈者的生活质量及个性特征调查. 中国
    临床心理学杂志, 13(2)：229-231.

范斌. 2004. 弱势群体的增权及其模式选择. 学术研究, (12)：73-78.

高言，郑晶. 1996. 婚姻家庭法理解适用与案例评析. 北京：人民法院出版社.

管健. 2007. 污名：研究现状与静态—动态模型构念. 湖南师范大学教育科学学报, (4)：80-84.

哈贝马斯. 1984. 我和法兰克福学派. 哲学译丛, (1)：11.

哈贝马斯. 1989. 交往与社会进化. 张博树译. 重庆：重庆出版社.

哈贝马斯. 1994. 交往行动理论, 卷 2. 洪佩郁，蔺青译. 重庆：重庆出版社.

哈贝马斯. 1994. 现实与对话伦理学. 哲学译丛, (2)：35.

哈贝马斯. 1999. 公共领域的结构转型. 曹卫东等译. 上海：学林出版社.

哈贝马斯. 2001. 后形而上学思想. 曹卫东等译. 南京：译林出版社.

哈贝马斯. 2003. 在事实与规范之间. 童世骏译. 北京：生活·读书·新知·三联书店.

哈贝马斯. 2004. 交往行为理论, 卷 1. 曹卫东译. 上海：上海人民出版社.

海德格尔. 1987. 存在与时间. 北京：生活·读书·新知三联书店.

何丽君. 2010. 灵性领导：跟随者的灵性家园. 领导科学，(1)：9-10.

何雪松. 2005. 社会工作理论. 上海：上海人民出版社.

胡康生. 2001. 关于《中华人民共和国婚姻法修正案（草案）》的说明. 全国人民代表大会常务
　　委员会公报，(4)：335.

胡康生，刘海荣. 2001. 中华人民共和国婚姻法实用手册. 北京：法律出版社.

黄达远. 2006. 隔离下的融合：清代新疆城市发展与社会变迁（1759-1911）.成都：四川大学.

黄怡. 2006. 城市社会分层与居住隔离. 上海：同济大学出版社.

江澄. 1996. 麻风防治是跨世纪的事业. 中国麻风杂志，(12)：41.

蒋竹山. 1995. 明清华南地区有关麻风病的民间疗法. 大陆杂志，90(4)：4-6.

李俊昌. 1927. 北海麻疯医院. 麻疯季刊，1(1)：33-34.

李牧，顾柏明. 1994. 试论我国麻风院（村）的改革. 中国麻风杂志，10(1)：36-38.

李晓凤. 2009. 社会工作：原理·方法·实务. 武汉：武汉大学出版社.

李增禄. 2002. 社会工作理论. 台北：巨流图书公司.

梁其姿. 2003. 麻风隔离与近代中国.历史研究，(5)：3-14.

梁其姿. 2012. 从癞病史看中国史的特色//李建民. 从医疗看中国史. 北京：中华书局.

梁章池. 1963. 中国古代麻风史事考辨. 皮肤性病防治通讯，2(1)：51-62.

林聚任，刘玉安. 2004. 社会科学研究方法. 济南：山东人民出版社.

林增祺，蔡荣燊. 1927. 汕头麻疯院. 麻疯季刊，1(1)：35.

凌鸿铭. 1927. 香港支会之成立及目前概况. 麻疯季刊，1(1)：40.

刘吾初，何锐. 1987. 麻风病化疗的进展.皮肤病与性病，(3/4)：54-59.

卢健民. 1992. 圣经中有关麻风的记载择要及其探讨. 中国麻风皮肤病杂志，(3)：166-169.

马海德. 1989. 麻风病防治手册. 南京：江苏科学技术出版社.

马克思恩格斯选集. 1995. 卷 1. 北京：人民出版社.

马克思恩格斯选集. 1972. 卷 42. 北京：人民出版社.

米德. 2005. 心灵，自我与社会. 赵月琴译. 上海：上海译文出版社.

莫衡. 2001. 当代汉语词典.上海：上海辞书出版社.

倪梁康. 1997. 胡塞尔选集. 上海：上海三联书店.

潘朝东. 2006. 将灵性融入心理治疗综述. 中国心理卫生杂志，20(8)：538-541.

任皑. 2002. "生活世界"学说管窥. 马克思主义研究，(4)：69.

Saleebey D. 2004. 优势视角——社会工作实践的新模式. 李亚文等译. 上海：华东理工大学出
　　版社.

申鹏章. 1993. 麻风村的前途何在. 中国麻风杂志，9(1)：44.

圣经公会. 1982. 圣经. 香港.

孙丽. 2005. 自我概念的研究概述及发展趋势探讨. 社会心理科学，(3)：45-49.

孙立亚. 1999. 社会工作导论. 北京：中国财政经济出版社.

王吉民. 1941. 中华医学杂志，27：565.

王玲. 2002. "医疗航母"满载光荣与梦想 http：//www.21dnn.com/3050/2002-6-20/98@295902. htm[2002-06-20].

王思斌. 2011. 社会工作导论. 北京：北京大学出版社.

王晓升. 2006. 哈贝马斯的现代性社会理论.北京：社会科学文献出版社.

王占平. 1989. 中国婚姻法教程. 北京：人民法院出版社.

邬志坚. 1927a. 二十五年来之救济麻疯运动. 麻疯季刊，1(4)：4.

邬志坚. 1927b. 闽粤游记. 麻疯季刊，1(1)：10.

巫昌祯. 1985. 婚姻法教程. 北京：中国政法大学出版社.

夏昌奇. 2008. 公共领域的论理与生活世界的沟通. 国外社会科学，(2)：47-54.

夏吟兰，田岚. 1999. 婚姻家庭与继承法学原理. 北京：中国政法大学出版社.

谢斌. 2011. 患者权益与公共安全："去机构化"与"再机构化"的迷思. 上海精神医学，(1)：51-52.

徐永祥. 2001. 社会发展论. 上海：华东理工大学出版社.

许茨. 2001. 社会实在问题. 北京：华夏出版社.

许卢，万珍. 2000. 从弱能人士增权的经验探讨社会工作的本质//何国良，王思斌. 华人社会社会工作本质的初探. 香港：八方文化企业公司.

杨大文，杨怀英. 1982. 婚姻法教程.北京：法律出版社.

杨璐玮，余新忠. 2012. 评梁其姿《从疠风到麻风：一种疾病的社会文化史》. 历史研究，(4)：174-188.

杨平，路毅. 1998. 我国古代卫生法的特征. 山东医科大学学报（社会科学版），(1)：33.

殷大奎. 1998. 中国控制麻风的成就与展望. 中国麻风杂志，(14)：209.

虞斌，潘美儿，王景权，等. 2008. 麻风村附近居民对麻风病的知识—态度—行为调查.皮肤病与性病，30(3)：61-63.

袁萌芽，周影，张军. 2007. 麻风病概述. 生物学教学，32(1)：6-8.

岳美中. 1956. 关于祖国医学麻风史事及其著作的叙述. 上海中医药杂志，(9)：40.

张博树. 1998. 现代性与制度现代化. 上海：学林出版社.

郑晶. 2001. 中华人民共和国婚姻法讲话. 北京：中国政法大学出版社.

卓彩琴，张慧. 2011. 社会排斥视角下隔离式康复模式反思. 河南社会科学，(4)：140-142.

卓妙如. 2002. 儿童及青少年灵性需求评估. 护理杂志，49(3)：30-32.

Barbui C，Tansella M. 2008. Thirtieth birthday of the Italian psychiatric reform：Research for identifying its active ingredients is urgently needed. J Epidemiol Community Health，62(12).

Bloomfield H. 1980. Transcendental meditation as an adjunct to therapy//Boorstein S. Transpersonal Psychology. Palo Alto CA：Science and Behavior Books.

Browne S G. 1970. Leprosy in the Bible. London：Christian Medical Fellowship Publication.

Bullis R K. 1996. Spirituality in Social Work Practice. Abingdon：Taylor & Francis.

Canda E，Furman L. 2000. Spiritual Diversity in Social Work Practice：The Heart of Helping. New York：Free Press.

Carroll. 1998. Social work's conceptualization of spirituality//Canda E R. Spirituality in Social Work：New directions.Binghamton：The Haworth Pastoral Press.

Cowley A D S. 1993. Transpersonal social work：A theory for the 1990s. Social Work，38(5)：527-534.

Dictionary E. 2004. Microsoft Encarta Reference Library. Microsoft Corporation.

Fisher W H，Geller J L，Pandiani J. 2009. The changing role of the state psychiatric hospital. Health Affairs，28(3)：676-684.

Fowler. 1927. Leprosy. Leper Quarterly，1(1)：3.

Gussow Z，Tracy G S. 1970. Stigma and the leprosy phenomenon：The social history of a disease in the nineteenth and twentieth centuries. Bulletin of the History of Medicine，44(5)：425.

Habermas J. 1984. The Theory of Communication Action，Vol.1. Boston：Beacon Press.

Habermas J. 1984. The Theory of Communication Action，Vol.2. Boston：Beacon Press.

Habermas J. 1987. The Philosophical Discourse of Modernity. Cambridge：MIT Press.

Habermas J. 1990. Moral Consciousness and the Communicative Action. Cambridge：MIT Press.

Habermas J. 1991. The Structural Transformation of the Public Sphere.Cambridge：MIT Press.

Habermas J. 1996. Between Facts and Norms.Cambridge：MIT Press.

Habermas J. 1998. On the Pragmatics of Communication. Cambridge：MIT Press.

Kahneman D，Knetsch J L，Thaler R H. 2000. Experimental tests of the endowment effect and the Coase theorem//Sunstein C R.Behavioral Law & Economics.Combridge：Cambridge University Press.

Kaplan A．2008. Patient advocacy and a deadly outcome．Psychiatric Times，11(25)：1-2.

Lamb H R. 2001. Deinstitutionalization at the beginning of the new millennium. New Directions for Mental Health Services，(90)：3-20.

Leung A K C. 2009.Leprosy in China：A History.New York：Columbia University Press.

Miley K K, O'Melia M W, DuBois B L. 1995. Generalist Social Work Practice：An Empowering Approach. Boston：Allyn and Bacon.

Moore R I. 2007. The Formation of a Persecuting Society：Authority and Deviance in Western Europe, 950-1250.Malden：Blackwell Publishing.

Risse G B. 1999. Mending Bodies，Saving Souls：AHistory of Hospitals.Oxford：Oxford University Press.

Sharfstein S S，Dickerson F B. 2009. Hospital psychiatry for the twenty-first century. Health Affairs，

28(3)：685-688.

Worboys M. 2000. Spreading Germs：Disease Theories and Medical Practice in Britain，1865-1900. Cambridge：Cambridge University Press.

Wu T C. 1939. Leprosy in South-West China.Shanghai：Chinese Recorder，70：631-638.

Wone. Wu. 1985. History of Chinese Medicime. Taipei：Southern Materials Center：666.

附　　录

附录 1　访谈对象：麻风病康复者的基本情况

编号	书中称呼	性别	年龄	身体状况	患麻风病、入康复医院经历
K1	陈叔	男	65	左手截肢，生活可完全自理	23 岁患病入院，一直未回家
K2	高姨	女	66	腿有截肢，双手组织损伤严重，生活可自理	患病后在家里吃药，一直到 2002 年入院
K3	珠姨	女	71	残疾较轻度，生活完全可自理	29 岁患麻风病，一直未回家
K4	田伯	男	88	生活可完全自理	32 岁入院，43 岁出院，66 岁再入院
K5	程婆	女	96	生活可以自理，走路很慢，头脑比较清醒	55 岁患病入院，一直未回家
K6	涛姨	女	77	残疾较轻度，生活完全可自理	25 岁入院，住了 10 年，后与另一康复者出院结婚，因生活所迫再次回到医院
K7	姜公	男	85	生活可完全自理	32 岁入院，一直未回家
K8	乾叔	男	63	右腿截肢，生活完全可以自理	20 岁犯病入院，30 岁回家，后因右腿需要截肢而再回到医院
K9	光叔	男	79	生活完全可自理	32 岁犯病入院，49 岁出院，57 岁因腿需要治疗再回医院。治病期间一直有偷偷回家
K10	章叔	男	71	生活可完全自理	25 岁患病，30 岁入院。40 岁回家，60 岁再回医院养老
K11	牛伯	男	71	生活可完全自理	27 岁患病入院，38 岁回家后因生计难以维持，42 岁再回医院
K12	梁叔	男	61	左脚前半个脚掌截肢，生活可完全自理	15 岁患病一直在家里治疗，2012 年年初才进医院养老
K13	秀婆	女	90	驼背严重，生活可自理	20 岁入院，入院时已经结婚
K14	旗叔	男	72	生活可完全自理	33 岁患病，一直未回家
K15	方叔	男	71	一只眼失明，另外一只怕光，生活可自理	24 岁入院，后有回家，但因为残疾再次回到医院
K16	旗伯	男	75	左手正常，右手及双脚畸形，右眼基本上看不见，生活尚可自理	17 岁患病，32 岁时因残疾严重才入院，一直未回家
K17	程伯	男	80	四肢健全，小腿处有轻微的溃疡	未提及
K18	森伯	男	78	生活可完全自理，听力比较差	28 岁入院，30 岁未治愈就出院，一直到 47 岁儿子初中毕业才又入院治病
K19	据叔	男	73	双脚截肢，生活可自理	未提及
K20	长叔	男	71	生活基本可以自理	65 岁（2005 年）入院，入院前已患病多年
K21	阳婆	女	85	双脚溃疡较严重，生活基本可以自理	18 岁患病，一直未回家
K22	蓝叔	男	53	肢体情况良好，生活完全可自理	31 岁入院，有回家，后又回来
K23	金叔	男	62	手脚面容残疾变形，生活可完全自理	12 岁入院治疗，20 岁出院。40 多岁时复发，一直拖到 55 岁（2005 年）才再次入院

注：年龄指截止到 2012 年 8 月访谈时的年龄，编号是为了方便资料整理，书中称呼是为了增强著作可读性而取的化名

附录 2　访谈对象：社工的基本情况

编号	书中称呼	性别	工作年限	在 H 机构担任的职务和工作内容
S1	陈先生	男	16	1996～1999 年以志愿者身份参与机构工作，1999 年全职担任机构秘书长（总负责人），学医出身，自学社会工作知识，2008 年考取社会工作师证书，负责整个机构管理，全程参与了机构发展，并担任重要职务
S2	张社工	女	8	2005 年从高校社会工作专业毕业后到机构工作，相继担任项目一线工作人员、项目协调员、公共事务部主任等职务
S3	费社工	女	7	2006 年从高校社会工作专业毕业后到机构工作，相继担任项目一线工作人员、项目协调员、项目总监等职务
S4	程社工	女	5	2007 年以实习社工的身份参与项目执行，2008 年，从高校社会工作专业毕业后到机构工作，相继担任项目一线工作人员、项目协调员等职务，2012 年，离职
S5	王社工	女	3	2007 年从高校社会工作专业毕业后到机构工作，相继担任项目一线工作人员、项目协调员等职务，2010 年离职
S6	李社工	男	2	2009 年以实习社工的身份参与项目执行，2010 年从高校社会工作专业毕业后到机构工作，担任项目一线工作人员，2011 年离职
S7	于社工	男	1	2008 年实习社工，项目一线工作人员
S8	徐社工	女	1	2008 年实习社工，项目一线工作人员
S9	刘社工	女	1	2008 年实习社工，项目一线工作人员
S10	全社工	女	1	2009 年实习社工，项目一线工作人员
S11	蓝社工	女	1	2009 年实习社工，项目一线工作人员
S12	欧社工	女	1	2009 年实习社工，项目一线工作人员
S13	梁社工	女	1	2010 年实习社工，项目一线工作人员
S14	张社工	女	1	2010 年实习社工，项目一线工作人员
S15	林社工	女	1	2011 年实习社工，项目一线工作人员
S16	苏社工	女	1	2012 年实习社工，项目一线工作人员
S17	钟社工	女	1	2012 年实习社工，项目一线工作人员
S18	吴社工	女	1	2012 年实习社工，项目一线工作人员

　　注：工作年限指代表 H 机构在 X 麻风村服务的工作年限，编号是为了方便资料整理，书中称呼是为了增强著作可读性而取的化名

附录 3　访谈对象：医生的基本情况

编号	书中称呼	性别	在 X 医院工作年限	担任的主要工作
Y	戴医生	男	16	负责麻风病康复者的治疗、康复及管理，全程见证了 H 机构的服务，也有部分参与

　　注：编号是为了方便资料整理，书中称呼是为了增强著作可读性而取的化名

附录4　访谈对象：志愿者的基本情况

编号	书中称呼	性别	身份	服务时间	服务内容
Z1	何姑娘	女	X医疗志愿服务社护士	1999~2013年	护理服务
Z2	黄先生	男	T志愿服务组织负责人	2011~2013年	每月第二个星期天下午，组织一支服务队上门服务，包括剪头发、护理、聊天、唱歌跳舞、送小吃和小礼品等
Z3	李小姐	女	J工作营某高校志愿组织负责人	2004~2013年	定期探访，协助康复者做家务、搞公共卫生、谈心等
Z4	韩老师	男	H高校老师	2011~2013年	定期探访、资源链接、倡导
Z5	小麦	女	公司职员	2011~2013年	定期探访
Z6	小莫	男	画家	2011~2013年	帮助其中的一位热爱画画的康复者办画展、出画册
Z7	阿天	男	周边村村民，现在康复村的污水处理厂工作	2011~2013年	每天工作之余与康复者一起玩牌、下棋，帮助康复者购买物资、修理家电
Z8	阿娴	女	周边村村民，现在公司上班	2011~2013年	定期探访、协助康复者购买物资

注：编号是为了方便资料整理，书中称呼是为了增强著作可读性而取的化名，访谈时间为2013年

附录5　康复者个人访谈提纲

1. 您多大年龄感染麻风病？当时是什么情形？家人、周围人对您的态度如何？

2. 您什么时候被隔离治疗？当时是什么情形？有何感受？

3. 麻风病治愈后您尝试过回家吗？最终为什么没有真正回到家？

4. 您什么时候入住X麻风村？当时是什么情形？有何感受？

5. 您在X麻风村经历过哪些重要事件？您有何感受？

6. 您的家人对您的态度如何？给过您什么帮助？您对他们的感情及看法是什么？

7. 身边的康复者同伴给过您什么帮助？您有何感受？

8. 政府给过您什么帮助？您有何感受？您对政府的评价如何？

9. X医院给过您什么帮助？您有何感受？您对医院的评价如何？

10. H机构给过您什么帮助？您有何感受？您对H机构的评价如何？

11. 社工给过您什么帮助？您有何感受？您对社工的评价是什么？

12. 志愿者给过您什么帮助？您有何感受？您对志愿者的评价是什么？

13. 您给过康复者同伴、志愿者及其他人什么帮助？您有何感受？

14. 您觉得自己近10年身心方面有些什么变化？变化是如何发生的？

15．您觉得康复村近 10 年有些什么变化？变化是如何发生的？

16．请描述一下您现在的生活状态？您的生活满意度如何？您还有何期望？

附录 6　康复者集体访谈提纲

1．X 麻风村起源于什么时候？当时的情形是什么？康复者有何感受？

2．X 麻风村发生过哪些重大变化或事件？康复者如何看待这些变化或事件？

3．X 医院是怎样管理 X 麻风村的？管理方式发生过哪些变化？

4．H 机构从什么时候开始服务 X 麻风村？从开始到现在，H 机构主要提供了哪些服务？服务形式有哪些？满意度如何？还有何期望？

5．X 麻风村迎接的最早志愿者是谁？他们提供了什么服务？他们的感受是什么？近几年经常服务于 X 麻风村的志愿者及团体主要有哪些？他们提供什么服务？康复者的满意度如何？

6．政府提供了哪些服务和保障？康复者怎么理解和评价政府？

7．X 医院提供了哪些服务和保障？康复者怎么理解和评价 X 医院？

8．社工提供的哪些服务让康复者记忆深刻？康复者怎么理解社工？社工跟志愿者的区别是什么？

9．X 麻风村近 10 年有些什么变化（如环境卫生、凝聚力、互助文化）？变化是如何发生的？

10．X 麻风村当前的整体生活状态是什么？康复者的生活满意度如何？大家还有何生活期望？

附录 7　X 麻风村观察提纲

1．康复者每日起床、吃饭、娱乐、互动的时间、地点、内容、形式是什么？

2．社区中的权威核心人物、积极参与者、被动参与者、忽略者、逃避者分别是谁？

3．社区中的小群体有何特点？

4．康复者之间会有哪些互助行为？

5．康复者之间会发生哪些冲突？他们如何处理冲突？

6．对于我们提供的服务活动，康复者的参与度如何？

7．康复者对我们的态度和期望是什么？

附录 8　对社工的访谈提纲

1. 您认为 X 麻风村康复者面临的核心问题是什么？
2. 您服务的核心价值观或理念是什么？
3. 当时为何没有开展家庭系统方面的工作？
4. 在服务过程中，你的主要困惑是什么？
5. 您怎么看书本上学习到的西方理论？理论与服务的关系是什么？西方理论如何本土化？
6. X 麻风村的服务成效是非常明显的，除了与 H 机构的服务有关外，还与哪些因素有关？
7. 您认为 H 机构与政府是什么关系？理想来看应该是什么关系？如有差距，您认为是什么原因导致了这种差距？
8. 到现在为止，康复者还分不清社工与志愿者的区别，您怎么看这个问题？
9. 您认为社工与志愿者的最大区别在哪里？
10. 您认为你的社会工作服务专业吗？你如何理解"专业服务"？
11. 您与康复者的关系是什么？
12. 作为社工，您在服务过程中承担的主要角色是什么？履行这些角色需要哪些素质？哪些因素建构了您的社工角色？
13. 您在 H 机构做社工和在新兴机构做社工有何不同？如有不同，您认为是什么原因导致了这种不同？（由在 H 机构和新兴机构做服务的社工作答）

附录 9　对志愿者的访谈提纲

1. 您是如何知道 X 麻风村的？
2. 您为何选择志愿服务 X 麻风村康复者？
3. 您觉得 X 麻风村康复者的需要是什么？
4. 您志愿服务 X 麻风村康复者的形式和内容是什么？
5. 您在志愿服务过程中有何感受？
6. 您感觉你与这群康复老人家是什么关系？
7. 您在服务过程中有何困惑？
8. 您是否愿意持续地服务这群老人家？
9. 您打算如何更好地服务这群老人家？

附录 10　对主管医生的访谈提纲

1．H 机构提供了生理康复、社工驻村等具体服务项目，请问医院在这些项目中提供了哪些具体协助和支持？

2．您认为 H 机构的所有服务中哪些非常有价值？为什么？

3．您认为 H 机构的服务中还有哪些不足？您有何改进建议？

4．您如何评价 H 机构？

5．您认为 X 麻风村康复者还需要哪些服务？

6．X 麻风村康复者的生活状况自 2000 年以来发生了很大变化，康复者的生活满意度也大大提高，您觉得主要原因是什么？医院发挥了哪些功能？

7．您最开始愿意与 H 机构合作是基于什么考虑？您参与了哪些 H 机构组织的活动？在这么长时间的合作中，H 机构带给您什么启发和感受？

8．如果让您对 2000 年至今 X 麻风村的发展状况划分为几个发展阶段，您如何划分？为什么？

后　记

　　本书是在我博士论文基础上修改完善而成的，当写下"后记"二字时，攻读博士学位期间的情景便在我脑海中一幕一幕地再现……

　　2008 年，我考上华东理工大学社会学博士，同年，我儿子读小学一年级，也是同年，在张兴杰教授的推动下，我与苏巧平、钟莹 4 位志同道合的同事共同创办了广州市北斗星社会工作服务中心，而我的主业是华南农业大学社会工作系教师兼系主任。接下来 6 年的博士学习生涯，我有过焦虑、抑郁、彷徨、冲突、退缩、放弃等各种情绪，但最终我还是挺过来了，于 2014 年 6 月博士毕业，这得益于我身边的良师益友及家人的关心支持。

　　从 2014 到 2016 年又经历了 2 年的时间，我希望把博士论文再好好修改、完善、润色、提升，但我发觉自己不堪回首，如同失恋一样，既无限珍视又无法碰触，修改的意念一遍遍升起又一次次熄灭……终于，我在 2016 年 5 月勇敢地重新阅读我的博士论文，发现不完善的地方还有很多，比如，理论与经验材料的对话不充分，材料的深入分析、总结提炼不够。我尽我所能做了适当修改，但是基于自己能力有限，我无法在短期内突破这些局限，考虑到经验材料的时效性，我决定出版这本并不完美的专著，并决定在以后的日子里再深入钻研、雕琢。

　　写到这里，感激之情油然而生，在此一一表达。

　　感谢广东省汉达康福协会的陈志强秘书长、张燕副秘书长、费明晶项目总监及他们带领的团队，用行动诠释了社会工作价值观，用热情温暖了麻风病康复者尘封的心灵，用智慧让"孤岛"变成"绿洲"，激发了我的研究灵感，也丰富了我对社会工作行动的理解。他们一次又一次地接受我的访谈、提问，毫无保留地将机构的所有资料提供给我做研究，真诚用心地阅读我的书稿并指出书中的不当、不足之处，没有他们的无私支持，我定然完不成这本著作。

　　感谢 X 麻风村的康复者们，在与他们同吃同住的日子里，他们参与了我的研究，成为知识建构的一部分。更重要的是，他们的生命故事在我面前打开，震撼了我的心灵，也丰富了我对生命的理解，我的生命也由此变得丰厚细腻。曾经年少未经世事时，因为不太好的家庭成长环境及体弱多病的先天身体状况，我一度很自卑，也抱怨世界的不公平。直到我遇见他们，才真正明白我的那点痛算什么，我也才真正与过去的自己和解，拥抱自己，感恩父母，感激那个属于我的生命历程。

感谢我的博士生导师范斌教授，从选题到提纲再到写作，在多次修改、讨论和完善的过程中，范教授都不厌其烦、宽容耐心地给予指导，她的学术态度、热情、逻辑思维和理论功底都深深地感染着我、影响着我。生活中我们像朋友，可以谈人生、谈工作，我们之间亦师亦友的情谊是我博士学习期间的另一种收获。

感谢华东理工大学社会与公共管理学院的教授们。徐永祥院长、教授是一位慈爱又严谨的领导和学者，我没有放过任何可以请教他的机会，几次他到广州开会，我都找机会向他请教，他每次都忙里偷闲地提供指导，让我得以柳暗花明，看到希望；张昱教授是一位博学多才、思想深邃的学者，给我提供了很多富有启发性的指导；年轻有为的何雪松教授，总能一针见血地指出我研究中的亮点与不足，让我有醍醐灌顶之感；杨发祥、张广利、纪晓岚、费梅苹等教授也都独具魅力，给予了我很多指导和帮助，在此一并表示感谢。

感谢中山大学的张和清教授、裴谕新副教授、李晏伟副教授等，同在广州，他们一直是我的学习榜样，既是智慧的思想者也是务实的行动者，他们也给我的研究提供了很多富有启迪的指导和建议。

感谢我所在单位的领导张兴杰前院长、张玉现院长、易钢书记、廖杨副院长、杨正喜副院长、王茹副院长等，他们给予了我很多理解、帮助和支持。感谢我的同事，特别是张开云、钟莹、苏巧平、吴洁珍、唐晓容、肖小霞、林诚彦、罗天莹、李颖奕、马林芳、曾永辉、李锦顺、廖慧卿、钟向阳等，他们不仅给了我很多学术启示，还给了我很多情感上的支持和工作中的照顾。

最后，深情地感谢我的先生、婆婆和儿子。我的先生，其貌不扬，才华也谈不上出类拔萃，他就像一瓶陈年老酒，历久弥新，总是稳健踏实坚定地向前走，他对我没有任何要求，总是欣赏和支持我的一切爱好和选择，在他的宽容和陪伴下，我成为"我自己"，我们在19年的婚姻中滋养出了一种稳稳的、淡淡的、甜甜的另一种形态的爱情。我的婆婆，74岁，是位农村妇女，不识字却很有涵养，话不多却很能干，跟我们同住了14年，分担了我们大部分的家务劳动，她每天带着享受的心态做家务，幸福洋溢在她慈祥的脸上，她也越活越年轻。我的儿子，14岁，初中二年级，阳光帅气，与人为善，乐观积极，就是学习不够好，我难受过、纠结过，我和我先生也就此事多次讨论和反思，现在我们已经放下，顺其自然，我们认为学习成绩不是检验人才的唯一标准，或许现在的教育方式不适合他，我们接纳有博士妈妈和硕士爸爸的孩子可能只是一个本科生或者高职高专生，身心健康才是我们最关注的成长内容，我们努力协助他成为"他自己"。正是他们的理解、关怀、鼓励和支持让我顺利地完成了本书的研究，也是他们和我一起创造了一个温暖和睦的家庭，才让我安心地参与我喜欢的社会工作事业。

　　我是个积极的理想主义者，追寻理想的路还很长很长，我将坚定地践行社会工作价值观，做一个知行合一的教育者、研究者和督导者，感谢各位的一路同行和支持，希望未来有缘继续同行！

卓彩琴

2016 年 8 月 1 日

于华南御景园家中